Cla

HERMES

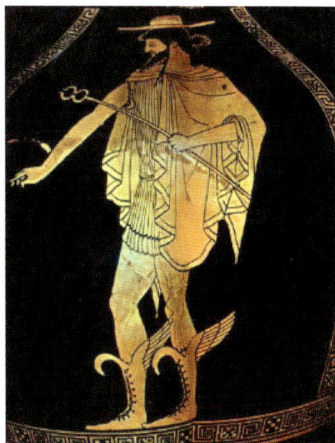

HERMES

在古希腊神话中，赫耳墨斯是宙斯和迈亚的儿子，奥林波斯神们的信使，道路与边界之神，睡眠与梦想之神，亡灵的引导者，演说者、商人、小偷、旅者和牧人的保护神……

西方传统　经典与解释

Classici et commentarii

HERMES

政治史学丛编

刘小枫 ● 主编

近代欧洲

——国家意识、史学和政治文化

National Consciousness, History, and Political Culture in Early-Modern Europe

［美］拉努姆（Orest Ranum）● 编

王晨光　刘　岑 ● 译

华东师范大学出版社

华东师范大学出版社六点分社　策划

古典教育基金·"传德"资助项目

"政治史学丛编"出版说明

　　古老的文明共同体都有自己的史书,但史书不等于如今的"史学"——无论《史记》《史通》还是《文史通义》,都不是现代意义上的史学。严格来讲,史学是现代学科,即基于现代西方实证知识原则的考据性学科。现代的史学分工很细,甚至人文-社会科学的种种主题都可以形成自己的专门史,所谓的各类通史,实际上也是一种专门史。

　　不过,现代史学的奠基人兰克并非以考索史实或考订文献为尚,反倒认为,"史学根本不能提供任何人都不会怀疑其真实性的可靠处方"。史学固然需要探究史实、考订史料,但这仅仅是史学的基础。史学的目的是通过探究历史事件的起因和前提、形成过程和演变方向、各种人世力量与事件过程的复杂交织,以及事件的结果和影响,像探究自然界奥秘的自然科学一样,去"寻求生命最深层、最秘密的涌动"。根本而言,兰克的史学观还带有古典色彩,即认为史学是一种政治科学,或者说,政治科学应该基于史学,因为,"没有对过去时代所发生的事情的认知",政治科学就不可能。亚里士多德已经说过,"涉及人的行为的纪事""对于了解政治事务"有益(《修辞术》1360a36)。正如施特劳斯在谈到古代史书时所说：

> 政治史学的主题是重大的公众性主题。政治史学要求
> 这一重大的公众性主题唤起一种重大的公众性回应。政治
> 史学属于一种许多人参与其中的政治生活。它属于一种共
> 和式政治生活，属于城邦。（施特劳斯，《修昔底德：政治史
> 的意义》）

兰克开创的现代史学本质上仍然是政治史学，其品质与专
门化史学截然不同，后者乃 19 世纪后期以来受实证主义思想以
及人类学、社会学等学科影响而形成。在古代，史书向来与国家
的政治生活维系在一起，现代史学主流虽然是实证式的，但政治
史学的脉动并未止息，其基本品格是关切人世生活中的各种重
大政治问题——无论这些问题出现在古代还是现代。

本丛编聚焦于 16 世纪以来的西方政治史学传统，译介 20
世纪以来的研究成果与迻译近代以来的历代原典并重，为我国
学界深入认识西方尽绵薄之力。

刘小枫

2017 年春

古典文明研究工作坊

目 录

中译本说明

刘小枫

本书由六位史学家分别讲述六个欧洲国家在近代形成之初的修史,让我们看到这些修史与其国家形成的紧密关系。

修史反映"国家意识"(national conciousness),这是政治史学的常识,也是本书力图描述的欧洲史学的开端。若将national conciousness译作"民族意识",不仅容易引致误解,而且会模糊我们对欧洲政治史的认识。

欧洲国家形成之前,世界史上已经出现过诸多国家形态,而且好些是多民族通过战争结合而成的统一政治单位。欧洲国家在近代的形成同样如此,法兰西王国的形成,经历了法兰克人与勃艮第人之间的长期对峙甚至冲突,就是明显的例子。在中世纪后期,勃艮第公国一度成为北海和地中海之间南北延伸超过1000公里的"大国"。菲利普王族野心勃勃,与靠近英吉利海峡的法兰西王国的关系不断恶化,英法百年战争(1337—1453)期间居然与英格兰联手:1415年10月,英格兰与勃艮第公爵结盟,占领法国北部。

在欧洲国家形成的近代语境中,nation这个词与其说具有如今人类学和民族学的含义,不如说具有政治学的含义。所谓近代欧洲 nation-state［民族国家］更为准确的含义是王权统治下的"领土国家"，它可能集合了如今人类学意义上的多个"民族"。因此，本书中出现的 national conciousness 译作"国家意识"要恰当得多。

但是，若将 nation 通译作"国家"又很难与 state 相区别。毕竟，当时的那些 nation 还没有形成 state，而是在成为 state 的途中。本书主编在序言中特别提到，几位作者虽然偶尔使用了 state 一词，却不太情愿，非常谨慎。若将 nation 一律译作"国家"，遇到 nation-state 的表述就会面临困难。遇到"受 nation 影响的各国家"之类的表述同样如此。在这样的情形下，nation 仍需译作"民族"才行得通。

总之，本书使用的 nation 一词既有人类学意义上的"民族"含义（指基于共同的语言、部族、宗教、习俗等形成的政治体），又有政治史含义，即正在形成有确定疆域的一统王权政治单位（国家）。从意大利一章可以清楚看到，后一层意思更主要，但前一层意思仍然包含其中。

nation 一词的语义含混反映了欧洲 nation-state［民族国家］形成的复杂经历，由此出现的政治问题以及因此而衍生的种种政治理论乃至史书样式无不具有历史地缘的水土属性。若我们把其中的某些问题或政治观念直接挪到中国的政治史学或思想史中来，难免会演化出一些莫名其妙的论题。遗憾的是，欧洲国家虽然是后发文明国家，由于它们凭靠商业和科技而强劲崛起，我们还真的误把一些纯属他域水土的观念性论题当成了一回事儿。

historiography 坊间通常译作"历史编撰学"，其实这个译法很奇怪，因为原文含义不过指相当质朴的各种纪事书写的"修史"。毕竟，在欧洲 nation-state［民族国家］形成初期，谈不上有什么仅仅听起来就过于学究化的"历史编撰学"。history 也有"历史"和"史学"两义，在不同语境中必须选择其一，而非一律译成"历史"。布罗(John Burrow)的大著 *A History of Histories*〔《史学史》〕很有名，看目录就知道是在讲西方史学的历史，译成"历史的历史"就显得费解。

本书翻译由两位译者分工完成：刘岑译引论和第一章；王晨光译第二至第六章。承蒙刘锋教授审读全稿，谨致谢忱。

2019 年 10 月
古典文明研究工作坊

本书撰稿人

切尔尼亚夫斯基(Michael Cherniavsky)

纽约州立大学奥尔巴尼分校史学系杰出教授,逝于 1973 年 7 月。他的系列讲座内容为本书"俄国"一章的内容奠定了基础。他曾出版《沙皇与人民：俄国神话研究》(*Tsar and People：Studies in Russian Myths*, New Haven, 1961),这部著作与俄国国家意识和政治文化的主题紧密相关。

丘奇(William Farr Church)

布朗大学史学教授,他在近期发表的著作《黎塞留与国家理性》(*Richelieu and Reason of State*, Princeton, 1972)中将政治思想和国家的建立联系起来。

吉尔伯特(Felix Gilbert)

美国新泽西州普林斯顿高等研究院史学教授,他围绕意大利国家意识和史学的主题写过多部论著,其中一本是《马基雅维利与圭恰迪尼：16 世纪佛罗伦萨的政治学和史学》(*Machiavelli and Guicciardini：Politics and History in Sixteen-Century*

Florence, Princeton, 1965)。

柯尼希斯贝格尔(Helmut Koenigsberger)

在康奈尔大学担任史学教授至 1973 年,后在伦敦大学国王学院任教。他的《西班牙菲利普二世统治下的西西里岛治理》(*The Government of Sicily under Philip II of Spain*,第一版,London, 1951;第二版,Ithaca, 1969)详细探究了哈布斯堡帝国时期西班牙人和非西班牙人之间的关系。

克里格(Leonard Krieger)

曾任哥伦比亚大学威廉·谢泼德史学讲座教授,1973 年起任芝加哥大学校聘教授。他发表过若干研究德国政治和思想史的论著,《审慎的政治:普芬道夫和对自然法的接受》(*The Politics of Discretion:Pufendorf and the Acceptance of Natural Law*,Chicago, 1965)是晚近的一部。

波考克(John Pocock)

曾任华盛顿大学史密斯史学讲座教授及政治学教授,他在华盛顿大学任教期间的讲座为本书相关章节奠定了基础。他的《政治、语言与时间》(*Politics, Language, and Time*,New York, 1971)汇集了若干与英国国家意识和时间相关的论文。

拉努姆(Orest Ranum)

霍普金斯大学史学教授,他的《绝对王权论时代的巴黎》(*Paris in the Age of Absolutism*,New York, 1968)的法译本于 1973 年出版。

引　论

拉努姆（Orest Ranum）

[1]本书的几篇论文出自霍普金斯大学史学系主办的 1973 年度休勒系列讲座。按讲座的要求，几位作者各自选定近代早期六个民族国家中的一个，就国家意识、历史和政治文化这几个概念之间的关系进行考察。从 15 世纪晚期开始，这六个君主制民族国家内部经历了一系列的发展，从而使它们成为特别合适的范例，可以帮助我们对国家意识和政治文化进行功能分析。当时中央权威已经开始支配地方精英阶层，通过正规化的行政管理，在财政、司法和军事上牢牢地控制着一些民族。这一进程是否促进了国家意识呢？这种意识，更具体地说，对民族历史、语言、形象和风习的意识——简言之，一种独特的民族政治文化，是否给精英阶层、社会底层和刚刚被征服、之前从未或只略微受到国家影响的各民族提供了强烈的身份认同呢？意大利、法国、德国、英国、俄罗斯和西班牙这六个国家的经验能够给这些问题提供若干答案。

本书原本还可以涉及更多的民族实例。事实上，布朗大学已故的科里（Rosaile Colie）教授曾受邀以荷兰人为实例作了演讲，不过，集中讨论这六个国家彼此相去甚远的国家经验似乎已足以阐明上述一般话题的主要意义了。另外一种可能的方案就是选取更少的民族实例,再开设一系列讲座作为补充,讨论例如那不勒斯、加泰罗尼亚、苏格兰的国家经验,或其他具有特殊主义或隶属性质的国家经验。但是,这一方案最终被否决了,因为它很可能导致一个结果,就是越来越多地强调"统治"民族与"被统治"民族的冲突,强调政治党派、税收、战争和特权,而这些话题对比较分析而言,可能不那么具有启发意义。从最终结果来看,这些演讲在几个事例中展现出民族和"地方—民族"这两种相互冲突的身份之间的关系,尤其在谈到意大利人和德国人时更是如此。大体上,我们可以从这些民族实例中看到近代早期发展起来的主导性宪政安排——除联邦而外。关于联邦,荷兰人曾被选取出来作为实例。

这些文章讨论的话题的确十分艰深,不易把握。应当承认,这样的文章很容易流于散漫芜杂,或仅仅囿于概念界定。[2]所幸两种情况都没有发生。几位作者很快便阐明了有助于讨论问题的若干定义,然后专注于分析各种不同的国家经验。有的作者断言,如果将这些概念用于中世纪或18世纪以后的历史,它们也许更容易得到界定,但实际情况可能并非如此。文献数量的增加、新的政治组织手段的发展,以及迄今未曾出现过或尚未发声的群体在政治舞台上的登场,都要求我们在讨论时有一个更广泛的关注焦点,而一旦用这些概念来分析1800年以后的历史发展,它们也更难以得到界定。除此而外,所有这些讲座都一般地强调精英群体的行动和思想,但是,在讨论19世纪大众文化的、民族的、甚或历史的元素时,强调精英群体的行动和思想显然不合适。倘若针对中世纪来讨论这些话题,那么,这些民族的地理起源以及它们以不同方式被罗马人同化这个老问题就再度值得特别关注了。但是,为了不停留在史学家和语文学家已有认识的层面,就有必要改变话题,针对社会提出像文化人类学家那样的问题,不仅通过文本证据，而且还通过考古学证据来回答这些问题。

几位作者强调某些历史时期更甚于其他历史时期，目的是要分析制度、思想和历史事件在这六个民族国家的形成过程中是以何种决定性的方式结合起来的。显然，在这六个国家里，这种结合并非同时发生。例如，在意大利和德国，民族国家直到19世纪才开始逐渐形成。然而，值得特别注意的是，在近代早期的意大利和德国，已经出现了在法国和俄罗斯的国家建构过程中起决定作用的那些要素。在意大利和德国的政治文化中，教宗和皇帝都宣称自己拥有普遍权威，当这两种主张与地方认同结合起来时，就在一定程度上扭曲或削弱了国家意识的发展，而国家意识与官僚集权制原本可以是相辅相成的关系。

在中世纪，富耳达、兰斯和威斯敏斯特等地方，奥古斯丁、卜尼法斯和康波斯特拉的雅各等传教士和圣徒，军事英雄，奇迹般的事件，以及若干民族和疆土（一个人若不是从小就被教导要尊崇这些民族和疆土，就根本搞不清楚它们的名称），[3]都是一些弥漫而无形的元素，正如切尔尼亚夫斯基在论及俄罗斯人时所指出的，这些元素在民族国家的政治组织形态尚未出现时提供了某种形式的认同感、意识和界定。对一片土地的尊崇、对本民族及其语言的尊崇、这片土地蒙受神恩的明显标志，以及后来发展起来的圣徒与统治家族的独特关系，都激发了认同感，赋予社会关系以意义和形式。这种意识超越了日常生活中的平凡事件，使这些事件具有了一般意义——即便不是放之四海而皆准的意义的话。这些早先发生的、有时与一个民族的"基督教化"或者一片领土的征服相关的事件，后来被塑造成一尊再现各民族历史的宏伟浮雕，它们将各个王朝和民族的往昔与集体认同的其他元素（其中一些明显是心理的）融会起来。人们有一种独特感，甚至是独一无二感，认为自己是"上帝的选民"，因而蒙受神恩。至少在某些社会里,这样的意识融进了近代早期各民族的历史中,并提供了一些线索,让我们了解到,在某些民族的早期历史中,或至少在某些很早的民族事件的发生过程中,集体认同究竟是由哪些要素构成的。

这些历史元素是怎样与那些决定着集体行为的心理因素结合在一起的呢?史学家缺少对这个问题进行研究的方法或分析工具。他们只能一步一步地向前推进,就像本书几位作者所做的那样。他们必须首先明确一些定义,然后搞清楚不同的国家意识在表达方式和确切内容方面的根本转变,并且为这些转变提供一个编年史轮廓。即便从最乐观的方面看,我们目前掌握的知识也是有欠均衡的。不少学者都研究过法国人的"国家情感",盖内(B. Guenées)对这些学术研究的总结或许也适用于大多数其他的现代国家经验:

> ⋯⋯我们对中世纪末法国人的民族情感究竟知道些什么呢?首先,它是什么时候出现的呢?它是否像哈伊津加(J. Huizinga)所说的那样,在整个中世纪都存在?还是像豪泽(H. Hauser)所说的那样,它在百年战争结束时才出现?抑或像沙博(F. Chabod)所认为的那样,直到更晚的时候,在 16 世纪,人们才明确无误地知道存在着这样一种情感?然而,我们最初问题的答案又产生了一系列其他的问题,或更准确地说,产生于一系列其他的问题。最重要的是,究竟什么是"国家情感"?[1]

---

[1]　B. Guenée,《透过法国史学家眼中看到的中世纪末期法国的国家史》("The History of the State in France at the End of the Middle Ages as Seen by French Historians"), *The Recovery of France in the Fifteenth Century*, P. S. Lewis 编,New York,1971。

各篇论文的作者引入了史学概念,将它作为需要分析的若干要素之一,这就使他们得以界定国家意识的各个构成要素,并且弄清楚这些要素在其形成过程中经历的根本变化。[4]对过去的认识为研究国家意识、确定国家意识的本质提供了一个容易把握的焦点。

不仅在不同的社会里,这些认识在国家意识的变迁过程中所起的作用互不相同,而且,或许更重要的是,它们在一个特定社会中的不同时期所起的作用也不尽相同。与此相似,在某些政治文化中,尤其是在那些抱着要把社会"恢复"到原初状态的政治目标的政治文化中(无论是在法兰克政治文化中,还是在盎格鲁—撒克逊政治文化中),比起在其他政治文化中,更加"遥远的"过去似乎起着远为重要的作用。显然,1500年后欧洲人对国家起源的探究以及通过这种探究所形成的"过去性"(pastness)概念,与明确的国家政治文化的发展联系在一起。人们感觉到,意大利在古罗马人的统治下是统一的。不过,除了在文学领域,这种感觉未能融入到国家意识中。

在吉尔伯特看来,这表明,在中世纪晚期,各城邦的不同政治文化有着强大的力量。吉尔伯特还指出,仅仅唤起早期的罗马历史,即共和国的历史,并不能激发国家意识。这些所谓的"起源",从某种意义上说,与后来的政治文化的诸多要素联系在一起,由于存在着这样一些要素,早期的罗马历史在近代早期的意大利政治文化中不能发挥正常作用。由于人们认为近代早期的意大利与古罗马普遍的帝国史联系紧密,而且罗马与帝国和教宗的政治文化之间又确实存在着种种非常实在的联系,因而意大利"起源"的历史就成为诗人和哲学家热衷谈论的一个话题。

加洛林帝国解体后,欧洲的社会和政治体系也随之分崩离析，与此同时，教士在人们的思想生活中取得了支配地位。僧侣提供了政治文化的仪式，以及一种历史感，无论世俗权威弱小还是强大，他们心中都始终保持着这种历史感。因此，在民族认同形成初期如此强调宗教因素，就是再自然不过的了。① 某个统治家族或民族蒙受神恩，这就使一些事件具有了更为重大的意义。上帝的干预总是被记录下来，因为不管怎么说，经上帝干预过的事件要比仅仅与人相关的事件更有意义，对生活在中世纪的人们来说，也更加"真实"。

当然，这并不意味着，在例如德国或法国的政治文化中，国家认同的所有要素都是在教士的影响下形成的。王朝战争的历史遗迹以及教宗与君主的论争都可以说明这一点。[5]尽管如此，教士仍然负有将世俗事件与宗教事件整合起来的主要责任，民族、地方和事件的名称叠加在一起，就形成了对过去的融贯认知。只有教士才掌握了修辞技巧和进行戏剧性渲染的技巧，能够将古代罗马—拜占庭的仪式再现出来，将统治君王或城邦的事迹与用华丽辞藻渲染的亚历山大大帝、查理曼、特洛伊和雅典的事迹关联起来。虽然直到中世纪后期各君主国才开始脱离教士的庇护，但胜利战役的名称、王朝建立者和十字军首领的名字，以及关于国王神奇地治愈病人的记载在修史中日益占据了主导地位。

到 1500 年，精英阶层的历史意识显然已成为欧洲各种政治文化的一个主要元素——即便不是占绝对优势的元素的话。但是，除了在法国、英国以及某种程度上在俄罗斯之外，国家元素

---

① 这就说明了为什么在认识中世纪国家意识的世俗成分时会遇到困难，因为僧侣们也许只是单纯地忽视了那些与他们关于政治文化的定义相悖的世俗元素，或没有把这些元素纳入他们的史书中。

尚未获得基本的地位或者认可。欧洲所有的社会都卷入到竞争中，要求拥有普遍的、国家的和地方的政治权力，每一要求都代表着一种独特的身份和历史，由此引起的冲突有时发生在社会内部，有时发生在不同的社会之间。毫无疑问，这种冲突在不同的政治文化中持续引发了思想上的后果。两种最强烈地宣称拥有普遍权威的政治文化，即帝国和罗马教廷，最终未能将它们所体现的国家意识的各种要素（包括历史要素）整合起来。因此，德国和意大利无法统一在一起。当然也存在着一种平衡力量。在坚决捍卫普遍权威的地方，在德国和意大利，一些大的城邦，如佛罗伦萨、米兰或汉堡、威登堡，直到 19 世纪都一直享有地方权威，甚至具有一种特殊的身份意识。

在定义的这个层次上，关于国家意识的研究几乎没有提出什么问题。在中世纪晚期的文学艺术中，我们不难发现一些主题旨在提升对合法权威的忠诚感，以团结各民族、维护权威。如同参与过与圣卜尼法斯、圣奥古斯丁、圣德尼等相关的奇异事件的神父一样，历史的撰述者们在中世纪盛期也开始提供一系列历史的和神话的要素，以此作为基本原则将各民族团结起来，让他们拥有一种独一无二感和自豪感。这些历史作家从属于合法权威，开始时作为神父，逐渐又作为由王权和共和国资助的世俗撰述人，与合法权威发生密切联系。他们借此机会透过那些本来罕为人知、微不足道——甚至带有神话色彩——的事件编织出一整套能够激起情感反应和政治行为的思想。

[6]对身份认同的这些早期表达经常笼罩在已带有神话色彩的往昔历史中。综合起来看，它们与 19 世纪和 20 世纪构成民族身份的那些要素具有质的差异吗？通过提出这个问题，切尔尼亚夫斯基间接地将我们引向了另一个问题：我们能否透过近代史学来复原与 20 世纪史学家的论题和思维相去甚远的思

维模式和政治行为,而又不至于犯下时间倒错的错误呢? 当我们发现神话真地是神话时,就容易干脆到此止步,不再尝试去研究某个特定神话与历史文化的关系。我们敢于做出努力,去重构中世纪政治文化中那些针对过去而采取的民族认知模式吗? 切尔尼亚夫斯基回答说,我们能够认识到中世纪社会的身份特征究竟是怎样的,但要获得这种认识,我们就必须仔细考虑这些民族身份要素是在什么背景下出现的。不过,这里又出现了另外一个困难:我们不能忽略政治文化的任何一个要素,即便该要素在民族身份的界定中没有起任何作用。因此,问题不是要确定这些身份在中世纪是否存在,而是要分辨出它们在不同时期的构成要素和所起的作用,以及对过去的认知是如何随着它与政治文化中其他要素的关系而发生变化的。

那么,对 20 世纪的史学家来说,对过去的认知难道不是最容易重构的要素吗? 其他的认知(主要通过口耳相传和视觉形象获得)可能更难于把握。不妨看看位于莫斯科的圣巴西勒教堂的国家风格样式得以产生的特定思想背景。在 16 世纪,似乎没有一个俄罗斯人——甚至没有一个外国人——试图用文字来说明建筑师的意图,解释他如何努力用石头和颜料来捕捉俄罗斯的国家身份。

切尔尼亚夫斯基的结论是,我们能够重构各种书面元素。支持这个结论的事实是,中世纪的人们对民族身份的某些表述直到近代仍然为人所熟知。柯尼希斯贝格尔(Koenigsberger)发现,西班牙就出现了这样的情况。但是,对这些从中世纪传承下来的表述的思想背景和政治背景必须予以细致的审视,因为它们很可能经历了剧变。受掌权者和掌笔者的政治思维和“历史”思维的影响,这些表述往往已经完全世俗化了,只剩它们的标签还没有改变。的确,一个很好的例子就是,19 世纪出现了以中世纪民族英雄和制度为楷模来重构意识形态的风潮。正因为如此,我们必须同时考虑这些对过去的认知所牵涉的特定社会和政治层面,以及它们产生的后果。换句话说,在什么力量的推动下人们改变了对过去的这些认知呢?[7]这些力量也许主要来自思想方面,正如 16 世纪的"史学革命"所表明的。但除此而外,社会思潮和政治思潮的影响似乎也一直在起作用,它们改变了对过去的认知,也改变了对国家意识本身的认知。

在更为根本的分析层面上(即解释情感反应如何与这些构成了国家身份的要素联系起来),学者们还几乎没有取得什么研究成果。有鉴于此,人们在选择历史、政治文化和国家意识等概念时遇到的问题,仍然是要建立一个功能分析的框架,借此将这些概念与公共事件、制度、政治见解逻辑地关联起来。

在界定这些概念时,有三种彼此相关却根本不同的方法可供几位作者采用。第一种方法是单纯地利用晚近的社会科学文献,从中获得相关的定义和研究方法,然后再描述"第三世界"的发展中国家最近经历的事件,与 1500—1800 年间欧洲社会类似的事件和思想之间,可能存在的相似和不同。

第二种方法是利用发源于欧洲各民族修史的成熟的分析框架和定义。诚然,每一个欧洲国家都有看待自身的方式。这些方式一向都包括哲学和语言学成分,后者乃是思想、象征、假设和偏见的集合体。这些哲学和语言学成分本身构成了本书几篇论文的部分论题。

第三种可能的方法是根据某个特定民族的具体情况来修改论题,并试图提出适合这一具体情况的分析模式。如果几位作者全都采用这种方法,那就会给读者自己的比较分析造成更大的困难。只有波考克在讨论英国的情况时才试图建立超越了第二种方法及其衍生后果的分析框架。英国人在 17 世纪经历了他们的第一次近代革命,由于这个原因,作者有必要采取一些新的分析范畴来解释由英国激进派确立起来的时间意识。无论是世界末日之感,还是由此在革命的英格兰激发起来的公民意识,都没有使英国经验与其他国家经验的相似与不同变得模糊不清。恰恰相反,虽然这些要素在17世纪其他欧洲社会中也有所表现,但只有在英国,它们才成为主流情绪,或被当权者接受。[8]另外,值得注意的是,波考克所描述的古代宪制和世界末日对政治文化的影响似乎比主流的人文主义历史思想或史学技艺(ars historica)更大。

我们能否把近代早期的历史和国家意识(除去俄罗斯起义农民的情形)看成是具有普遍的合法化力量的思想和信念体系,而不是对传统的政治行为和思想形成挑战的力量呢?当然,16世纪正在经历改革的那些社会,特别是荷兰和瑞士社会,以及萨瓦纳罗拉和马基雅维利时代的佛罗伦萨,也出现了与英国经验相似的先例。正如吉尔伯特指出的,波考克对英国的特殊成就的阐述让我们看到反宗教改革对西欧其他地区的影响。重振旗鼓的教宗制、罗马教会中修道院和教育的复兴,阻碍了意大利国家意识的发展,由于同样的原因,在其他主要信奉天主教的社会里,这种国家意识也没能在修史中体现出来。的确,17世纪天主教国家的历史和国家意识就像国际象棋中的车,仅仅辅佐马和后,很少亲自参加战斗。根据丘奇的描述,17世纪的法国历史思想证明了这样的论点:法国历史思想要么倾向于歌功颂德,要么表现出博学多识,要么两者兼备,它基本上是静谧的,只是偶尔在政治文化内部激起论战的风波,从来不会有任何反叛之举,因为它支撑着专制主义的和高卢人式的政治行动模式。

我们有必要对这些不同进路的价值作一简要的讨论,从而为新的研究确定可能的方向。第一条进路利用社会科学的方法和语言,涉及至少两种可能的分析模式。我们不能将这条最明显的进路自动地排除在外,因为单是按照比如说文化人类学的一些模式和分析框架来界定近代早期欧洲社会的社会机制和信念,就是一项了不起的成就。本书的几位作者没有采取这一策略,但文化人类学的研究领域相当广泛,内容丰富,里面有大量的材料,史学家可利用这些材料来分析历史、政治文化和国家意识等复杂问题,并在这个过程中检验它们是否有效。库佩(A. Coupez)和卡南兹(M. Kananzi)在《卢旺达宫廷文献》(*La Littérature de Cour au Rwanda*,牛津,1970)中所作的研究就是一个很能说明问题的范例。这部论著既包含经验的成分,又十分注重分析,它不仅对"近代早期"非洲的君主国与欧洲的君主国进行了有趣的比较,其所涉及的内容要比这丰富得多。通过研究,两位作者阐明了思想与关于王朝、民族和宫廷的认知之间的功能性关系,而在研究其他"传统社会",尤其是近代早期的欧洲社会时,这类功能性关系也值得透过比较的视角予以考察。

[9]另外一种分析模式也许更容易给史学家造成年代错乱的印象,即用当代对政治文化要素——比如宣传、中央集权——的界定来检验近代早期的欧洲社会。一种很有前景的分析工具出自有关政治文化的文献,而阿尔蒙德(Gabriel Almond)的开拓性著作或许是这类文献中出现得最早的。① 阿尔蒙德从大的范畴入手,通过界定政治文化本身,将通常被"政治史"研究所忽

① 对这类文献的很有用的介绍,可参见 L. W. Pye,《政治文化和政治发展》(*Political Culture and Political Development*)"引言",L. W. Pye 和 S. Verba 编, Princeton, 1965,以及 R. C. Tucker,《文化、政治文化和共产主义社会》("Culture, Political Culture, and Communist Society"),*Political Science Quarterly*, Vol. 88, no. 2(June 1973), 170—190 页。Tucker 在运用这些分析工具时采取了一步一步向前推进的方法,这也许可以用作研究早期近代社会的模板。

视的因素统统包括进来。由此,阿尔蒙德便阐明了个别的政治文化中更为自主的元素。① 阿尔蒙德对哪些群体构成了政治民族、哪些群体没有构成政治民族做了精确的界定,又将他提出的"自主性程度"的概念与这些界定结合起来。这样,"自主性程度"的概念就可以阐明政治文化中精英元素与大众元素的具体联结,同时也可以帮助我们确定特定的国家意识中的普通元素和精英元素。这两种分析模式都来自社会科学,它们存在着一些显而易见的危险,但史学家在对这里所讨论的概念进行界定时,仍应对其加以关注。②

　　本书几位作者采取了第二条进路,而这条进路同样存在危险,最大的危险就是视野狭隘。从民族修史中抽取出来的任何模式都隐含地主张,历史和文化发展具有独一无二性,倘若几位作者为了解释和明确界定民族发展,从而接受了这类主张,就难免囿于这种狭隘的视野。所幸,在几位作者的论文中,完全看不到这种情况。有些术语实际上在 16、17 世纪时就已经被人们使用,从那时以来,修史传统已经赋予了它们完全不同的内涵,现在再来使用这些术语,也会让人感到不自在。

　　"国家"(state)一词就是一个例子,很能说明问题。在不同的民族修史传统里,涉及"国家"一词内涵的文献卷帙浩繁,数不胜数。但是,我们可以看到,几位作者在本书中也用这个词来表示多种多样的现象——尽管这多少让人感到不太舒服。我们意

---

① 《比较政治体制》("Comparative Political Systems"), *Journal of Politics*, Vol. XIII(1956),396 页及以下。

② 关于这些方法中的一个的限度,有一个很有趣的例子,可参见 R. Rose,《英国,一种带有传统色彩的近代政治文化》("England, a Traditionally Modern Political Culture"), *Political Culture*, Pye 和 Verba 编,83—129 页。英国人对过去或过去在维持"传统"价值系统方面的作用的认识没有被当作英国政治文化的要素加以讨论。

识到，正因为"国家"以及其他类似的术语出现在本书各篇论文中，我们才得以将不同的社会、不同的政治文化进行比较，[10]但我们又知道，我们必须格外谨慎。因而，应当看到，本书几篇论文是在两个相互重叠又截然不同的分析框架中来讨论问题的：第一个框架涉及被描述的社会的特定的国家修史，第二个框架涉及更普遍的、世界性的、20世纪后期的各种假设和界定。将这两个分析框架结合起来，这是本书几位作者取得的出色成果。各篇论文在特定的国家史的框架内对有关问题作了重要的阐发，合在一起，又提供了对欧洲几大民族的发展进行比较的可能性。

在某些情况下，这两个框架也各自针对对方做了有益的相互矫正。若非如此，民族修史就很可能歪曲对"普世"机构——例如帝国和教廷——的评价，同时也很可能歪曲对一切国家经验的地方层面和种族层面的评价。在这里，20世纪中叶的史学家对19世纪民族修史的方法和假设作了重要的纠正。民族修史不再像以前那样僵硬，而是变得更加精细，但未曾被抛弃。我们可以看到，本书各篇论文积极地吸纳了民族修史的一些方法和成果。当然，各种修史是政治文化和国家意识的产物，而政治文化和国家意识乃是本书各篇论文最重要的主题。

近代早期对"民族"的认识在19世纪得到了新的补充，对此原本可以更确切地加以描述。不过，这个要求恐怕太高了一点。在一些例子中，尤其是西班牙，我们可以感觉到修史的框架还没有摆脱政治文化的其他民族元素，因而尚未取得自主性。未能做到这点，是否说明西班牙的修史框架是近代早期政治文化的"遗存"（从这个词语的一般人类学意义上说）呢？在19世纪，民族概念以及国家的世俗化和去神话化曾得到了详细的阐明，但这类观念似乎并未在西班牙出现，无论如何，其对西班牙的史学似乎也没有什么影响。

第三种方法发展出一系列新的分析模式和描述性语言模式，用以阐明政治文化的民族的方面或涉及全欧的方面。这种方法吸引了波考克。的确，他的任务十分特殊。在16世纪的德国和法国，曾出现过一些将宗教改革、时间意识和对现存制度的激烈抨击联系起来的机制。但是，在那些社会，这类机制都没有像1640年后的英国那样，以新教的、民族的政治文化的胜利而告终。由于这个原因，波考克对新的市民意识和国家意识在革命时期的英国的形成过程进行了恰如其分的研究。

法国人也编造了一个有条有理的神话，说法国有一部古老的宪法，足以挑战现存秩序，尤其是霍特曼（Hotman）及其追随者在其论著中更是致力于编造这样一个神话。① ［11］同样，天启思想在16世纪意大利、德国和法国的政治文化中也或多或少有所体现。② 但是，只有在17世纪的英国，这一系列思想和各不相同、但却具有逻辑联系的时间意识才为革命性的公民意识奠定了基础，而这种公民意识反映了一个清晰的观念：民族才是根基。

英国人区分了不同的时间意识，而克里格对"过去"的含义的分析，对这种区分很有帮助。对过去进行思考的主导模式，不管是与"起源"相关，还是与"连续性"相关，不管是与"古代政制"中的过去意识相关，还是与教宗传统和詹姆士一世君权神授理论中的过去性相关，都可能成为一个潜在的链条，将过去与对未

---

① 参见 Francois Hotman 的《法兰克高卢》（*Francogallia*）"编者序"，R. Giesey 和 J. H. M. Salmon 编，Cambridge，1972，62—90 页。

② N. Cohn 的《追寻千禧年》（*The Pursuit of the Millenium*，London，1962）和 S. L. Trupp 主编的《行动中的千禧年之梦》（*Millenial Dreams in Action*，Hague，1962）是标准著作。

来的展望联结起来。这种展望既是乌托邦式的，又是天启式的。波考克和克里格的文章分析了时间的意义，他们的分析或许是这些演讲所阐明的各种分析框架的最契合现代的特征，共同代表着 20 世纪史学思想的成就。这是因为，虽然民族编纂学的传统在语文学中有很深的根基，但单凭语文学，却无法对这些传统一一加以剖析，从而也就无法对修史本身由以构成的那些元素作出评价。

因此，正是通过分析这些不同的时间意识，可以得出关于第二种方法的若干一般性结论。史学在近代早期政治文化中的作用在于，它赋予了一系列国内的和国际的制度变迁以"正当性"，并且将这些制度变迁"汇编成典"——尽管这样说要极其谨慎。史学只在极少数情况下激发了对国家意识和政治权力的全新界定，但它确实融贯地描述了近期的制度变化和思想变化，因为人们曾经广泛接受了一些关于民族的过去的观念，将其奉为"颠扑不破的"真理，而史学改变了这些观念，以反映新的政治现实。

克里格所举的德国的例子就是一次实验，其结果虽不佳，却证实了这个一般结论。鉴于近代早期的德国没有发生根本的制度变革或社会变革，因而国家意识的界定和角色就既没有导致政治文化的显著变化，也没有导致对民族的过去的重新界定。

法国也进行了一场实验，其全部结果都是正面的，[12]原因在于，到 1600 年时，君主制、高卢主义（Gallicanism）和国家意识三者之间的关系已经完全确立起来了。但是，不管是随后的社会动荡，还是思想革命，都没有削弱法国的过去与 17 世纪的制度和社会的结合。将现在予以历史化，这个一般过程在中世纪后期和 16 世纪的法国君主制历史中已经完成，做一个法国人，就要热爱和尊崇法国的君主，同时还要提防外国人——不管他们来自罗马还是马德里。

国家意识的要素,不管是由革命时期的英国人表现出来的,还是由持保皇派立场的法国人表现出来的,抑或是由布伦瑞克的德国人表现出来的,似乎都过度承载了宗教或宪政的假定和原则,因此,要断定国家意识在近代早期政治文化中占据着根本地位,是十分困难的。在阅读这些文章前,本编者一度认为"国家意识"是指在政治文化中存在着一个行动主义的元素,政治家有时必须考虑到这股力量,如果他们懂得策略,就可以利用它来赢得对其政策的支持。但是,本书的几篇文章却提示出一个不同的结论:在一个由宫廷政治、地方主义和帝国—教廷的普遍主义占据支配地位的时代,这种行动主义的力量很少公开地表现出来。

诚然,英国清教徒渴望的那个天国在一定意义上带有英国的特点,但从英国人关于未来的启示论思想来看,英国性并不占据主导的地位。或许,如同作为一个俄国人的那种意识一样,英国性已经在全体人口中充分展现出来。离开了社会要素(例如宣布全体民众一律平等,因为他们同属一个民族,由此向全体民众发出吁求),国家意识在政治决断中的意义无疑就会小一些。国家意识可以引发仇外情绪的大爆发,只要看看伊丽莎白和查理一世统治时期英国人对西班牙人的仇视态度、①从 16 世纪 80 年代至 17 世纪 40 年代法国人对意大利人和西班牙人的仇视态度,这一点就尤其明显。如果再看看帝制俄国时期亲斯拉夫派与亲西方派之间的大分裂,这种由国家意识引发的敌对情绪就更是一目了然。

---

① 关于仇外情绪与天启时刻的关系,参见 R. Kaufman 在《千禧年主义与文化适应》(*Millénarisme et Acculturation*, Brussels, 1964)"结论"部分对韦伯范畴颇富启发性的运用。

　　但是,与 17 世纪弥漫于统治精英阶层的那种王朝主义所蕴含的国际意义相比,国家意识是否更有影响呢? 地方意识的持续存在和基督教世界的普世理想的吸引力(就连生活在不同的新教文化圈的人们也受到这些普世理想的吸引),就表明了国家意识的边界。我们想到了一些例外,这些例外又将我们重新带回界定的问题。[13]丘奇更倾向于用"爱国主义"一词,而不喜欢谈论国家意识,其理由值得我们考虑。法兰西国家有着同质性程度很高的社会和民族遗产,这是它赖以建立的根基。尽管它在领土和行政上实现了令人赞叹的统一,但政治文化中独特的民族元素还没有从君主制中明确地分离出来,因而"国家意识"这一概念还很难用于描述 1789 年以前法兰西的状况。

　　不仅如此,人民也是国家意识的一个要素,而在当时,又在哪里可以发现这一要素呢? 人民和武装起来的市民非常重要,对这一点的意识乃是法兰西国家意识的一个不可缺少的界定元素,由于这个缘故,能否将国家意识这一概念用于描述 1789 年以前的状况,是值得怀疑的。的确,对欧洲所有政治文化的研究都隐含着一个问题,那就是要搞清楚人民这个要素出现的确切年代,因为这关系到将这些政治文化中的某些要素界定为国家意识是否合适的问题。"精英"的国家意识与"大众"的国家意识并不一致,两者对过去的认知也存在断裂之处,这就使问题变得更加复杂了。很显然,不同的人群中到底有多少人受某种国家意识的影响,或按某种国家意识行事,这是特别难以处理的问题。一个有用的办法就是去分析权力从精英政治系统向大众政治系统的转移,或权力从大众政治系统向精英政治系统的转移,借此探究国家意识在近代早期是不是一种积极的政治力量。

　　在中世纪晚期和近代早期,史书写作的一个主要特征是,被记述的事件,被认为值得记忆的事迹持续不变地出现在不同的作品里。史家在记述相同的奇迹、战争和其他重要事迹时不断赋予人文主义的历史以道德内涵,这种道德化处理在不同的史书中几乎没有什么变化。虽然偶尔也会出现细节上的差异,但对我们来说,更重要的是要搞清楚,这些史书的基调、其所记载的事件为什么会具有连续性,因为一旦了解了其中的缘由,我们就获得了一个线索,知道当时的读者期待在史书中读到什么。如同古希腊聆听荷马故事的听众,或阅读卢旺达史的读者一样,阅读近代早期史书的读者可能已经完全熟悉史书所叙述的事件,如果其中补述了太多不熟悉的事件,或略去了已经熟悉的事件,他们会感到十分不安。

除了文体上的问题外,这些增补或省略为迄至 18 世纪的历史批评奠定了基础。对近代早期的人们来说,对各种事件已经有了一套确定的、人所共知的叙述,涉及到世界历史、他们的君主国或他们的城市。就像用不同的曲调来唱同一首赞美诗一样,阅读更多的史书给他们带来了舒适感,觉得自己好像在参加早已熟悉的连祷仪式,每次仪式因氛围或风格的改变而略有区别,而这正是作家—史家的独特贡献所在。[14]古文物研究者忽略了这类著作;他们从未很好地掌控自己的批判能力,对作为 ars historica[史学技艺]的人文主义史学或公众对此种史学的反应予以正面抨击。近代早期的史学家同样也是修辞学家,他们作出一切努力以保存和提高因阅读历史事迹而产生的情感反应。

由于这个原因,我们就必须把目光转向 16、17 世纪那些不那么"具有革命性"的史学家,从而对事件和情感的处理模式——史学就被认为是这样一些模式——略有所知。在刚开始时,虔敬的要素与说教的要素混合在一起,而到了 17 世纪晚期,气氛逐渐发生了变化,就像在李维的历史著作中一样,说教变成主导性的。情感反应,无论是虔敬的还是古典风格的,借着文学形式形成了一种文明的轮廓,而这种文明要比我们自己的文明带有更多口述传统的特性。由于这个缘故,本书几篇论文的作者能够借助各类史书发现国家意识的诸多元素。好在有了历史记载,我们这些生活在几个世纪以后的人还能体会到当时的统治者及其臣民因上帝赐予的禀赋而在内心油然而生的那种自豪感。

另外值得一提的是"史学革命"对人文主义时期历史与国家意识的这种一般配置的可能影响,因为在整个欧洲,有如此多的史学家都注意到 16 世纪意大利和法兰西的革新者的论著,这些革新者勇敢地对人文主义史学的某些原则提出了挑战。[①] 波考克、克里格和吉尔伯特都注意到这些影响,同时,他们也间接地想把史学革命本身与国家意识的变化联系起来。

史学革命的推动,形成了处理原始材料的新视角。语文学有助于改变对过去的认知,对"真相"的探寻有了与人文主义者心爱的辞藻完全不同的意义。一直以来,人文主义者在开始他们的叙述时总是郑重承诺只谈"真相",但接着就心安理得地讲一些荒诞不经的事情。西欧的法律学者和古文物研究者提供了大量新的证据,准确而又详尽,涉及到迄今还不为人所知的过去。

然而,虽然发现了这么多详细的证据,但它们却很少被用来重构一系列"新的"民族史,只有极少数先驱做过这样的工作,例

---

① 关于史学革命及其影响,可主要参考 J. G. A. Pocock,《古代宪制与封建法律》(*The Ancient Constitution and the Feudal Law*), Cambridge, 1957;F. S. Fussner,《史学革命、英国的历史写作和思想》(*The Historical Revolution, English Historical Writing and Thought*), New York, 1962;D. Kelley,《史学研究的基础》(*The Foundations of Historical Scholarship*), New York, 1970。

如帕基耶(Pasquier)和塞尔登(Seldon)。国王及其"事迹"的谱系,[15]还有城市和修道院的建立,基本上仍按同样的方式被记录下来。到了1500年,这些著述已经成为"经典",被等同于历史本身。史家实际写出的民族史,其数量在16世纪晚期和17世纪有了大幅度的增加,例如法国就是这样。但是,尽管地方的博学之士和著作的出版者提供了数量惊人的新证据,但在不同的史书中,相关解释并没有相应地丰富起来,甚至连强调的重点都没有什么差异。

民族史书在体裁和主题上的一致性,或许有助于说明史学革命在界定国家意识的过程中所起的作用。后来,人们逐渐采用历史方法来研究古文物,但在这种方法尚未得到发展之前,正史中的"变化"主要由政治争论推动起来,例如教宗与国王的争论,修道院或修道会、法院与大贵族的对抗。史学革命改变了这一格局吗?正如丘奇指出的,"法国君主制的权力和声望在相当大的程度上来自传统,而对传统的意识则依赖一种历史感……"

正史包含着一系列必须加以叙述的事件,而帕基耶的名著《探寻法国》(Rescherches de la France)则与这种正史分道扬镳,其他一些推动这场史学革命的史学家的论著也在较小的程度上偏离了正史。他们的著作日后启迪了英国和德国的古文物研究者,使之不断扩展史学的范围,将那些迄至当时尚未进入正史的大量的不同题材囊括到史学中。与之前的史家的著作相比,帕基耶、塞尔登和莱布尼茨的史学著作的题材范围已经大大扩展了,在很大程度上涉及民族制度的起源或民族文化的各种特殊元素。

因此,史学革命不仅在创造关于"古代政制"的神话方面发挥了十分重要的作用,而且对民族的界定也产生了长远的影响。意大利人、英国人、法国人、瑞典人的文化成就被记录下来,其他每个民族,只要该民族的史学家受到史学革命的影响,其文化成就也被记录下来。这类叙述在当时或许不大具有政治上的影响力，但提供了一个基础，使人们大大扩展了对民族昔日的荣耀的认知，最终扩大了应被纳入民族史籍的事件的范围，同时也提高了那些从前被认为不值一提的个人的作用。人文主义者喜欢赞美那些为确立"典雅文学"做了长期努力的前辈诗人和学者，为他们感到深深的自豪。

　　法国的情况非常典型：帕基耶和他的 18 世纪的后继者丹尼尔神父和伏尔泰就给被称为法国史的正统历史添加了一个文化元素。在伏尔泰的《路易十四时代》(*Le Siècle de Louis XIV*)中，尽管诗人和建筑师被列在了书末，但他们却与元帅和战役同时出现在书中。[16]即便到了 1750 年，将文化因素充分融入到著述中，仍有违正史的原则，因为正史的主题主要还是国王和战役，违反这个原则似乎是很不合适的。

　　在语文学和一种看待过去的新的批判视角发展起来之前，政治和宗教争论也许是"调整"历史事件，以符合发生变化的政治形势的唯一动因。中世纪的史家写了大量支持帝国的史书，以及关于法国人和英国人反对罗马教廷的史书，它们提供了值得注意的证据，证实了这类调整民族正史以颠覆罗马教廷的神话主张或历史主张的模式。

　　几乎没有什么证据表明史学革命中断了这个调整的过程。事实上，一些最有声望的博学之士——特别是像狄皮依兄弟、戈德弗鲁瓦夫妇和迪歇纳父子那样的法国人——都在继续调整民族的过去以适应当下的意识形态需要、心理需要或社会需要。①

---

① 　A. Du Chêne 的《教宗史》(*Historie de Papes*, Paris, 1615)是一部关于那个时代的极好的史学著作，代表着从"史学革命"产生出来的历史研究模式。但是，它同时也是一部强烈地聚焦于高卢人的历史著作，在这里，法兰西君主制被完全历史化。这部著作对过去进行了调整，以支持法国人反对教宗权威的主张。

例如,17 世纪出版了一些史书,涉及法国王室要求限制教宗权力的主张或要求帝国拥有至高权力的主张。尽管这些史书比中世纪晚期出版的史书更有权威性,但它们在意识形态上却与路易十四力图从哈布斯堡王朝手中夺取帝国王冠的斗争联系在一起,或与同罗马教廷的争执联系在一起。法国人在历史思想方面积累的国家经验给国外的效仿者提供了灵感,吉尔伯特、波考克和克里格就是例子。但是,即便在法国人的这种国家经验中,史学革命也没有从根本上颠覆那种调整过去以服务于当下政治目标的根深蒂固的模式。①

把过去看作国家意识的一个元素,这类认识处于不断的变化之中,而它们的主要根源仍然是各种法律争论和政治争论。但是,史学革命也开启了另外一种认识过去的方式,这种方式将为以后各代学者提供一个模型,对他们来说,这是一种开创性努力,其宗旨是要让对过去的研究与当下发生在政治文化中的各种争论脱离关系,让历史研究获得自律性。② 屈雅斯(Cujas)和他的一些追随者在其法律研究中提出了一种关于过去的看法,这就是为人熟知的"历史主义"。

[17]但是,迪穆兰(Du Moulin)、霍特曼和其他人抨击屈雅斯的罗马法研究,认为它毫无意义,部分原因不就在于对国家意识的界定不断发展,并且日趋严格吗?③ 罗马法已经死了;它无法运用于法国的法律体系。通过霍特曼、皮图(Pithou)和帕基耶的著作,16 世纪人文主义者的世界将同时产生出"历史主义"

---

① 让历史摆脱与当下社会的关联,已成为一场运动。关于这场运动的开端,可参见 Pocock,《古代政制》,9—13 页,以及 J. H. Plumb,《过去的死亡》(*The Death of the Past*),London,1972,见有关各处。

② Kelley,《史学研究的基础》,见有关各处。

③ 同上。

和一种更加融贯的国家意识,但这还不是它所取得的全部成果。

史学革命形成了一种推动力,不只是扩展了民族历史的范围,也不只是通过对政治文化的影响而扩展了国家意识的范围。的确,政治—文化对历史研究的制约在地方史的繁荣中表现得最为明显,而出现这种繁荣局面的主要原因就是地方主义(或特殊主义)和史学革命。在仍处于原子化状态的 16、17 世纪欧洲政治体系中,普遍的制度,尤其是地区性的或具有特殊主义性质的制度——以及支撑着这些制度的对过去的认知——同样在研究古文物的史学家手中经历了修正和扩展。人类自创世以来的"共同历史",基督教世界、罗马教廷和帝国的"共同历史"在一种新的视野下得到了批判性评价,细节广为扩充,立足于语文学的圣经研究和早期基督教历史研究有了一个新的根基。

然而,受到巨大推动的主要是地方史。学者们经常在并不了解他们所在地区或城镇的中世纪历史的情况下就急切地考察各种宪章,以及其他地方志和一般史料,以编纂他们自己的地方史。每一个地区、城镇或修道院组织似乎都吸引了一小群学者,他们出版了大批书籍,都是鸿篇巨制。这些书籍采用了有关地方家族、权利和政治事件的事实材料,但往往只是囫囵吞枣。在有如汪洋大海的细节下总是澎湃着对班贝格、昂热和林肯的自豪感。

本书的几篇论文说明了这样一点:虽然史学革命激发了政治精英很大的兴趣,远远超过了科学仍是神学的婢女的那个时代,但在对过去的认知方面,它并没有从根本上改变普遍认知、民族认知和地方认知之间的平衡,并没有使民族认知成为唯一的认知模式。古文物研究者选择自己的研究话题——或专注于普遍,或专注于民族,或专注于地方——往往出于心理的—政治的动机,而史学家全身心地沉浸在自己的研究对象中,其间往往表现出更偏于追求知识的倾向。从时间上说，古文物研究者出于心理的一政治的动机进行研究，要早于史学家出于知识的兴趣进行研究。德国史学家情愿同时研究所有三个话题，[18]似乎就清楚地说明了这一点。对近代早期欧洲的其他许多古文物研究者来说，这种情况并不陌生。①

最后，让我们再回到界定的问题，特别是"政治文化"的概念。"政治文化"的概念未能吸引本书几篇论文的作者，因而就未被当作分析工具加以运用。当然，这个概念并非完全阙如，它也出现在若干论文中，但几位作者并未试图对它作出界定，使它有助于描述国家意识在政治文化中的地位或功能。为什么这个话题没能引起几位作者的兴趣呢？我们或许可以从两个方面来回答这个问题。

第一个原因是，几位作者全都假定，关于每个民族的政治，他们的读者已经拥有了大量的信息。他们决定在不同的民族修史的框架内展开分析，由此必然导致一个结果，即过分依赖于传统上已经确立的关于这个或那个民族的政治的假定。不过，我的这句评论不应被解释成一种明显的或否定性的批评。就其本身而言，每篇论文都是精心结撰的杰作。如果要求几位作者对政治文化进行分析，关于历史和国家意识的讨论就会不那么完整了。但必须记住，几位作者依赖于民族修史，因而在涉及一些关键术语——如君主制、帝国、等级、行政——的涵义时就可以走走捷径。这些术语为分析不同的政治文化提供了必要的简便方法。

---

① 有些史学家（特别是法国和英国的史学家）怀着同样的兴趣既写国家史，又写地方史。如果出于比较研究的目的将这些史学家放在一起来看，那是十分有趣的。这种结合的努力可能会造成某种内部的张力。

　　但是，几位作者之所以没有更系统地采用政治文化的概念，还有第二个原因。这个原因与上述原因有关系，相比之下，或许更为重要。说来也很简单：政治文化的概念十分复杂，涉及的范围也十分广泛。这个术语囊括了发生于政治社会一切层面上的政治过程的全部要素，因而要将它作为一种分析工具付诸操作，或许不是那么容易。在探寻了近代早期欧洲的历史和国家意识的意义和关系后，读者依然会发现自己回到了政治文化的概念，而这个概念在这些研究中是难以确定的。到了 1500 年，或者在一些更早的实例中，政治生活的既有状况大体上决定了此处所讨论的各个社会中国家意识的地位和性质。但是，我们会马上想起三个非常重要的例外。[19]英国民族在革命期间发生了很多变化，这些变化很难与法国或俄国的情况相提并论：在法国，王朝与民族的不一致与日俱增，而在俄国，则出现了两种国家意识。但是，正是透过这三种现象，我们可以发现，如果绝对地强调精英政治文化，将其视为国家经验的决定要素，这样的研究思路就只具有十分有限的价值，因为这三个要素呈现出一个更加现代、更加复杂多变的世界，而这个世界是本书特别关注的那三个世纪的权势人物和修史者意想不到的。

第一章　意大利

吉尔伯特（Felix Gilbert）

[21]本文关注的是意大利从文艺复兴到启蒙运动这段时期的历史。克罗齐（Benedetto Croce）对这个时期的评价异常冷峻、尖刻，他说：

> 关于这几个世纪意大利生活的史书只是记载了一些低劣、愚蠢、痛苦和恐怖的事情，时而再加上一点蹩脚的嘲讽，从而使这些记载显得不那么无聊。

他还补充说：

> 那一个半世纪在我们的史书中被称为"意大利的衰落"，这个词语一直沿用至今，而且也确实值得保留下来。……从16 世纪中叶到差不多 17 世纪末，意大利毫无生机。①

---

① 参见克罗齐的文章《16 世纪意大利的危机及文艺复兴与意大利统一的联系》（"La Crisi Italiana del Cinquecento e il legame del Rinascimento col Risorgimento"），*La Critica*，Vol. XXXVII（1939），401—411 页。此处引用的英译文见 *The Late Italian Renaissance 1525—1630*，Eric Cochrane 编，New York：Harper Torchbooks，1970，23—42 页。所引段落见 34、36、38 页。

对意大利的这个历史时期作出如此严厉的评判，着实令人错愕，须知，这是一个产生了塔索和贝尔尼尼、康帕内拉和伽利略的时代。克罗齐的理由是，虽然文艺复兴时期已经掀起了一场通往意大利国家意识以及社会和道德改革的运动，但这场运动在 16 世纪晚期和 17 世纪完全停止甚至倒退了；不仅如此，在这个时期，共同的目标和理想似乎已经从意大利生活中销声匿迹了。

　　事实上，意大利作家和学者已经展开了一场旷日持久的争论，如果以这场争论为背景来观察这几个世纪，那么，克罗齐对这几个世纪在意大利历史上的意义的看法就获得了充分的重要性。意大利作家和学者争论的焦点是，意大利的历史是从什么时候开始的？意大利民族的发展可以追溯到中世纪早期吗？或者，鉴于意大利复兴运动（Risorgimento）之前共同组织并不存在，这是否意味着，只有在这个时期之后，对意大利民族的归属感才成为意大利政治和社会生活的一个重要因素呢？

　　[22]我们关注的这个时期在关于统一的意大利历史的思考中起了至关重要的作用。① 在这些年里，在外来势力的逼迫下，意大利各地区进入了不同的轨道，它们之间的差异也显著增加了。再者，教会在这一时期对意大利人的思想生活实行了更加严格的管束，并且造成了，或者至少是扩大了宗教文化与世俗文化的裂隙，这成为意大利民族统一的主要障碍之一。迄今为止，这个裂隙仍对意大利的民族内聚力构成威胁。从文艺复兴时期到启蒙时期共经历了一个半世纪，这一个半世纪对意大利国家意识的发展是否起过作用呢？这个问题关系到我们应该如何解

---

① 对这个问题的讨论的有关概述，参见 Alessandro Passerin d'Entrèves，《反思意大利史》("Riflessioni sulla Storia d'Italia")，*Dante Politico e altri Saggi*，Turin，1955，尤见 20—25 页。

释意大利的整个历史发展进程。

在 16 世纪晚期和 17 世纪,意大利半岛诸国是法国或哈布斯堡王朝的附属国,就连位于北方的两个缓冲国,威尼斯和萨伏依,也焦虑不安地注视着列强的一举一动,并制定与列强步调一致的行动方针。只有教宗国的统治者,即教宗,才能宣称自己不只是一个附庸,才能采取自己的独立政策。

但是,在 17 世纪,尽管罗马归教宗管辖,但他在主要与意大利有关的政策中并不唱主角。罗马不是意大利的中心,而是世界的中心。贝尔尼尼替圣彼得广场(Piazza San Pietro)建造的柱廊装饰着各个时代、各个民族的圣徒雕像,圣徒们张开双臂迎接来自全球各地的朝圣者。纳沃纳广场的新喷泉上有几座雕刻,表现的是向教会俯首致敬的河神。这些河神是尼罗河和恒河,多瑙河和拉普拉塔河,而不是台伯河、波河或阿尔诺河。在罗马庄严庆祝的胜利是远隔千山万水的国家以基督教的名义取得的,而不是以一个民族的名义取得的,例如勒班陀战役、圣巴托罗缪之夜、白山战役。

教廷是意大利唯一在整个欧洲享有地位的权力组织,从 16 世纪晚期至 17 世纪初期,其最重要的政策就是推进反宗教改革。从文艺复兴时期开始,意大利的国家意识已经出现了发展的苗头,而教廷将其中一些苗头一刀斩断。当然,我们不能认为,15 世纪或 16 世纪的意大利人已经有了充分的民族情感,甚至不能说他们期盼着在意大利人内部建立一个稳固的政治联盟。如果持这样的观点,那无异于时代错置。但是,如果否认文艺复兴时期存在着一种国家意识,那也很不准确。[23]诚然,当意大利的某个国家受到教宗至上论者的威胁,或需要盟友时,它通常也会发出"解放意大利"、建立意大利各国联盟的号召;只要对自身有利,它还会与一个外部强国联手对抗另外一个意大利强国。对意大利共同利益的诉求也许并不成功，或者没有被系统地施行，但即便如此，这些诉求也反映出一种共通感，即：有一种特殊的关系维系着生活在亚平宁半岛上的人，这些人不同于生活在阿尔卑斯山另一边的各民族。

若非如此，这些诉求便毫无意义。究竟有多少人进一步认识到需要采取共同的政治行动，是根本无法估计的。这样的人肯定有，只要读读圭恰迪尼（Guicciardini）和马基雅维利的著作，这一点便一目了然。圭恰迪尼在他的伟大著作中怀着悲伤的心情描述了外国对意大利的统治逐步形成的过程。他认为，这种局面之所以出现，是因为意大利的统治者目光短浅，不愿将公共利益置于个人私利之上。圭恰迪尼开始写作《意大利史》（*History of Italy*）时，马基雅维利已经去世十年。直至生命结束，[①] 马基雅维利都始终坚持他在《君主论》最后一章所表达的信念：意大利各国统治者应当联合起来，将外国人逐出意大利。

马基雅维利号召"将意大利从蛮族统治下解放出来"，这一号召以彼特拉克的著名诗行结束：

> 反暴虐的力量，将拿起枪，
> 战斗将不会很长，
> 因为古人勇气，
> 在意大利人心中至今没有消亡。

（《君主论》，潘汉典译，商务印书馆 1985 年版，126 页）

---

① 有一种观点认为，马基雅维利在生命的最后几年放弃了这些希望。对这个观点的反驳，参见拙作《马基雅维利的〈佛罗伦萨史〉》（"Machiavelli's *Istorie Fiorentine*, An Essay in Interpretation"），*Studies on Machiavelli*，Myron P. Gilmore 编，Florence，1972，尤见 96—97 页。

　　从这几行诗可以看到,意大利国家意识和民族自豪感植根于文艺复兴时期。这个源泉就是一种关于世俗政治美德的观念,①就是那种认为当时的意大利人与古典时期的罗马人同属一个民族的观念。

　　反改革教会开始以不信任的眼光看待异教的古代。例如,基督教人文主义的领袖伊拉斯谟曾警告说,"不要让异教在复兴的古代文学的掩盖下冒出头来".② 而在马里诺(Marino)出版于1619年的《画廊》(*Galeria*)中,伊拉斯谟却被归入 Negromanti[巫师]之列而受到谴责,被称为"falso profeta"(伪先知),因为他的 scienza chiara[明晰知识]掩盖了 coscienza oscura[幽暗意识]。③ [24]人们开始意识到,对古典世界的文学和艺术遗产的关注实际上已对基督宗教构成了威胁,因为这种关注有可能导致异教信仰的复兴。反宗教改革的教宗也同意这一点,尽管这取决于他们的个人倾向,即:他们究竟想要根除,还是吸纳古典影响的全部印记。④

　　当勒班陀战役胜利的消息传到永恒之城时,罗马人为凯旋归来的同胞马坎托尼奥·科隆纳(Marcantonio Colonna)举行了一场隆重的欢迎仪式。他本应头戴月桂花环,乘坐一辆镀金的马车进入城市。但是,庇护五世下令取消了这些安排。科隆纳骑着马,跟随在基督旗帜的后面进入城市。在整个文艺复兴

---

① 　与"公民人文主义"(civic humanism)这一概念相比,我更倾向于使用这样的术语。人文主义对政治思想的影响并不限于共和国,同一个人文主义者很可能在一本书中赞美共和国,又在另一本书中赞美君主国。

② 　P. S. Allen,《伊拉斯谟书信集》(*Epistolarum Erasmi*),Oxford,1906—1958,Vol. II,491 页。

③ 　很显然,伊拉斯谟之所以受到谴责,原因之一就在于,他的著作激励了路德和宗教改革者。但是,马里诺的"诗体肖像"集所涉及的古代英雄的数量十分有限,这一点颇让人惊讶。在马里诺的《画廊》1667 年版中,"Negromanti"出现在138—142 页上。

④ 　以下对教宗治下的罗马的描述所涉及的事实,参见 L. Pastor,《教宗史》(*History of the Popes*),尤见第 19、21、22 卷。

期间,被用在古罗马相似场合的古代异教习俗均遭到禁止。

如果说圣庇护五世试图抹去所有异教传统的话,那么,反宗教改革期间最有权势的教宗圣西克斯图斯五世则试图利用古代来荣耀基督教。他意识到古罗马遗产的存在,并为之而深感自豪。他还意识到古罗马是七丘之城,因而渴望罗马能延伸到台伯河沿岸的低洼地带之外(在中世纪和文艺复兴时期,罗马的版图仅限于这一地带),占领七丘。因此,教宗在兴建水渠上投入了精力和财力,想把水从高山引入罗马的丘陵。罗马贵族和红衣主教在那里建起了直到 19 世纪末仍是罗马的骄傲的庄园和花园。水渠的水从壮观的喷泉中喷涌而出,喷泉上没有海神尼普顿和他的儿子,取而代之的是摩西的雕像,他的拐杖指向泉水流出的地方。图拉真和马可·奥勒留的纪念柱顶端是使徒君王彼得和保罗的雕像,古代的方尖碑顶端也安放了一个十字架。这些方尖碑是从地里发掘出来的,人们又费了很大的力气,将它们巧妙地重新竖立起来。塔索在赞美希克斯图斯五世的丰功伟绩的诗中这样写道:"在方尖碑上立起十字架。"①

[25]对古希腊文化的态度的转变并不限于宗教领域。文学艺术在运用古典素材时也带有反讽的意味,显得很不恭敬。古典神话被用来讽刺愚蠢的人类,或歌颂激情和爱。在人们眼里,古典世界不再提供日常生活的准则和价值。② 马里诺在他的诗

---

① Torquato Tasso,《作品集》(*Opere*),Bruno Maier 编,Milan,1964,Vol. II,nr. 1389,112 页。塔索写了许多诗歌来赞颂西克斯图斯对罗马的复兴,这正表明了对古代的一种新态度。

② 参见 Fritz Saxl,《文艺复兴晚期的古代神祇》(*Antike Goetter in der Spaetrenaissance*),Studien der Bibliothek Warburg,Vol. VIII,Leipzig,1927。这本书让人们注意到反宗教改革时期的反古典倾向,尤见 26—33 页。从那时以来,这些倾向在关于这个时期的一般论著中屡屡被提及,但我们还需要一部对这一现象进行系统研究的论著。

中称颂的古典故事是阿多尼斯和恩底弥翁、伽倪墨得斯和伽拉忒亚、那喀索斯和勒安得耳的故事。贝尔尼尼将达芙妮逃脱阿波罗的怀抱、变为一株月桂树的瞬间刻在大理石上，从而闻名遐迩。卡拉奇(Carracci)在法尔内赛宫所绘的壁画呈现了古代诸神喧闹的集会，他们聚在一起，赞颂不可战胜的爱的力量。在文艺复兴时代，古人传达了永恒的真理(如拉斐尔的《雅典学园》)，罗马人的美德的范例被拿来与鄙陋的现在进行对比，带有劝诫的意味(如米开朗琪罗的《布鲁图斯胸像》)。如今，我们离文艺复兴时代已经十分遥远了。

很难想象 17 世纪的作品还能具有米开朗琪罗《布鲁克斯胸像》那样的精神气质，这表明，滋养了国家意识和民族自豪感的另外一个要素已经逐渐消散了：世俗美德和政治上的英雄主义失去了价值和重要性。如果说马基雅维利是文艺复兴时期捍卫政治美德的主要人物，那么，16 世纪晚期和 17 世纪的政治文献对他的思想的讨论方式则可以很好地说明政治思想和政治氛围的变化。① 1559 年，马基雅维利的名字出现在《禁书目录》(*Index Librorum Prohibitorum*)上，"其全部著作必须禁止流通"。尽管有这一禁令，显然还是有人阅读他的著作。不过，我们很难确切地了解他的著作产生了什么影响，因为反宗教改革②的政治作家们在讨论马基雅维利的思想时不得不谨小慎微，躲躲闪闪。他们在公开提到马基雅维利的名字时，一定是在言辞激烈

---

① 参见 Rodolfo de Mattei，《从前马基雅维利主义到反马基雅维利主义》(*Dal Pre-machiavellismo all' Antimachiavellismo*)，Florence，1969。本书是对马基雅维利的思想在 16 世纪和 17 世纪的意大利政治文献中引起的讨论的最新的全面综述。

② "反宗教改革"(Counter Reformation)是一个十分可疑的概念。在这里，以及在以后各处，我们纯粹在编年史的意义上使用这个概念，用它来指从 1560 年到 1625 年这个时期。

地抨击这位佛罗伦萨秘书官。[26]但是，当他们严肃地讨论马基雅维利的思想时，他们就假装对这个危险而邪恶的人物的著作没有什么兴趣，并且多少有点神秘地将他称为"史论作者"（autor discursum）。有时候，他们讨论《君主论》或《论李维前十书》中的观点和问题，却闭口不提马基雅维利的名字。他们探讨了遍布于马基雅维利著作中的问题：命运和美德在罗马崛起过程中的作用、①采取"折中方案"的风险、②在新获得的领土上维持传统制度的必要性。③ 在这个后来的时期，马基雅维利的学说在政治讨论中占有重要的地位。

　　然而，虽然人们接受了马基雅维利的概念框架，但这并不意味着，后来的政治作家们都是他的信徒，或赞同他的理论。这些政治作家所处的宗教氛围浸透到他们的思想中，在他们看来，马基雅维利的思想不涉及道德评判，这让他们十分反感。他们所处的政治社会从根本上不同于外国列强——尤其是西班牙——取得控制权之前的那个政治社会。马基雅维利的主要著作是关于李维的评注，而李维讲述的是罗马共和国奠基和兴起的过程。反宗教改革时期的政治作家们将塔西佗看成是 primo principe della politica[政治学第一王子]。④ 他们在评论塔西佗时表达了自己的观点，⑤而塔西佗叙述的是帝国时代罗马的事迹。这

---

① Scipione Ammirato，《论塔西佗》（*Discursus in Cornelium Tacitum*），Helenapoli：Schönwetti，1609，325 页。Ammirato 将马基雅维利称为"autor discursum"。

② Giovanni Botero，《国家理性》（*The Reason of State*［*Ragione di Stato*］），P. J. Waley and D. P. Waley 英译，London，1956，50 页。

③ 同上，51 页。

④ Traiano Boccalini，《帕纳索记事》（*Ragguagli di Parnaso*），Bari，1948，Vol. III（a cura di Luigi Firpo），152 页。

⑤ 如 Scipione Ammirato，参见前面的注 12。（［译注］即本页注①。）

些政治作家生活在由君主统治的国家里,他们在观察政治时采取的是自上而下的视角,透过统治者及其心理状态、宫廷、朝臣的争斗来看待政治。他们假定存在一个等级制的政府结构,要想在这个官僚机构中升迁到更高的职位,只能一级一级往上走,而不能连跨数级。他们对处于社会等级底层的群体除了蔑视,还是蔑视。安米拉托写道:"群众是一头懒惰的野兽,他们分不清真假。"①博卡里尼(Bocaalini)将人民称为"一群羊"。② 马基雅维利认为,人民拥有一种使自己成为政治生活的基本力量的美德(virtú)。相反,反宗教改革时期的政治作家们只将君主和统治者看成是政治生活的操控力量。政治变成了谨慎算计的对象,取决于君主及其幕僚的智慧。再也找不到一句比波特罗(Botero)的话离马基雅维利的观点更远了,他说:"大胆的计划是危险的,因为一开始勇猛无畏,随后这些计划就会陷入困难和麻烦,最后以痛苦和绝望而告终。"③

　　尽管这些作家关心马基雅维利提出的问题,但他们在很大程度却偏离了马基雅维利最深切的关怀,只要分析一下他们对政治思想史的主要贡献,这一点就一目了然。人们通常认为,这些作家的主要贡献是对"国家理性"④和"实力平衡"⑤这两个概念进行了讨论。很显然,提出这两个概念的前提是,他们接受了

---

① "民众是无所事事的禽兽,他们分不清真假。"参见 Ammirato,《论塔西佗》,353页。

② "Gregge di pecore"(畜群)。参见 Boccalini,《帕纳索记事》,Vol. I,232 页。

③ Botero,《国家理性》,50 页。

④ 从历史的角度对这个思想在 16 世纪的意大利的发展所作的经典讨论,可参见 Friedrich Meinecke,《近代历史中的国家理性思想》(*Idee der Staatsräson in der Neueren Geschichte*),Munich and Berlin,1924。

⑤ Boccalini 的《帕纳索记事》第三卷是"实力平衡"思想最有趣的讨论之一,34—44页,参见题为"洛伦佐·美第奇所造就的欧洲各君主国的平衡"的章节。

马基雅维利的一个基本假定,即道德和政治是彼此分离的。这些作家承认,一旦遵循道德准则,就很可能妨碍政治上的成功——尽管他们在承认此点时显得犹豫,有很大保留。例如,博卡里尼先是指出,国家理性的学说与神法和人法相矛盾,但他接着又承认,这一学说为政治提供了有用的准则。①

如同马基雅维利一样,这些政治作家认识到利益在政治中的决定性作用,但他们从这一深刻的见识中得出了非常不同的结论。按照马基雅维利的观点,国家间的冲突不可避免,因为每个国家都受其自身利益的支配,要在争夺权力的斗争生存下来,就要实行强有力的扩张政策。后来的政治作家们试图精确地分析欧洲列强各自的利益所在。他们细致分析了每个国家根据自身利益采取的行动方针,然后试图评判一个强国的行动在所有其他强国中可能引起的反应。这些讨论的目的不是要搞清楚,一个国家如何增强自身的力量并不断扩张领土。实际上,这些作家想要说明反抗力量如何被组织和调动起来以抵御侵略,并说明任何可能扰乱现存状态的行动都是徒劳无益的。[28]运用国家理性和实力平衡这两个概念是为了维持现状。

有一个显著的例子说明两个基本概念如何引出了不同于马基雅维利的结论,这个例子就是,后来的作家都十分羡慕威尼斯。对马基雅维利来说,政策实施的唯一典范是罗马共和国,他对威尼斯及其采取的政策嗤之以鼻。② 反宗教改革时期的政治作家们将威尼斯视为典范。在他们眼里,威尼斯人十分明智,懂

---

① Boccalini,《帕纳索记事》,Vol. II, 289—292 页。290 页上有这样一句话:"legge utile agli stati, ma in tutto contraria alla legge d'Iddio e degli uomini." ("对各国有益的法律,却与神法和人法完全抵触。")

② 参见拙作《马基雅维利和威尼斯》("Machiavelli e Venezia"),*Lettere Italiane*, Vol. XXI(1969),389—398 页。

得如何处理权力的平衡,从而维持现状。那么,对这些赞成理性
的和审慎的政策的人来说,威尼斯的政策为何有那么大的吸引
力呢? 个中缘由,博卡里尼作了简要的论述。他说:"威尼斯人
生存的终极目标是和平,罗马元老院只晓得打仗。对威尼斯人
来说,只要领土大到能够确保威尼斯的和平就够了。他们想拥
有实力,但不是出于支配别国的野心,而是为了不当别国的
附庸。"①

　　威尼斯使节在完成外交使命后呈交给参议院的那些长篇报
告一直都被当作证据,说明威尼斯人有着政治上的远见卓识;它
们也可看成是对那个时期理论的实际运用。如同反宗教改革时
期的政治作家一样,威尼斯的使节们认为,等级制的君主国是一
个组织良好的社会的典范。他们在报告中侧重于描述和分析统
治者的性格、宫廷及权臣,同时聚焦于有关国家与其他强国之间
的关系。他们的出发点是这样一个原则:"君主若非出于一己之
利益,就不会采取任何行动。"②当然,他们也意识到,君主的怨
恨和野心有时会压倒利益的考虑。他们细致描述了他们被派往

---

① "...I senatori veneziani per ultimo scopo del viver loro aveano la pace, ove il senato
romano solo ebbe la guerra... a lei solo bastava di posseder tanto imperio, che dalle
armi degl'inimici stranieri assicurasse la libertà veneziana, e che ella non amava la
grandezza dello Stato per ambizion di comandare, ma per gloria di non servire. "
(……威尼斯元老们以和平为其生活的终极目的,而罗马元老院则惟有战
争……对于它,拥有这样的统治便足够了:即从敌人的军队中赢得威尼斯的自
由,它并不会为了统治的野心而热衷于国家的强大,而是为了不受奴役的荣
耀。)Boccalini,《帕纳索记事》,Vol. I, 292 页。

② "...i principi non si sogliano muover se no per propri interessi..."(君主不为己利则
不动) 这句话出现在弗兰切斯科·康塔里尼(Francesco Contarini)在出使曼图
亚后于 1588 年 10 月 31 日提交的报告的开始处。下面的引文出自西蒙·康塔
里尼(Simon Contarini)关于萨伏依的报告(1601 年 8 月 3 日),以及弗兰切斯
科·康塔里尼关于托斯卡纳的报告(1589 年 6 月)。所有这些报告均由 Euge-
nio Albèri 编入《威尼斯出使报告》(*Ralazioni degli Ambasciatori Veneziani*,
Florence, 1839—1863)系列二之第 5 卷。

的国家与其他国家(尤其像法国、西班牙这样的大国,以及在意大利半岛上的弱小邻国)之间的关系。[29]威尼斯的使节们钦慕那些基于准确信息、按其自身利益采取理性行动的统治者,反对意欲扩张从而引起动荡的意大利君主。他们赞美托斯卡纳大公,因为他"努力维持意大利各君主之间的良好感情",将"持久的和平和幸福的安宁"当作一个君主可以实现的最高目标。

在 16 世纪晚期和 17 世纪的意大利政治思想中存在两种不同的、甚至截然相反的倾向。有一群政治思想家和作家试图发现政治行动的理性基础,这成为他们努力的目标。他们得出结论说,指导原则是利益,是由地理、经济考量和声誉所决定的利益。实力平衡和国家理性之类的概念至关重要,因为它们为理性的政治分析提供了概念框架。在这些作家看来,政治行动要想取得成功,前提条件就是对别国的动机作出正确的评估。政治家必须具备机敏、聪慧、深谋远虑等品质,他主要关注的是外交问题。

这些作家相信,有些非理性因素,如强力、活力、热情、激情,其影响是可以限制的。政治家应该实现的目标是避免出现非理性因素脱缰而出的情况,因为一旦出了大事,就难于控制。遇到这样的情况,后果完全不能由人来操控,只能听天由命。这些作家考虑问题的出发点是现状、对现状的正确评估以及现状的维持。他们在观察意大利的政治格局时,将众多独立国家的存在看成是意大利政治生活的恒久特征,他们不能设想有可能将意大利半岛诸国结合成一个联邦或导致一定程度的统一的任何变化。民族主义的思考,哪怕是其萌芽形式,在这些作家的思想体系中都不占任何地位。

这些作家在考虑问题时始终脚踏实地,因而除了他们自己生活的那个狭小的共同体,他们根本考虑不到任何更大的共同

体。另外还有一群政治思想家,他们考虑的是远远超出现实的
问题,因而他们也同样不能想象民族实体的存在。在意大利政
治思想史论著中,论述反宗教改革的章节有时被冠以"Gli uto-
pisi de seicento"(17 世纪诸乌托邦)的标题。① [30]在这个时
期,对乌托邦的描述是人们喜欢采用的表达政治理念的形式。
无疑,乌托邦不是政治文献的新形式,它出现在古代世界,后来
在文艺复兴时期再度复活,被用来表达这个时期的基本信念,效
果良好。文艺复兴时期的各种乌托邦构想告诉人们,如果按人
的自然理性来组织人的生活,目前的种种苦难和邪恶——饥饿、
暴力、嫉妒——就会烟消云散。17 世纪最重要的乌托邦构想出
自康帕内拉的《太阳城》(*Città del Sole*),这个乌托邦构想的根
本假定与文艺复兴时期各种乌托邦构想的根本假定直接
对立。②

　　如果说文艺复兴时期的各种乌托邦构想立足于对理性人的
需要和愿望的考察,康帕内拉则试图证明在服从宗教原则的基础
上建立一个社会的可能性,并对实现这一目标所需要的各种制度
形式作出解释。对康帕内拉来说,世界有两个中心:一个是太阳,
代表着温暖和爱,另一个是地球,代表着冷漠和仇恨。他所设想的
社会将有助于确立太阳的统治。在这样一个社会里,世界将服从
绝对统一的统治。康帕内拉的《太阳城》涵括了整个世界。康帕内
拉像同时代人一样,被新世界的发现搞得心绪不宁,因为这一发现

---

① 　关于这种体裁,参见 Luigi Firpo,《反宗教改革的理想国家》(*Lo Stato ideale
　　della Controriforma*),Bari,1957)。另参见 Paul F. Grendler,《意大利世界的
　　批评者》(*Critics of the Italian World*),Madison,1969。虽然 Grendler 论述的
　　作家早于我们所关注的时期,但这本书提供了一份非常全面的书目。
② 　关于康帕内拉,已经有丰富而详细的研究文献,Frances A. Yates 所著《布鲁诺
　　与神秘传统》(*Giordano Bruno and the Hermetic Tradition*,London,1964)中的
　　"布鲁诺与康帕内拉"一章与我们这里的讨论有特殊的相关性。

表明,存在着从未听说过基督、因而从未领受过上帝之言的人。他为太阳城设想了一种与基督教非常类似的宗教,但这种宗教又并不等同于欧洲人所了解的基督教。太阳城具有一种等级制结构,其首脑是祭司王,教士和骑士是他的直接下属:教士的职责是对所有人的生活进行组织,从而实现社会的灵性目标,骑士的职责则是抵御外敌,保护社会。与人的物质需求相关的活动只有很低的价值,康帕内拉似乎更喜欢农业,而不喜欢工业或贸易。

康帕内拉描述了一些特殊的安排,例如他主张实行公有财产制。这引起了后人对他的著作的兴趣。在我们的讨论语境中,只要指出康帕内拉著作中的一个主要思想就够了。他认为,应当将生活转变成一个上帝之城,回归到受神灵感动、由神来支配的社会秩序。康帕内拉的著作提供了一个例证,让我们看到这个时期的政治乌托邦的特征:尽管并不正统,[31]但宗教因素十分有力,由于这个原因,宗教因素便成为反宗教改革时期的思想气候的产物。

这个时期意大利政治思想中的乌托邦倾向有两大来源。它的一个刺激因素是对现时的拒斥,而现时的状况就是,意大利半岛分裂成一些软弱无力的小国,屈从于外族统治。但是,这些乌托邦政治思想家不去对这种状况进行具体分析,因为他们同时从第二个来源中获得了灵感,这就是希望重新控制整个世界的反改革教会的普遍主义。反宗教改革的精神激发了政治思想中的乌托邦主义,我们从文学和艺术中可以发现同一种精神。塔索的《被解放的耶路撒冷》(*Gerusalemme Liberata*)描绘了一个存在于过去的由神意安排的欧洲社会的诗意景象,从而宣告了它的必然性。波罗米尼(Borromini)创造了令人炫目的空间和距离,实际上同样表达了想要逃避现时的束缚、进入另外一个按不同方式组织的世界的渴望。无论是对现时的接受,还对是现时的拒斥,都不能使人发现民族实体概念有什么政治意义。

　　16 世纪晚期和 17 世纪意大利的政治文献忽视了民族要素,这一点着实让人吃惊,因为在当时意大利的政治形势下,民族情感和民族反应原本是自然而然的。① 我们正在考察的这个时期恰好是意大利遭受外族统治的时期,与外国人的密切联系一直都在刺激国家意识的增长,尤其在这些联系具有一种敌对的性质时,情况就更是如此。我们刚才得出的结论是,当时的政治文献最关注的那些问题恰恰阻碍了国家意识的发展。但对这个结论必须加以补充,我们需要考虑如下问题:为什么通常对外族统治的反应——国家意识的高涨——没有在意大利发生?

　　1494 年,法国的查理八世入侵意大利,开始了一系列意大利战争。到了 16 世纪中叶,随着西班牙确立了对意大利的统治,这些战争终于结束了。必须承认,在这个时期,许多人对“苦难深重的意大利”进入“不幸的时代”表达了惋惜之情。② 但是,在此后几十年,随着西班牙的统治稳定下来,天下太平,人们对幸福的过去与苦难的现在之间的反差就没有那么尖锐的感觉了。[32]诚然,旨在将外国人赶出意大利的联邦思想也时时被重新唤起,但这些思想只是在遇到特殊情况时才突然爆发出来,并不说明有一种持续存在、不断增长的趋向。③

----

① 　Alessandro Visconti 的《反宗教改革时期的意大利》(*L'Italia nell'Epoca della Controriforma*, Arnoldo Mondadori《意大利史》[*Storia d'Italia*, Milan, 19—]第 6 卷)对这一时期作了最著名的一般概述。对社会发展的出色分析,可参见 Giuliano Procacci,《意大利人民史》(*History of the Italian People*), Anthony Paul 英译,New York, 1970。

② 　参见 Grendler,《意大利世界的批评者》第三章“苦难深重的意大利”。

③ 　有关事实,参见 Vittorio di Tocco,《西班牙统治期间意大利的独立理想》(*Ideali d'Indipendenza in Italia durante la Preponderanza Spagnuola*, Messina, 1926)——尽管这本书由于完全聚焦于民族感情的表达,因而对政治思想的一般性质有所歪曲。

民族情感的偶然表达主要与萨伏依的进取行动有关。萨伏依的统治者一直有一些扩张目标，在意大利半岛诸国中，它是唯一一个这样的大国。萨伏依公爵卡洛·埃曼努埃莱一世（the first Carlo Emmanuele）写过一些宣传诗，提出了民族主义诉求，对西班牙驻米兰总督提出挑战：

> Havemo el sangue zentil et no vilan
> Credemo in Dio, et si semo cristiani
> Ma sopra il tutto boni Italiani.

> 我们流淌着勇士而非懦夫之血，
> 我们虔信天主，且均为基督徒，
> 但至高无上的是意大利的利益。

卡洛·埃曼努埃莱大胆挑战西班牙人的统治，与西班牙开战。当时的作家们称赞他是意大利自由的捍卫者，试图鼓动意大利的其他大国来支持他。塔索尼（Tassoni）写了《反腓力诸辞》（*Filippiche*），这本书的风格让人想起马基雅维利《君主论》的最后一章。塔索尼愤愤不平地说，统治意大利的君主"非我族类，对意大利的习俗懵然不知"。[1] 他劝意大利北部的其他国家，尤其是威尼斯和摩德纳加入到萨伏依的斗争中去，消灭外族统治。台斯蒂（Fulvio Testi）写了《为意大利哭泣》（*Pianto d'Italia*）和一些诗节赞颂卡洛·埃曼努埃莱。这些诗充满了反

---

[1] 原文是"... prencipi del nostro sangue, nati ed allevati con i costumi nostri d'Italia"。参见 Alessandro Tassoni，《政治和道德文集》（*Prose Politiche e Morali*），G. Rossi 编，Bari, 1930, 353 页。

对西班牙的内容,台斯蒂不得不为此付出代价,被赶出摩德纳宫廷,流放在外。到了下一个十年,由于曼图亚的贡扎迦王朝惨遭覆灭,西班牙和法国的敌对势力又侵入了意大利。于是,一些小册子作家和诗人再次鼓励萨伏依公爵采取行动,将意大利从外族统治下解放出来。

但是,这些作家都是宣传鼓动家,他们为统治者效劳,听命于统治者。他们想要影响意大利半岛其他国家的宫廷圈子。虽然塔索尼在《反腓力诸辞》中提出了民族主义的诉求,但他在其他著作中则盛赞西班牙君主,说他是意大利和平的伟大守护者。《为意大利哭泣》的作者台斯蒂表达了有利于法国国王的观点。不可否认,这些诗人和作家对意大利的过去怀有一定的爱国自豪感,但建立一个意大利联邦的规划在他们的政治思想中从来不占主导或持久的地位。

[33]从文学上说,《反腓力诸辞》是民族主义诉求最重要的表达,我们从里面的一些段落可以看出,为什么对外族统治的反应和民族情感的表达只是偶尔出现,从未形成广大的声势。《反腓力诸辞》的作者指出,他的诉求是对王公贵族、而不是对意大利人民提出的。他说,群众天生怯懦,在他们身上,一切真正的勇气和荣誉感已经荡然无存。① 这些话提示出意大利社会的裂痕,上层集团与农民、城镇居民被置于对立的地位上。由于这个原因,上层阶级不仅将外族统治者视为敌人,而且将他们视为与自己同属一个阶层的贵族、同盟和保护者。

受西班牙直接控制的地区包括北方的米兰、南方的那不勒

---

① "...la plebe, vile di nascimento e di spirito, ha morto il senso a qualsivoglia pungente stimolo di valore e di onore." (……贫民们,在出生和精神上都很怯懦,对勇敢和荣誉的激励麻木不仁……)参见 Tassoni,《文集》,343 页。

斯和西西里,这些地区的政治发展清楚地表明了这一点。17 世纪的意大利是一个动荡不安的国度。[①] 1647 年在巴勒莫和那不勒斯爆发的一系列革命不是孤立的事件,而是对广泛弥漫的不满和苦难的公开表达。在这些革命爆发期间,出现了反对西班牙的口号,但这些叛乱针对的并非外族统治。人民采取的是一种可视为传统的态度,他们表达了工业社会前底层阶级的不满。他们以这样的态度向国王提出诉求,反对无能官吏。在巴勒莫和那不勒斯,群众高呼口号:"国王万岁! 打倒税收和坏政府!",以此宣泄自己的情感。巴勒莫和那不勒斯[②]的革命是各社会群体冲突的结果,在这些冲突中,农民和城市群众(有时还要加上城市中产阶级)奋起反抗贵族。这些地区的农业很难为那些耕种小块租用土地的农民提供最低限度的生活资料。如果遭到歉收,那就只能受苦和挨饿,这时农民就搬进山里,落草为寇,或迁徙到城镇,结果穷人的数量大幅增加。城镇的中产阶级与底层阶级有着同样的不满,因为行政的集权化侵害了他们的自治权。

自从尼德兰起义爆发以来,西班牙就卷入了一系列战争,这些战争更加剧了上述冲突,因为西班牙政府在那不勒斯和西西里不断提高税收率。城市和农村地区经常只能靠向商人、金融家和富裕地主借贷来获得这些税收。西班牙统治者又以各种方

---

① 参见 J. H. Elliott,《西班牙君主国的叛乱》("Revolts in the Spanish Monarchy"),*Preconditions of Revolution in Early Modern Europe*,Jack P. Greene 编,Baltimore,1970。这篇文章对意大利南方的许多大事作了描述,提供了最新的信息。"关于进一步阅读书目的提示"(129—130 页)列出了相关文献。

② 关于那不勒斯的事件,参见 Rosario Vilari,《那不勒斯反对西班牙的起义》(*La Rivolta Antispagnola a Napoli*),Bari,1967。这是一本极其重要的书。另参见《新剑桥近代史》(*New Cambridge Modern History*),Cambridge,1970),Vol. IV。

式来补偿这个提供了贷款的富裕小集团。[34]这个集团的成员获得的补偿包括:扩大他们对庄园里的农民所享有的司法权。他们受委托去征税,其社会地位得到了提高。在17世纪初期,那不勒斯有头衔的贵族数量达到了133户,比1675年增加了两倍。在上层社会集团内部,既有拥有土地的古老贵族家庭,又有担任重要职务的新晋贵族,他们在1647年的一系列革命中支持西班牙政府镇压不满的农民和城市贫民阶级、中产阶级。这个上层集团的成员与西班牙官员沆瀣一气,因为他们想继续享受西班牙统治者授予他们的特权和好处。意大利南方的民众中间也存在着社会上和经济上的反差,因而他们根本不可能发起一场真正的民族运动来反抗外族统治者。

意大利北方的西班牙属地的情况虽在细节上稍有不同,但发展模式也一模一样。在米兰公国,①不管是西班牙的遥控式统治还是直接控制都是全新的现象。总督与本土行政官员和参议院之间的冲突在所难免。总督代表着西班牙国王,是西班牙高等贵族阶层的一员,而本土的参议院则由米兰的贵族阶级和土地贵族阶层的成员组成。这场斗争带有潜在的民族性质。在围绕参议院议长的任命问题上,曾发生过一场十分激烈的冲突。总督想让一个西班牙人来担任这个职务,但参议院提出,这个职务应该由它的一个成员来担任。参议院取得了胜利,这场胜利确保了如下一点:从这时开始,在腓力二世治下,总督与参议院、西班牙的决策权与本土贵族阶级的行政权、执行权之间维持了平衡。但是,在17世纪初,这种平衡被打破了。经济形势开始恶化,加上西班牙统治者要求提高税收,并且在意大利北方的要

---

① 关于发生在米兰的一系列事件,参见 Ugo Petronio,《米兰元老院》(*Il Senato di Milano*),Rome,1972。

害地区驻扎军队,这无异于雪上加霜。

米兰公国的统治集团的成员感到自己在经济上受到了威胁,他们希望继续维持现有的收入。贵族以外的人没有资格担任公职,一个人要想被承认为贵族成员,其祖先必须在一百年前就已经是贵族。为了强化贵族与其余人口之间的分离,贵族们被允许从事商业活动。相应地,他们将钱投入地产。其他阶层对高高在上的参议院贵族心怀不满,[35]而参议院贵族又转而依靠西班牙政府来保障自己的权利和要求。在那不勒斯,西班牙国王与米兰公国的上层集团结成了联盟,因此,反对西班牙统治的民族战线从未获得太大的推动力。

统治集团与其余人口之间的裂隙在不断加大,这个过程不只是发生在西班牙国王治下的意大利属国,而且也发生在意大利半岛的所有国家。这些国家仿效西班牙的统治权力建立了等级制社会,富裕的上层集团开始获得地产,形成一个贵族阶层,直接隶属于统治君王,并与之结成联盟。

这些领土国家中最重要的一个就是美第奇家族的托斯卡纳大公国。[①] 托斯卡纳的面积、位置和经济实力使大公能与法国保持密切的联系,这样就限制了他对西班牙的依附关系。但是,柯西莫一世死后入葬时,葬礼是按查理五世的葬仪举行的。宗

---

① 参见 Samuel Berner 的两篇文章:《16 世纪晚期和 17 世纪早期的佛罗伦萨社会》("Florentine Society in the Late Sixteenth and Early Seventeenth Centuries"),*Studies in the Renaissance*, Vol. XVIII(1971),203—246 页;《16 世纪晚期的佛罗伦萨政治思想》("Florentine Political Thought in the Late Cinquecento"),*Pensiero Politico*, Vol. III(1970), 177—199 页。Berner 接着还写了一篇文章:《从共和国向公国过渡时期的佛罗伦萨贵族阶级》("The Florentine Patriciate in the Transision from Republic to Principato"), *Studies in Medieval and Renaissance History*, Vol. IX(1972)。在这篇文章中,Berner 强调,佛罗伦萨的贵族阶层在整个 16 世纪都继续从事商业活动。

教节日、婚礼和葬礼的庄重队列均严格按级别来安排。银行家和商人给佛罗伦萨创造了财富,缔造了佛罗伦萨的伟大,他们即便不放弃商业活动,也被任命为朝臣,最后成为侯爵和伯爵。虽然传统政府体制的许多特征被保留下来,但行政官僚机构已经不在昔日的政府所在地领主宫了,瓦萨里(Vasari)在旁边另建了规模宏大的乌菲兹宫,作为政府所在地。这个官僚系统对大公百依百顺,成为大公的统治工具,而大公本人住在皮蒂宫,这座宫殿建在山丘上,远离佛罗伦萨民众,高高在上。文艺复兴时期的佛罗伦萨人宣称,他们的政府是按自由、平等的理念建立起来的。尽管这样的想法不免让人将信将疑,但很明显,社会理念和理想几乎颠倒过来了。

意大利仅存的共和国威尼斯也不能避免这个一般进程。[①] 从 15 世纪开始,威尼斯的决策圈在不断缩小。[36]大议事会退居次要地位,而让位于人数较少的参议院。参议院成了委员会的顺从工具,在 16 世纪,所有最重要的政治决策都出自十人议会。十人议会无情地掌控着政府职能,最后激起了反对,到了1582 年,它的权力被削弱了。但这只是暂时的挫折,很快十人议会又恢复了它的权威。与教廷的斗争是这一发展进程的一部分。

这场斗争导致教宗发出停止教权的禁令,而萨皮(Fra Paolo Sarpi)在这场斗争中成为思想领袖之一。不过,这场斗争并不像当时和后来的新教徒认为的那样是一场争取自由、反对专制的斗争,而是一场管辖权之争。威尼斯政府对城内一切居民都拥有控

---

① 对这个时期的威尼斯进行研究的最新著作是 William J. Bouwsma 的《威尼斯与共和自由的捍卫》(*Venice and the Defence of Republican Liberty*, Berkeley, 1968),不过,我对这个时期的威尼斯历史的解释与他的解释非常不同。

制权,不允许对这种权力作出任何限制;它也不允许教宗干预其外交政策。正如萨皮指出的,[①]如果威尼斯想像过去一样施行"统治和主宰的根本原则"(il fondamento principale d'ogni imperio e dominio),即"真正的宗教与虔敬"(la vera religione e peità),它就必须保留决定教堂和修道院建于何处的权利,"以便能够获得并维持这些权利"(per poter ricerverle e sostentarle),有权惩罚犯罪的神职人员。核心问题是国家主权,而所谓的国家主权尤其是指一个小的统治集团拥有不受限制的权力。

因此,在意大利各国,权力集中到了一个小的上层集团手中,而这个集团又依附于统治君王,与之联为一体。但是,所有那些决定意大利政治的人都将关注的焦点集中在各自的国家上,其主导原则是保持领土独立,维持现状:他们的视野一般不会超出他们生活于其间的社会体(social body)。如果说政治思想家和作家将"和平和安宁"视为最高的政治价值,他们却很可能忽视或漠视了马基雅维利关注的权力要素的基本重要性。不过,他们一直密切关注他们自己那个时代统治者的具体需要和目标,并且将这些需要和目标反映出来。

西班牙冲突和当时的宗教气候在等级制社会和垄断了权位的上层官僚集团的产生过程中起到一定的作用。不过,这些倾向又被我们已经提到的第三个因素加强,这就是这个时期意大利所面临的经济困难。[②] 经济形势的演变经历了两个不同

---

① 以下引文出自萨皮的《有关对圣保罗五世的申斥的思考》("Considerazioni sopra le Censure della Santità di Papa Papa Paoli V"),见 Paolo Sarpi,《著作集》(Opere),G. Cozzi and L. Cozzi 编,Milano,1969。

② 参见 Carlo M. Cippola,《意大利的经济衰退》("The Economic Decline of Italy"),Crisis and Change in Venetian Economy,Brian Pullan 编,London,1968 。这篇文章原刊于 The Economic History Review,2nd series,Vol. V(1952),此处采用的是经过修订的译文。

的阶段。[37]在 16 世纪和 17 世纪初,意大利的经济衰退还是相对的,而不是绝对的。先是英国的船只到达了地中海,后来荷兰的船只也跟着来了。原来与东方的贸易都垄断在意大利手中,现在则不然,有一部分贸易落入英国人和荷兰人手中。而且,意大利的产品,尤其是纺织品在欧洲市场遇到了严峻的竞争,主要原因就是,由于要维护传统的行会规章,产品价格一直居高不下。

不过,意大利的经济衰退是一个缓慢的、渐次的过程,意大利人积累的财富足以确保意大利银行家继续保持欧洲金融家的地位。但是,到了 18 世纪 20 年代,与欧洲的一般趋势同步,意大利的经济急转直下,最后出现了经济停滞的局面。遇到这样的情况,一般都是工业产品的价格猛跌,跌幅超过农产品价格,这正是当时的意大利所面临的困境。在意大利内部和外部,对食品的需求始终不会减少,结果,只要有可能,人们就放弃了制造业,而转向农业。如果说西班牙政府支持那不勒斯和西西里的封建贵族是出于政治上的考虑,现在这个社会群体的经济基础也得到了加强。在意大利南方,一种几近于中世纪式的封建制度不仅幸存下来,而且还成为社会生活的支配力量。由于存在许多不同的独立国家,自然就形成了尖锐的分裂,但除此而外,还有一种更深刻的分裂,即南方和北方的反差。这是一种什么样的反差,当时的人们并不清楚,但它至少已变得相当大,直到今天,它仍对意大利民族思想和国家意识构成了一个问题。

葛兰西(Antonio Gramsci)指出,在意大利的政治发展过程中,中产阶级在其他国家所起的作用被知识分子取代。这一观点针对的主要是后来的发展,但我们所考察的这个时期已经为以后发生的事情作了铺垫。

我们频繁关注的关键事实是,意大利是反宗教改革的中心，始终受到罗马天主教会的约束。在其他与教宗彻底决裂的国家里，教会和国家结合在一起，发生密切的关系，同一个人——君主——既是教会的首脑，又是国家的首脑。但是，在天主教国家里，教宗的权力具有普世的性质，他将其要求和利益延伸到整个世界，而君主主要、甚至唯一关心的是受到严格限制的领土以及日常问题。因此，教宗与君主相遇，就会出现复杂的、而且经常是紧张的局面，摩擦和冲突随时可能发生。威尼斯与教廷之间的管辖权冲突导致威尼斯在 1605 年到1607 年间被停止教权，在这个过程中，紧张局面公开呈现出来。但是，在意大利其他国家，[38]统治君王也同样竭力阻止教廷和教会干预在他们眼里属于世俗领域的政府活动。特伦托公会议以后的几十年，教会与意大利统治者之间发生了无数次争执。例如，法尔内塞家族坚持向神职人员征税，米兰参议院认定波罗美奥（Carlo Borromeo）无权传唤平信徒到教会法庭受审。

君主们反对教廷广泛的权力要求，这场斗争的前提就是，社会中还保存着一定程度的思想自由。统治者不会保护异端，如果一个人持有与教会的教义直接冲突的观点，就不会受到统治者的保护。但是，君主们有着强烈的动机，想要推动不受教会干预的思想活动。如果受他们保护的艺术家或学者歌颂他们自己或他们先辈的事迹，他们会感到万分喜悦。但除此之外，君主对艺术和文学、学术和科学的赞助还有一个好处：这种赞助通过世俗政府提供了防范教宗的教条主义的手段。要落实君主的赞助，就需要重新组织思想活动。意大利统治者再也不能依靠中世纪的传统精神仍占主导地位的大学了，在意大利，这种大学已经变得死气沉沉。新的思想交流中心是遍及全意大利的学会，有些学会根据统治者或君主的动议建立，有些则由学者或科学家自己建立。① 除了最著名的学会，如罗马的猞猁学会或佛罗伦萨的实验学会和秕糠学会外，还有 Otiosi(闲人)学会、Intonati(协律)学会、Erranti(歧途)学会和 Dogliosi(忧伤)学会。这些名称都带有讽刺意味，说明参加这些学会的不仅有专家，还有业余爱好者。贵族和比较富裕的中产阶级组成一个读者群，学术著作和科学发现都以他们为接受对象。这些领域里的成就在全意大利广为人知，君主和各城镇竞相延揽著名文人，而这些文人则不断流动，从一个城镇到另一个城镇，或从一个宫廷到另一个宫廷。

要想形成一个较大的读者群，前提条件就是，各类著作都用本国俗语来写作。这就掀起了一场使用意大利语的运动，而意大利语是在 16 世纪上半叶由本博(Bembo)创始的。不过，人们发现，将俗语用于文学和学术写作，也存在着诸多危险。人们在使用语言时可能漫不经心，而且俗语也有可能分化成一系列的方言。[39]由于存在这样一个问题，秕糠学会及其编纂的大型词典《意大利语辞典》就变得十分重要。秕糠学会试图为语言的正确用法建立一套规范。学会会员都是佛罗伦萨人，他们相信 14 世纪佛罗伦萨的伟大作家所使用的语言应成为典范——尽管他们提出的 buon secolo[美好世纪]的概念很快就扩展到整个文艺复兴时期。他们非常严格：他们不愿将塔索的词汇当作典范，因为塔索引入了一些阿里奥斯托没有使用过的新词。不过，这个拒绝将塔索的词汇当作典范的决定没有坚持下来，在塔索访问佛罗伦萨时，伊特鲁里亚(Trusca)学会的会员们很不情

---

① 关于学会建立的一般情况，参见 Visconti，《意大利》(*L'Italia*)，567—570 页。尤可参见 Stillman Drake，《猞猁学会》("The Academia dei Lincei")，*Galileo Studies*，Ann Arbor，1970。

愿地为他举办了隆重的欢迎会。

伽利略也在这样一个思想氛围里东奔西走,他从比萨来到帕多瓦,来到威尼斯,来到佛罗伦萨,来到罗马。尽管他有着独一无二的科学天才,但他还是在诸多方面依赖于这个思想氛围。他的《关于两大世界体系的对话》(*Dialogo sopra i due Massimi Sistemi del Mondo*)的读者对象就是聚集于各学会的人群,是那些"审慎的读者"(discreto lettore),即那些有兴趣的外行。有鉴于此,这本书是用意大利语写成的。① 伽利略在前言中说,他想让"其他国家意识到,意大利人对这个问题的理解是生活在阿尔卑斯山以北的人不能想象的"。② 这些话表达了对意大利的文化成就和文化使命的自豪感,表明了一种强烈的感觉:尽管一个统摄整个意大利半岛的政治组织并不存在,但在政治和社会联系的外在形式之下或之上,还有一种由文化、语言和文学构成的联系。这个时期对意大利国家意识的发展所起的促进作用在于形成了一个坚定不移的观点,即存在着一种卓越的、独具一格的意大利文化。

只要看看意大利在文艺复兴时期取得的成绩,就可以明白,这个观点是有道理的,也很有力。秕糠学会有一个基本假定,即

---

① 就像 Angeli di Costanzo 一样。Angeli di Costanzo 在《那不勒斯王国史》(*Istoria del Regno di Napoli*)第 1 卷第 xliii 页上说:"Ho voluto scriverla in lingua comune Italiana, a tal che possa essere letta e intesa da tutti". It does not matter that it will not come "a notizia di nazioni esterne. "(我愿意用意大利人民的通用语言来写作,这样,就可以让所有的人阅读理解。)至于不能"a notizia di nazioni esterne"(为外国人所知),则并不重要

② "...mostrare alle nazioni forestieri, che di questa materia se ne sa tanto in Italia, e particolarmente in Roma, quanto possa mai averne imaginato la diligenza oltramontana..."(……向一切外国展示,在意大利,人们对这个领域已有了深刻的理解,尤其在罗马,而这是阿尔卑斯山以北的人们的头脑绝对想象不到的……)从我们的观点来看,尽管这个前言是按教会的要求写的,但这一点无足轻重。

文艺复兴时期的语言必须成为意大利语的模型。这表明,在意大利人的心目中,文艺复兴已具有典范的重要性。在过去,古典世界被认为是唯一的黄金时代,现在文艺复兴占据了仅次于遥远的黄金时代的地位。由此必然导致的结果是,古代世界多多少少有些贬值了。我们曾提到,[40]在反宗教改革时期,对古典世界的尊崇被看成是基督教面临的一个危险。同样,一旦承认了文艺复兴所具有的规范性质,古典世界对人的心灵的控制就会相应地削弱。文艺复兴时期的成就证明了这点:即便在后古典时期也可以达到一个新的文化顶点。因此,很显然,人们就不仅需要回望过去的黄金时代,而且还可以往前看,把目光对准未来的黄金时代。所有这一切都意味着,以前依托于过去的那种概念框架发生了变化。意大利开始摆脱了对伟大的罗马的依附关系。在史学家的著作中,意大利的这个新形象开始成形,当然它也隐含着对过去的民族历史的承认。

倘若本文仅仅局限于讨论修史的发展的话,它原本可以用"从圭契尔迪尼到穆拉托里"(From Guicciardini to Muratori)作为标题。就修史的发展来看,我们讨论的这个时期是一个过渡期,开始于圭契尔迪尼写出文艺复兴时期最伟大的历史著作《意大利史》之后,这部著作是将意大利描述成欧洲政治中的独立实体的最后一部著作。这个过渡期结束的标志是一系列规模宏大的实录的出版,这些实录涉及的内容涵盖整个意大利。

圭契尔迪尼和穆拉托里两人的名字也提示出这个时期在概念和方法上的某些变化。直到19世纪近代考证史学出现为止,甚或直到今天为止,历史著作一直都有两种类型:一是由当事人、政治家兼史学家写的史书,二是由教授或专业文人写的学术性史书。圭契尔迪尼是最伟大的政治家兼史学家之一,在随后几个世纪,再也没有出现过政治家兼史学家,这也说明意大利政治上的颓废。穆拉托里是学者型史学家的典范，他吸收并完善了16世纪以来的修史方法。

　经过一个发展过程，人们在从事史书写作时，在认识各个历史时期的独特性和差异性时，逐渐采用了一种新的批判方法。意大利作家或学者在这个过程中没有起什么重要作用。对16世纪的历史考证和理解，其重大进展主要是由法国学者取得的，[①]他们的工作在很大程度上是将法学和语文学的研究方法运用于更广泛的历史问题的结果。[41]在意大利，法律史几乎无助于形成一种新的历史观。在那些拥有强大的中央权力的国家，法律史研究促进了民族情感，而在意大利，法律研究的效果正好相反，它强化了各国统治者相互之间的权力要求，从而造成了更大的分裂。不过，语文学和考古学对意大利人关于过去的看法产生了很大的影响。古典学术展现了古罗马的特殊生活状态，表明了宗教与制度的相互关联，凸显了古典世界与随后各个时代之间的距离。罗马人变成了不同的人，而不是一切时代的典范。

　西古尼乌斯（Sigonius）写过一本关于意大利中世纪史的书，标题为《论意大利的王国》（De regno Italiae）。这本书提供了最明显的、给人印象最深刻的证据，让我们看到那种将古罗马与意大利彼此分开的态度。西古尼乌斯区分了意大利的两种政体形式：帝国（imperium）和王国（regnum）。[②] Imperium 当然就是罗马帝国，人人都知道它，相关的研究也已经十分详尽。但

---

① 参见 Donald Kelley，《近代史学的基础：法国文艺复兴时期的语言、法律和史学》（*Foundations of Modern Historical Scholarship*：*Language，Law and History in the French Renaissance*），New York，1970。

② Carolus Sigonius，《论意大利的王国》（*Historicarum De Regno Italiae Libri Quindecim...*Venice，1574；Frankfurt，1591），尤其参见第一卷开始的那些纲领性文字。

是，regnum 最初由外国人（伦巴德人、法兰克人和日耳曼人）引
入，几乎还不为人所知，因而需要对它进行研究。西古尼乌斯既
有语文学家的兴趣，又有法律史家的兴趣，这两种兴趣结合在了
一起。很显然，鉴于法律史家关注制度连续性的问题，这就促使
他对中世纪意大利的编年史和档案文件发生了兴趣，并且描述
了意大利逐渐发展成一个独特的、自主的社会体的过程。西古尼
乌斯的叙述结束于 13 世纪，即文艺复兴的开端，当时意大利
的许多城镇摆脱了外族统治，获得了解放。

　　西古尼乌斯对意大利历史的研究基于若干前提，在此也值
得说明一下。他的叙述以文艺复兴为顶点，但他认为文艺复兴是
一个漫长发展过程的最终结果，而摆脱外族统治、形成一个由许
多自由共和国组成的社会，是这个漫长发展过程的不可缺少的环
节。因此，文艺复兴不是远古黄金时代的突然的、奇迹般的再生。
推动文艺复兴的那个过程很久以前就开始了，而且还将继续下
去。文艺复兴出现在一个特定的时刻，是借了天时地利之便。文
艺复兴不是罗马的一面镜子，而是意大利人的创新，不管在文艺
复兴之前还是之后，意大利都始终存在着。[42]在知识分子、文
人的思想中洋溢着对文艺复兴时期文化成就的自豪感，西古尼乌
斯让我们看到了这种自豪感与国家意识的增长之间的联系。

　　穆拉托里的史学著作是西古尼乌斯的史学著作的续篇，他
的研究起点是意大利的思想史时期，而这个时期将一直通向意
大利复兴运动。对穆拉托里来说，西古尼乌斯以其《论意大利的
王国》"奠定了初始的根基，使随后几代人能够继续往前走"。[①]

---

① 　原文是 "…Primi magnifica aedificia a fundamentis erexere quibus posteri quippe
　　deinde superstruere potuerunt."（前辈在地基上建起大厦，后人一定能在上面接
　　着往下建。）参见 Ludovico Muratori，《西古尼乌斯传》（"Vita Caroli Signii"），
　　Raccolta delle Opere Minori，Naples，1757—1764，Vol. XVII，16 页。

正是本着西古尼乌斯的精神，穆拉托里在《意大利记事各家》
（*Rerum Italiarum Scriptores*）的前言中写下了几句动人的话：

> 如果只去了解意大利那些凯旋得胜的时刻，而在意大
> 利被打败、屈从于外族统治的时候就不理睬她，那纯粹是傲
> 慢自大，甚至是忘恩负义。意大利无论在胜利的时刻，还是
> 在被打败的时刻，都是我们的母亲。作为她的儿子，每个人
> 都要尽自己应尽之责，无论她处在顺境，还是处在逆境。①

从这段话可以看到，对意大利的悲惨过去的意识与对未来
的希望结合在一起。

毫无疑问，其他国家的学者也通过探索黑暗年代来寻找自
己民族过去的根。但是，意大利人所作的努力有其特殊的重要
性，这种重要性在于，当外部力量——西班牙、教会、向着大西洋
的转移——冲击了意大利生活的社会、经济和思想基础时，关于
民族文化的观念、关于民族的过去的观念被保存了下来。这可
以解释为什么这个时期守护国家意识的是一小群学者和文人，
同样也可以解释为什么知识分子在意大利民族形成后的更晚近
的时期一直掌握着政治领导权。

---

① 原文是"E, infatti di un animo troppo orgoglioso e schififtoso, dirò anzi ingrato,
voler conoscere l'Italia soltanto vittoriosa e trionfante, e distogliere lo guardo da
lei vinta e assoggettata dalle nazioni stranieri. E sempre la madre nostra, nell'uno
e nell'altro stato e spetta sopratutto ai figli conoscerne non meno la buone che
l'aversa fortuna."

第二章　法兰西

丘奇(William F. Church)

[43]正如近代早期法国人理解的那样,不同的人对"爱国主义"这一概念的定义也不尽相同。"爱国主义"虽然无形,却能对人的理智产生强大的影响,在分析这一现象的构成要素时,法国的史学家们总会把目光投向以下三个方面:君主政体的领袖阶层和这一政体的神秘色彩,爱国主义总能在精神领域相对较早获得对大片相连领土的统治这一历史事实,以及源自历史经验积累的大量传统。

除此之外,史学家们也常常提及语言、宗教以及对种族萌发的一些观念等其他因素。当然,对"爱国主义"的最佳定义为:近代早期法国的"爱国主义情感"指的是一种集体心态,这种心态与上述要素均相关,但可能关联程度不尽相同,它在给予居民共同身份认同感方面意义重大,这些居民来自组成法国领土的各城市、乡镇和省区。

然而,毫无疑问的是,在爱国主义情感的诸多影响因素中,君主占据了主要地位。法国人的爱国主义是几个世纪以来共同历史经验的产物,由王权主导,爱国主义在近代早期也继续以同样的方式塑造下去。的确,目前看来,君主的政策、意图和价值观提供了最重要的意识形态纽带,这一纽带最终能将法国社会严重分离的要素联结起来。法国社会最紧急的问题通常是关于家庭、社会秩序、城市和省区的。由于君主的很多权力和威望源自传统,而对传统的意识又依赖于历史感,要想探寻专制主义时代法国爱国主义的演化轨迹,仔细研究近代早期史学家们的作品似乎就理所应当了。

19世纪晚期到20世纪初,法国自由主义和民族主义高涨,法国作者们在17世纪对于爱国主义情感发展的作用这一问题上分歧很大。[44]事实上,很多自由主义者认为,自由主义和爱国主义能够并存,这一点令人难以置信。因此,奥拉尔(Alphonse Aulard)曾写道,在路易十四统治时期,"祖国"这一概念已经被国王取代并成为其中的一部分,这样一来,爱国主义几乎不可能存在,因为没有自由也就没有"祖国"。① 才华横溢的奥赛尔(Henri Hauser)甚至宣称,在17世纪,"民族观念已被国家观念超越",②"祖国"的概念"由国王的概念从国家的概念中分离而来"。③ 在另一篇文章中,阿扎尔(Paul Hazard)认为专制主义时期的作者们"没有分析'祖国'一词的内涵,他们甚至连国家是什么样子都没有清晰的概念"。④ 除非这些作者认为现代、自由的独立国家是任何真正爱国主义的前提条件,否则他们不可能说出这些话。

另一方面,同一时期也出现了不同的观点,这类观点在19

---

① 《从文艺复兴到大革命的法兰西爱国主义》(*Le Patriotisme français de la Renaissance à la Révolution*),Paris,1916,23—30页。

② 《民族自治原则的历史渊源》(*La Principe des nationalités:Ses Origines historiques*,Paris),1916,19页。

③ 《16世纪的现代性》(*La Modernité au XVIᵉ siècle*),Paris,1930,77页。

④ 《欧洲意识的危机》(*La Crise de la conscience européenne*),Paris,1935,Vol. II,218页。

世纪丹纳（Taine）、勒南（Renan）以及 20 世纪的约翰纳（Johnnet）等人的作品中表现得尤其明显。① 这些学者认为，几个世纪以来，法国爱国主义不断滋长，虽然步履缓慢，却是实实在在的。而且在大革命之前，君主是爱国主义的源头、灵感及焦点。诸如领土、语言、宗教和种族之类的因素，虽然都对爱国主义生长的环境有所影响，但这些因素只能发挥调节作用，而君主才是这种情感的塑造者，是驱动力。

正是靠着君主，相互之间差异巨大的各片领土才得以联结在一起，共同组成了法国这片完整的土地。只有君主才能在复杂的社会结构中控制意见相左的个人或组织，并指引他们向着更高的目标前进。只有君主能领导人们朝共同利益前进，抵御外敌，捍卫领土，从而几个世纪以来都享有光荣传统。同样，政府机关中只有君主具有宗教色彩般的尊严。因此，也只有君主能够成为爱国主义精神的焦点，因为如果没有君主，无论国家还是爱国主义情感都将荡然无存。很明显，这种解读有它的道理，[45]但是它忽略了 16、17 和 18 三个世纪中王权与法国爱国主义之间关系的主要差别。

事实上，曾有人就法国君主与爱国主义情感之间的关系进行调查，结果表明，爱国主义情感会随着君主自身财富、政策和名望的变化而出现巨大波动。16 世纪，将国家生活中的元素泛理想化，包括君主自身，这是当时法国爱国主义主要形式的基

---

① Hippolyte A. Taine，《古代政体》（*L'Ancien régime*），Paris，1896，14—16 页。Ernest Renan，《民族是什么？》（*Qu'est-ce qu'une nation?*）（1870 年 3 月 11 日于索邦大学的会议上的演讲），*Oeuvres complètes*，Paris，1947，Vol. I，887—906 页；《思想变革与法国的道德》（*La Réforme intellectuelle et morale de la France*），1871，同上，Vol. I，323—407 页。René Johannet，《民族自治原则》（*Le Principe des nationalités*），Paris，1923。

础。但到了 17 世纪，作为专制主义大潮的一部分，爱国主义情感越来越向王权集中，甚至是国王本人。随着专制主义的胜利，无论在理论上还是在现实中，主权应当象征着国家而且应当成为爱国主义情感的焦点，这是顺理成章的。然而，在路易十四统治时期的最后几年，人们开始对波旁王朝"爱国即忠诚"的理念表示厌烦，相反，他们十分欢迎启蒙运动那些更广泛的观点。启蒙运动将爱国主义植根于人民的生活，并最终促成了法国大革命中广泛而强劲的爱国主义。在本文中，我将探寻专制主义时代法国"王权集中"式爱国主义的兴衰，这主要是因为当代史学家们在自己的作品中对此进行了很多思考。

16 世纪，法国作家们逐渐认识到，法国疆域内的生活越来越具有自己的明显特征，他们对法国事物的自豪感也因此膨胀。这个国家相对先进的组织结构也为这种情感提供了坚实的事实基础。法国领土基础稳固，法律和制度结构使得国家机构能正常运转。也就是说，法国的法律和制度实体能够决定民众各群体的权利、待遇及社会地位，也能决定他们与王权的关系，还能决定君主能力的合法范围。很多作者都对这种统治体系的元素进行了描绘，并给予了高度评价，比如德塞瑟尔（Claude de Seyssel）、德格哈赛耶（Charles de Grassaille）以及 16 世纪下半叶书写过这些内容的一大批法学家。同样具有重大意义的是，罗马天主教会在法国的分支，作为该教会在欧洲最大的国际合作组织，是通过高卢主义的广泛应用从制度上获得法国疆域内天主教事务的统辖权的。法国国家体制由此开始逐步走向成熟，而且，因为法国社会生活的很多层面由风俗、法律和制度构成，这些都是多个世纪以来形成的，法国爱国主义带有很强的传统主义倾向。

与之类似，15 世纪战乱结束，圣女贞德做出了杰出贡献，在这之后，法国君主的英雄传统又被赋予了新的重心。[46]16 世

纪的历史只是确认了君主统治的必要性,同时也进一步强化了
与其对应的意识形态。此外,作为欧洲国家的一员,法国拥有很
多热衷盛赞这个国家独特品质与特征的爱国主义作家,他们称
赞法国自然资源丰富,物产富饶,气候温和,地理位置优越,尤其
是她的国民。在这些作家看来,这些条件相比欧洲其他国家都
十分优越。法国也因为这些作家的赞美而被赋予了新的重要意
义。迪贝莱(Joachim Du Bellay)和龙萨(Pierre Ronsard)等作者
在诗文中歌颂法国的光荣历史,总之,让这些作家们引以为傲的
东西都只是因为法国文明处于较高的发展阶段,而且与用法语
建立法国文学传统有很大关系,这一传统的建立对于法国爱国
主义意识来讲是一个重要的文化辅助因素。渐渐地,一些独特
而优越的特征与法国的事物联系了起来,"祖国"的生活也因此
受到越来越多忠于王权的臣民的珍视。

然而,这种爱国主义意识的存在,在16世纪后半叶由于宗
教战争带来的混乱与破坏而受到威胁。的确,这场斗争本质残
酷,君主甚至国土的独立都危在旦夕。斗争威胁到了"祖国"的
危亡,也诱发了近代早期爱国主义最大规模之一的创作高潮。
这一时期的作者们,主要由法学家、行政人员、史学家以及精通
上述三个领域的专家们构成。他们越来越重视法国历史,研究
法国法律与制度的发展,进一步激发了人们的爱国热情。虽然
他们的创作只表达了他们的专业态度,但是也有可能被当作大
多数人的意见。

法国文献题材广泛,形式多样,但其作者的动机主要是研究、
捍卫甚至美化法国及其君主的传统和伟大。法国的著作家们有
可能失去"祖国"所代表的一切,在面临这一威胁时,他们本能地
开始欣赏"祖国"在他们生活中的丰富意义,并在其历史、发展及
理念中找到了新的内涵和价值。内战爆发前,政治作家们对原原

本本地记录法国统治体系已经满足,但在这一世纪下半叶,他们的历史意识突然增强。因此,他们就历史环境下的法国君主,以及国家生活内君主所代表一切的理想化进行了广泛研究。跟他们不一样的是,还有一些作者,比如勒卡龙(Charondas Le Ca-ron)、肖邦(René Chopin)、科基耶(Guy Coquille)、勒鲁瓦(Louis Le Roy)、德贝卢瓦(Pierre de Belloy)和博丹(Jean Bodin)等,[47]他们创作了各种各样的作品,在其中分析并捍卫了君主体制,认为君主制是"祖国"生活中不可分割的一部分。法国强大的关键在于君主的领导,并且运用大量史实证明自己的观点。

与此同时,人们对古罗马斯多葛学派的公民道德又有了兴趣,这给法国爱国主义增加了一个新的重要元素。法学家及哲学家迪韦尔(Guillaume Du Vair)的作品就能很好地证明这一点。作为"政治家"们的支持者,他广泛力劝同胞对君主保持忠诚,并且要在天主教联盟权力处于高峰的时候竭尽全力保留平民社会。在其《论遭遇灾祸时的坚韧和慰藉》(*Traité de la constance et consolation ès calamitez publiques*)一书中,他痛陈天主教联盟给巴黎——他的故乡、世界上最美国度的都城以及全法共同的圣邸——带来的灾难。德韦尔还通过即将去世的德图(de Thou)来传递自己的信念,德图规劝同胞,要记住自己是法国人,拿起武器向前,为了保卫国家和"祖国"在所不辞。这种古老的公民道德一直到整个近代早期都是法国爱国主义中的一个强大因素。

这群作者中的专业历史学者尤其热衷于搜寻有助于巩固和提升法国声望的传统和成就。即使焦点一直放在君主上,他们也没忘了将爱国主义扩展到国家生活中更广阔的领域。迪蒂耶(Du Tillet)兄弟搜集了大量数据编辑成册,都是关于历代王朝的时间以及国王名号、光荣事迹、婚姻状况、土地扩张、法律还有涉及领土内"治理"的一切事务。王室御用史学家迪艾兰(Du

Haillan)在他献给亨利三世的《法国史》(*Histoire de France*)中
完好地记录了很多人的看法：

> 对所有人而言,用历史将其记录下来是必要的,无论是
> 对于年轻人、老人、底层人士、王孙公主还是臣子。历史能
> 为王孙公主提供最真实而大胆的参考,明确告诉他们职责
> 所在,向他们清楚地展现前人的错误……
>
> 历史能告诉臣子他们对王孙公主负有什么样的义务,
> 告诉人们哪些人才配得上帝国的推崇,历史通过许诺给大
> 大小小有风险的事业荣光和嘉奖来激发人们进取的勇气
> (对于那些光荣牺牲的人而言,这些承诺将伴随着他们的牺
> 牲长眠地下)……
>
> 那么,陛下,如果要说人们记录的历史当中有哪个充满
> 了适合人们各种情况的有益教义,无论是王孙公主还是个人
> (包含希腊人和罗马人),法国历史拥有最多这样的教义,因
> 为,要么统治者的爱和我的"祖国"欺骗了我,要么这一切都
> 可以作为宗教、忠诚、公正、谨慎、谦逊、仁慈、勇气、果敢和坚
> 定信念的典范,[48]让人们崇拜、见证和追求。而其他美德,
> 无论是世俗的还是宗教的,都能在之前的国王、大臣的构思、
> 法律、规范、规则、惯例、法令和其他行为上找到踪迹。①

在这段话的后文中,迪艾兰继续重复了几个法国国王对建设法
国的贡献。

帕基耶尔(Etienne Pasquier)针对法国爱国主义提出了一

---

① Bernard Girard Du Haillan,《法国史》(*Histoire de France*),Paris, 1576,献辞,
无页码。

个更宽泛的概念,他的《探寻法国》(*Recherche de France*)一书内容涵盖整个法国历史,影响深远。这部著作按照不同主题分类,探究了国家生活中各种各样的元素,他称之为构成"法国编年史"的"美妙故事"。帕基耶尔十分重视古代高卢人对法国发展的贡献,因此,当高卢人与法兰克人各自对法国文明的重要性这一问题的争论愈演愈烈时,他坚定自己的立场。帕基耶尔对于法国历史的基本研究思路由来已久,这个基本框架也是他搭建的,在这个框架中他分析了历史记录的很多构成部分。帕基耶尔对法国历史上的许多传说都持严重怀疑的态度,这反映了历史绝对怀疑主义的冲击,也反映了他对充分的历史记录十分重视和关切,这也让他成为了同时代走在最前列的史学家之一。帕基耶尔对于法国历史的浓厚兴趣反映了他强烈的爱国主义情感,他也不止一次表达了见证几个世纪的时间对于祖国成长的贡献正在瓦解的恐惧。与迪艾兰一样,帕基耶尔也宣称他的作品无论对于统治者还是臣民都具有警示意义。

显然,16 世纪的法国史学家们固守着具有广泛根基的法国爱国主义概念。尽管这一概念的焦点大多仍在君主上,也以君主为代表,仍有相当一部分根植于与广大国家相联系的价值观和历史。有段时间甚至还出现了国王与国家的契约论,规定了双方的权利和义务,若其中一方权利受到侵害,契约还可以提供仲裁的依据。这种理论先由胡格诺派的重要作者们倡导,后来又由天主教联盟的代言人提出。但是,这一理论的地位在亨利四世统治时期迅速降低,专制主义时代也由此开启。

亨利四世的胜利以及"政治家们"的王权中心爱国主义让君主成为法国爱国主义的焦点,这一点比以往任何一个时代都严重。为了说明法国波旁王朝第一任国王对王权中心爱国主义有多么强烈的热情,[49]我们要引用各种各样的资料来证明,这些作品包括:《梅尼普斯式讽刺》(*Satyre Menippée*)中皮图(Pierre Pithou)的《奥布里的演讲》,德奥朗纳(Jean Duvergier de Hauranne),也就是后来著名的圣西兰神父(Abbé de Saint-Cyran)的《王室之问》等一系列作品。

　　但就我们的目标而言,只要看以下三位杰出的史学家就够了:安德烈·迪歇纳(André Duchesne)、德图(Jacques Auguste de Thou)和热罗姆·比尼翁·迪歇纳(Jerome Bignon Duchesne)发表了很多关于法国历史的作品,并且在这个领域有很多创新,尤其值得注意的是,他对法国历史进行了广泛的记录,因而被称为"法国史学之父"。

　　迪歇纳的作品主要涉及法国历史、贵族和教会历史的多个方面。在1609年出版的姊妹卷中他充分阐述了爱国主义的本质和范围,这两卷书分别是:《古代文物与对法国国王的高贵和尊荣的探寻》(*Les Antiquitez et recherches de la grandeur et maieste des Roys de France*)和《古代文物与对全法最卓绝的城市、城堡和广场的探寻》(*Les Antiquitez et recherches des villes, chasteaux, et places plus remarquables de toute la France*)。

　　第一卷对君主制极度赞扬,这在当时非常普遍。这本书还着重阐述了历任法国国王至高无上的高贵特质,他们高于其他人的级别,以及他们的宗教性、勇气、权力、公正、仁善和威严。所有这些都在书中被过分夸张了。而第二卷书则将这种理念化扩展到整个法国。他在书中首先就上苍赋予法国的优势(肥沃的土地、温和的气候、处于欧洲中心的地理位置以及数量庞大并且充满活力的人民)照例作了一番描述,之后转向对法国的城市展开研究。

　　谈到第一个城市——巴黎的时候,迪歇纳称赞她是世界上最值得尊崇的城市,描述了这座城市三个分支的属性(市区、旧城和大学),赞美了那里众多美丽的教堂,详细描绘了这座城市的桥梁、城门、贵族宫殿、官邸和皇宫。接着他又介绍了夏特尔、布卢瓦以及其他外交照会中心。迪歇纳用最宽泛的表述定义了"祖国"这个概念，而他对祖国的忠诚与热爱贯穿在两卷书中。而对与他心中神圣的法国生活有关的一切，他也十分自豪，这一点也贯穿全书。

德图虽然与迪歇纳不同，但却同样重要。他是一位杰出的法学家，"政治家"派的领袖，同时也是亨利三世和亨利四世私底下的好朋友。他的《自己时代的历史》（*Historia sui temporis*）一书集中展现了他的史学成就，也阐释了对法国君主制的观点的发展。在给亨利四世的作品的献词中，德图借机表达了对"祖国"和君主的看法：

> 不仅是我那完全正直、固守传统的父亲，还有我的祖父和曾祖父，我传承了他们的人生信条：除了上帝赐予我的之外，没有什么能比祖国给予我的爱和尊严更为珍贵和神圣的了，这一点应当压倒其他任何因素和顾虑。在处理事务的时候我也带着这样的情感。[50]同古人的想法一样，我心中坚信：祖国就是仅次于上帝的神灵，她的法律来自上帝。凡是违反法律的人，无论利用宗教编造什么貌似有理的借口来掩饰自己，都无异于亵渎神灵和弑亲。①

德图曾对亨利四世这样说："我们的生命、祖国和财产都是陛下您赐予的。"②他力劝亨利四世继续推行开明统治，一方面要维

---

①　Jacques Auguste de Thou,《通史》（*Histoire universelle*）（法译本），The Hague, 1733, Vol. I, lvi 页。

②　同上，lvii 页。

持已经争取到的和平,另一方面要执行法律,执法才能真正保障臣民的自由。

著名法学家比尼翁(Jérôme Bignon)在世的时候要比前面两位更出名,他同时还是位史学家、行政长官和国家政务委员会委员,几乎无所不通。他的《论国王的卓异与法兰西王国》(De l'Excellence des Roys , et du Royaume de France)一书于1610年出版,他的书是对早先瓦尔德兹(Diego Valdez)一本宗教小册子的回应。比尼翁在给亨利四世的献词中就这本书的主题作出如下阐述:

> 我想做的是告诉人们事情的真相,不仅要让法国人明白他们是什么,他们的优势是什么,以及他们应该多么尊重和推崇自己的国王。国王是真正由上帝创造出来的,是上帝最珍贵的孩子,是上帝教派的第一任信徒;而且要告诉外国的人民,尽管他们把自己的国王陛下视作所有拥有王权的人中最伟大且最崇高的,但是,您之前的君主所凭借的王权的力量,与您的真诚与勇敢比起来一点也不多。也正是因为这个目的,我描述了这片欣欣向荣的土地的富有与丰饶,它的宝藏与特质。
>
> 我也谈到了法国人为人称颂的品质和他们的完美品性。他们英勇无畏,不惧战争。我还描述了他们是如何带着胜利的武器来到了世界上每个能够居住的角落。他们对于艺术和科学的深刻理解和精湛技艺使他们无所不能。同样,您作为国王拥有特权,王权由来已久且十分尊贵,您这么多个世纪来依然毋庸置疑地拥有至高无上的地位,这些都得到了人民的见证和认可,我也都明明白白地进行了说明。

出于同样的原因,我谈到了您之前的那些国王,描述了那些伟大的远征、勇敢的行为和英勇而又神圣的品德,告诉人们,没有人能比这些君王更伟大,若论公正、虔诚和武力,谁也无法和他们匹敌。在所有这些珍贵的灵魂当中,我把陛下您放在了一个特殊的位置上,不仅仅是因为您通过战无不胜的武力维持了自己至高无上的地位,而且因为您把这种地位提高到了前人未曾达到的高度。

法国曾征服世界,可现在却坠入了悲惨的深渊,她的美丽被外人恶意玷污,曾经臣服于她的国家背叛了她。是您让她从衰败中重新站了起来,用超乎常人的力量把她从悬崖边上拉了回来,重新让她矗立在世人眼前,[51]让他们看到法国的荣光,而这荣光,正是陛下您赐予的。您是法国新的缔造者、真正的父亲和不可亵渎的国王。正是有了陛下,我们才能安居乐业。是您赐予了我们和平、自由和美好的生活。①

这段话饱含纯真朴实的爱国主义情感,在亨利四世统治时期,这种情感不仅集中在王权上,而且也被整个国家所接受。

在比尼翁的第一部学术作品中,他详细介绍了法国(她的物质资产、财富、产品、大城市及其他),第二本书介绍了法国人民(法兰克人和高卢人的勇敢,还有法国人在文字、科学和艺术领域的成就),第三、第四本书介绍了三个不同民族法国国王的特权和成就。坚信法国国王在其他国家统治者之上,这一点对于当时以王权为中心的爱国主义来说至关重要,而且,也相当于让人们相信,法国在欧洲其他国家之上。比尼翁认为,为法国波旁

---

① 献词,无页码。

王朝第一任国王树立威严的最可靠的方式,不仅要强调他在建设法国方面的重要成就,还要向人们宣扬他统治的国土有多么伟大和荣耀。在法国爱国主义演化的过程中,对国王和国家的忠诚相互结合,是这一时期的主要特征。

这种以王权为中心但被人们广泛接受的爱国主义,其主导地位由于美第齐(Marie de Medici)的统治较为弱势而受到了短暂的挑战,这暴露了法国广泛存在的社会分化和严重的派系纷争。这些分化和纷争在社会看似平静的表象下蔓延,对于君主和"祖国"无所不包的忠诚也因此突然得到了认可。当时,对于家庭、客户、等级以及外省的忠诚似乎凌驾于对君主的忠诚之上。黎塞留(Cardinal Richelieu)随后尝试通过大规模的国家建设来改善这一状况,一方面要规范法国社会中的主要元素,另一方面要树立对王权的忠诚,这种忠诚是最高级别的,无论谁,无论其社会地位和待遇如何或者是否存在利益冲突。

黎塞留在国家建设方面作出了十分广泛的努力,这一时期的发展生机勃勃,其中大部分都来源于皇家政策的推动,这一客观事实也进一步说明了国家和"祖国"的确拥有大量财富。虽然黎塞留的政策很大程度上出于个人意志,但在专制主义的支持者看来,这些政策得到了路易十三的支持,因此有事实依据而且对国家的确有益。黎塞留毫不犹豫地将对他政策的反对视为大逆不道,事实上,他也空前广泛地将这个罪名加在反对者和批评者的头上。黎塞留始终坚持的是,[52]贵族、信教者及其他反对他措施的人都不是真爱法国。黎塞留及其维护者宣扬的"服从"有两层含义,它既指作为国王臣民的"服从",也指作为虔诚基督徒的"服从",因为宗教和政治层面的忠诚会让人们无条件地服从上帝赐予基督法国的统治者。这就是"黎塞留式"的王权中心爱国主义。后来的投石运动表明潜在的反对势力还是很强大的,但是黎塞留的批评者们尝试构建一种"有限君主制"的概念,这种制度部分基于想象,这些批评者也无益于法国君主制的发展。

法国历史文献从黎塞留任职期间开始贯穿整个世纪,并迅速染上了与专制主义时代相对应的某些特征。意料之中的是,统治机构合理编撰出一部官方的法国历史,这部历史以国王的成就为中心。正如弗林特(Robert Flint)在大约八十年前所说的:"历史的灵感源泉,其方向渐渐受到人们诱导,仿佛受到了限制,变成皇宫里羞羞答答的女人。"[1]也是由于这个原因,政府档案被整合到一起,那些受到政府资助并且书写以王权为中心的历史的史学家们能够接触到这些资料。我们不应当把这些作品仅仅当作拿历史做幌子的特殊政治宣传品。相反,它们直接而充分地表明,在那个被意识形态渗透的时代,政治概念占据了主导地位。虽然说这种君主的理念也是多个世纪历史的产物,但是它沿着这段被认为具有普遍正当性的、高度自觉的法国历史继续具体化。

绝对王权论者和理性主义者与当时的古典主义者有诸多相同之处,因为他们都认为自己发现了一个概念框架,这个框架不仅与事物的自然秩序相符,并且反映和强调了人性的最高元素。他们也都因此坚持宣传各自的美德以及各自的理念是十分必要的。与之相似的是,从这些立场可以清楚地看到其中的精英主义,也能清楚地看到那个时代弥漫的贵族心态。专制主义时代的法国爱国主义从来没有发展出像19世纪的民族主义那样典型的负面厌恶情感,这也可以部分归因于上面的情况。即使是

---

[1] 《法国与比利时、瑞士法语区的历史哲学》(*Historical Philosophy in France and French Belgium and Switzerland*),New York,1894,203 页。

在 17 世纪的战乱中,欧洲的统治贵族以及政治家们还维持着彼此之间的基本尊重。

黎塞留任职期间,文人中他最得力的两个支持者,巴尔扎克①和勒瓦耶(François de La Mothe le Vayer)曾写道,[53]虽然西班牙长久以来侵略法国,是法国的天敌,但他们拥有很多令人钦佩的品德,应该把他们应得的东西给他们。之后,在路易十四的战争期间,法国政策得到了维护,因为它们本质上是合法的,而且对于维护法国利益十分必要,也就是说,法国政策乃基于一些普遍的原则,而不是基于两国人民之间的敌意。关于法国爱国主义的种族元素只在比较法兰克人与高卢人优势和对历史的意义时讨论过,但是这种讨论以这两个普通民族在法国历史不同时期的作用以及他们各自对法国文明的贡献为中心。专制主义时期,在法国历史书写中提出的正是这种理性的、精英式的、文化的爱国主义。

另一方面,17 世纪史书写作的一个主要缺陷是,历史知识从文学性的历史中完全分离,这一缺陷主要由这一时期的意识形态特征造成。对权威的欲求、各个学术领域的教条以及这个“伟大时代”各方面的意识形态压力,让 16 世纪最开明史学家的相对主义和绝对怀疑主义无法在史书写作中表现出来。相反,统治者把历史当作强化意识形态信仰的工具、道德教化的来源,还把史实当作经验教训教化人民。正是由于上述原因,历史的准确性就没那么重要了,太过准确甚至不利于教化人民。值得

---

① Guez de Balzac,《君主》(Le Prince),Paris, 1631,第十九章。La Mothe le Vayer,《某些民族、尤其是法兰西民族和西班牙民族的性格冲突》(Discours de la contrariété d'humeurs qui se trouve entre certaines nations, et singulièrement entre la française et l'espagnole, traduit de l'Italien de Fabricio Campolini, Veronais),Paris, 1636。这不是从意大利语翻译过来的,而是 La Mothe le Vayer 自己的著作。

注意的是，17世纪史学研究继续向前发展，这一点在修道团成员的作品中尤其明显。其中最引人注目的是圣莫尔教会的彭尼狄克派，他们出版的作品数量可观，但主要都是关于宗教和基督教会史、地方史以及史学研究方法的，对法国历史的其他方面几乎没有什么影响。

许多缺乏经验的史学研究者仅仅只是搜集并编辑文档，这样就能避免很多意识形态上很敏感的事情。同样，当时也不乏对优秀历史记录必备要素的分析。德希龙（Jean de Silhon）、勒瓦耶、圣雷亚尔神父（Abbé de Saint-Real）和拉宾神父（Jesuit Father Rapin）都发表过关于这一主题的研究，但是他们的作品也不过是关于历史准确性、风格、人物个性研究、历史判断之类的劝导，诸如此类，几乎没有实际影响。绝大多数书写君主历史的史学家们都倾向于写带有文学色彩的作品，[54]这样可以用最少的历史知识来吸引更多的读者。这样做的结果就是，出现了一系列的历史作品，它们不是因为史学研究价值而受到关注，而是因为对当时观念的一些表述而拥有一定价值。

上面提到的所有发展都是在黎塞留主政期间出现的。他曾搜集关于自己的资料，并且资助一大批史学家、干事和档案管理员来书写历史，这也是他影响舆论计划的一部分。在黎塞留资助的人当中，不乏杜布威（Pierre Dupuy）和戈德弗鲁瓦（Théodore Godefroy）等德高望重的学者，他们多年以来整理法国君主的档案记录并将其分类。黎塞留广泛利用这些资料来捍卫领土，为自己提供证据支持，特别是在洛林。他的秘书们负责为他编纂一部官方历史，记录他主政期间的作为，最后编出了一部冗长的历史，被称作黎塞留的《回忆录》。

在黎塞留资助的那群人当中，迄今为止最重要的是迪普莱（Scipion Dupleix），他利用从黎塞留那里得到的资料，从官方角度展现了法国历史。作为御用史官,迪普莱非常适合这份工作,因为他是一位激进的天主教徒,同时也是专制主义的支持者。他那些厚厚的作品在公开发表之前都先递呈黎塞留过目,获得他的许可。这些作品涵盖了法拉蒙德之后的整个法国历史,里面对史实的描述细致入微,迪普莱也表达了很多自己的看法。

除此之外,再也找不到能够如此详尽地讨论法国爱国主义的地方了。他想传达的信息也十分明显,法国现有的一切都是国王赐予的。迪普莱早期的作品详细揭示了国王的神圣权利,跟后来波舒埃(Bossuet)作品中描述的一致。迪普莱详细叙述每一段统治时期后,都从统治有效性的角度再次回顾这段统治的贡献及其成功之处,他还明确告诉读者,他最喜欢的统治者之一是路易十一。

迪普莱有一部非常重要的著作叫《英明王史》,这本书黎塞留百分百读过并予以批准。在这本书中,迪普莱将英明国王(路易十三)的成就归结为以下三点:第一,打败胡格诺派教徒,确保他们服从国王的统治,并结束贵族的派系纷争;第二,自查理大帝以来,第一次延伸疆域要塞的边沿;第三,让主权绝对服从于王室权威,确保国家内部和平,无论地位高低一律服从王权。虽然迪普莱将这些成就都归功于开明国王,但是他也明确表示,这些措施的灵感都来源于黎塞留,他也因此给予黎塞留最高的赞扬,甚至宣称黎塞留的政策得到了上帝的启示,实际上也是公正的。这将爱国主义跟对王权的忠诚完完全全划上了等号。

事实上,还有一些史学家虽然得到了官方资助,却依然保持独立性。梅泽雷(François Eudes de Mézeray)就是他们中的典型代表,人们通常认为他的作品要比迪普莱成功得多。[55]历史应该像优秀的文学作品那样鲜活,即使为此在一定程度上牺牲历史的准确性也可以,这是梅泽雷坚持的观点。他像李维那样,给历史人物安排一些虚构的话语,并且重述16世纪的史学家们毁掉的传说,这些是梅泽雷在历史叙事时很常用的技巧。他的两本著作,《法拉蒙德以来的法国史》和《编年史纲要》,涵盖了亨利四世去世之前的所有历史。

这两本书在马萨林当政期间取得了巨大成功,于是他被招为御用史官,享受相应津贴。梅泽雷的作品一个多世纪过去了依然广受欢迎,事实上,他的作品也是专制主义时期的法国通史作品中人们读得最多的。原因并不难找。梅泽雷的作品通俗易懂,对历史人物和事件有许多简练的评论。无论相关人物多么位高权重,只要他的政策有可能与公众的福祉相悖,梅泽雷都会毫不迟疑地对他们的行为提出质疑。梅泽雷对王权的忠诚毋庸置疑,他对法国国民的成就十分自豪,这一点在他所有的作品中也体现得很明显。他始终强烈谴责一切内战和叛乱,尤其是发生在16世纪的内战和叛乱,他也一直颂扬法国在欧洲和近东的军备,而且美化与邻国作战时的军事胜利,特别是西班牙。

因此,不得不说,梅泽雷对君主有一颗赤胆忠心,对国家满腔热血。另一方面,对于政府机关滥用职权的行为,比如"人头税"、"间接税"和受贿等不公平现象,他批评起来也毫不留情,这充分体现了他的独立精神。梅泽雷还痛斥法国农民遭受的痛苦。他甚至有可能在投石运动期间用假名"德桑德里库尔"(de Sandricourt)发表了几篇攻击马萨林的文章。无论如何,他对王室行政的批评最后还是传到了柯尔培尔的耳朵里,柯尔培尔提醒他,他可不是王室招来评价这些历史悠久的惯例的。迫于压力,梅泽雷在柯尔培尔派来的人的监控之下又创作了一部《编年史纲要》,可是柯尔培尔还是不满意,停发了他的津贴。虽然他对王室的忠诚和爱国热情毋庸置疑,但在那个意识形态高压的时代,他对政府机关滥用职权的批评足以激起官方人员的愤怒。

随着 1661 年路易十四个人统治时期的开始,以王权为中心,或者说,以国王为中心的爱国主义真正迎来了自己的时代。由于当时国内外发展状况较好,绝对王权至少可以说被所有民众默许了。在那个时代,波舒哀曾写过这样一段非常具有代表性的话:

> 整个国家都在君王一个人的手里,权力握在君王的手里,所有人民的意志集中在君王一个人的身上,[56]君王拥有一切来为公众谋取利益。效忠君王和效忠国家必须结合起来,因为这两者密不可分。①

路易十四和当时很多人都认为效忠君王和效忠国家是一样的,因为他们坚信两者的利益一致,比如路易十四自己就曾这样写道:

> ……当一个人把国家的事当成自己的事的时候,那么他就在为自己工作。个人或者国家,一方获益就会给另一方带来荣耀。②

因此,对国王的忠诚与对"祖国"的忠诚紧密相连。这种以国王为中心的爱国主义贯穿整个路易十四统治期间,只是在最后几

---

① 《从圣经中抽取出来的政治学》(*Politique tirée de l'Ecriture sainte*),Oeuvres,Paris,1828,Vol. XVI,246 页。
② 《路易十四回忆录》(*Mémoires de Louis XIV*),C. Dreyss 编,Paris,1860,Vol. II,520 页。

年才受到质疑。

路易十四和他手下的大臣们坚信，太阳王统治之下的法国应当继承过往时代的传统，因此他们坚持当时以传统为中心的爱国主义，与之相应，他们也相信了解过去可以启发人们对于当下的认识。路易十四还认为，了解历史中的重大事件和知名人物的事迹可以给自己灵感，让自己也作出类似的英雄行为。[1]路易十四从小受到曾祖父路易四世伟大精神点点滴滴的滋养，路易十四的老师佩雷菲克斯，也就是罗德兹主教，曾为此专门写了一本关于路易四世的传记。[2]

由于当时传统主义正处于高潮，文化方面的历史研究也很受追捧，皇家政府十分看好史学研究，于是广泛资助这一领域的专家。然而，专制主义时代的意识形态压力阻碍了对法国历史的政治层面的探究，而这一层面恰恰是史学家们最感兴趣、也最关心的地方。对早先的历史事件和官方政策进行分析，可以为史学家们评价国王、大臣各色人等开辟道路，并且有可能在臣民中间传播与传统认知不一样的观点。在那样一个被意识形态渗透的时代，官方规定十分严苛，因此官方机构也都不情愿史学家们对与国家秘密有关的任何事情进行研究，即使是之前的事情也不例外，这也是梅泽雷从让自己失望的一件事中吸取的教训。如果是针对久远年代的部分领域，这样的学术研究相对保险一点，而且这样的学术研究在当时也一直在发展。但值得我们注意的是，直到路易十四统治晚期，人们才对法国通史书写过程中的发现进行利用。专制主义的实施对于史学研究是有利的，但

---

[1] 《路易十四回忆录》(*Mémoires de Louis XIV*)，C. Dreyss 编，Paris，1860，Vol. II，96 页。

[2] 《亨利大帝传》(*Histoire du Roy Henry le Grand*)，Paris，1661。

却阻碍了学术观点的自由表达。

[57]官方在上述问题上的态度分歧可以从统治机构与史学研究之间的关系清楚地看出来。事实上,皇家机构的领袖层对这个问题也很纠结,他们既想利用历史美化国王,又因为史学研究自身的特点和要求而不愿意这样做。早期柯尔培尔与沙普兰之间曾有过一次谈话,谈话内容涉及几项可能会被用来美化国王的项目(在这些项目中产生了很多官方支持的学院)。沙普兰同意使用颂文、绘画、骑士塑像、凯旋门、织锦等来美化国王,但却拒绝利用历史,因为一个专业的史学家必须在自己书写的历史中解释清楚统治者的动机,也必须接触官方档案。在统治者还在世的时候,要想不泄露国家机密同时又达到上述要求,这是不可能的。

沙普兰也不相信有哪个活着的史学家能同时掌握国家利益、政治意识形态、战争、各个年代、地理以及国家习俗等方面的知识。不久后,官方专门制定了一系列整体规划来发展文学、艺术和科学,其中包括史学研究,但是后来又被官方排除在外,因为史学研究涉及过多敏感问题。事实上,一大批顶级史学家的研究兴趣在柯尔培尔当政期间得到了满足,比如:德尼·戈德弗鲁瓦(Denis Godefroy)对早期有关君权的作品和研究进行了编辑;瓦鲁瓦(Valois)兄弟对古代经典和最早两个法国国王所属种族的有关文献进行了编辑;勒拉伯雷尔(Le Laboreur)和圣马尔特(Sainte-Marthe)研究了系谱学和纹章学;巴鲁兹(Baluze)曾担任图书管理员,并搜集了很多手稿。

此外,梅泽雷也曾做过短期的史学研究。官方曾任命布瓦罗(Boileau)和拉辛(Racine)为君主的统治撰写历史,但是他们的努力白费了。铭文与徽章学院(Académie des Inscriptions et Médailles)进行了某些类型的历史研究,但是在路易十四统治时代的末期出版的主要作品——装帧精美的《金属史》(*Histoire métalique*)，主要是对路易十四的功绩进行描绘和称颂。1711 年，托尔西(Torcy)获准在罗浮宫建立政治学院(Académie politique)，其目的之一是对法国官方大量的资料与文档进行研究，构筑一部关于"太阳王"的宏大光辉历史，但这个目的没有实现。上述种种举措都表明，当时官方对史学研究、法国传统以及君主的崇高都非常有兴趣，但这些举措对法国历史认知的发展作用十分有限，反映了以国王为中心的爱国主义渗透进国家生活的每个角落，并未增强这种爱国主义。

在路易十四第一任统治时期出现的所有关于法国国家传统的史书，充斥着不加批判的赞美，不值得广泛研究。这些作品最多也只能当作当时法国崇高性与国家命运意识形态渗透的一种体现和重复。[58]其中最具史学价值的可能是佩利松(Paul Pellisson)的《路易十四传》(*Histoire de Louis XIV, depuis la mort du Cardinal Mazarin en 1661 jusqu'à la paix de Nimeque en 1667*)。① 佩利松是国王的秘书，也是国王所谓"回忆录"的作者之一。他的作品真实反映了官方立场，这种立场是建立在一系列考虑之上的。但是，佩利松的作品比同时期很多其他作品（包括他自己的其他作品）要清醒得多，称颂君主的时候也没有那么夸张。全书力求真实，佩利松希望通过这本书传达的信息也很明确：在短短的 17 年时间里，法国从一个需要依靠外国盟军获得保护的国家，成为了一个能够结束所有邻国入侵的强国。

因此，佩利松说道，如果法兰西能够保持站在巅峰不倒下，她的历史自会向世人展示这个国家是如何起源并成长起来的。而如果法兰西不能保持这种优势，佩利松则会通过自己的叙述

————————

① 这部作品直到 1749 年才得以出版。

比较法国历史前前后后的事件,进而表明法国衰落的原因,并提出恰当的建议。太阳王统治之下的法国得益于先前的统治者,这种渗透到法国社会的感情又一次出现了,但是这种情感在太阳王统治下达到了前所未有的高潮,也给人带来前所未有的荣耀感。这种爱国主义情感在保罗的作品中非常明显,这种情感的烙印也是显而易见的。

　　一直到 1713 年丹尼尔神父(Father Daniel)出版了三卷本的《法国史》,路易十四统治时期才出现了第一部比较全面的法国历史著作。这部作品涵盖了 1610 年之前的所有法国历史,而且诸多原因促使它成为法国历史学领域一部标杆式的作品。其中最重要的原因是,它是史学作者尝试将叙述建立在大量史学知识之上的作品之一。丹尼尔神父是耶稣会的成员之一,他从基督教会的学术研究中汲取了不少营养,同样,他也给基督教会的研究成果增添了许多自己的见解。在这部书长长的前言中,他解释道,探索真理是史学家的主要目标,这一目标可以通过使用经过证实的资料来实现。丹尼尔神父还将他所使用的作品一一列出,尤其是迪歇纳的著作,还有其他"学者"的著作。更重要的是,他还大量使用自己获取的手稿。此外,他还继续说道,史学家在进行分析的时候应该采取某种怀疑态度:"从这个层面上讲,所谓的'历史绝对怀疑主义'应该可以得到运用。"①

　　很明显,丹尼尔神父与杜普兰、梅泽雷及其他史学家不加批判的研究方法大相径庭。他还强烈批判梅泽雷重复使用大家熟知的故事,而且采用小说话语来书写历史。丹尼尔甚至坚持认为,史学家在记录牵连自己情感的事件时应该保持一种距离感,

---

① 《法国史》(*Histoire de France*),Paris,1755,Vol. I,前言,lv 页。

比如为宗教事业而发动的战争和影响到自己"祖国"的事情。[59]然而,在恰当选择史料方面,丹尼尔神父曾作出过明确的表述,而且还就此明确指出了他那个时代存在的偏见:

> 一片领土或者一个民族的历史应当把君王和国家当作研究对象。所有这一切都应该朝着这个方向并且与之关联。除非个体与君王或者国家有特别的关系,否则他们在历史研究中不应该有什么位置。①

就这样,丹尼尔通过探究法国历代国王的政策和贡献,写出了一部记录法国发展轨迹的历史。这部历史清醒客观,记录详细,叙述平实。这样一个框架足以让这位史学家在作品中表达自己对君主制的热忱及其在建设"祖国"中的重要作用。

丹尼尔神父记述的历史之所以引人注目,还有另外一个原因,那就是他对路易十四开明统治的一项成就大加赞扬,这项成就被丹尼尔神父及当时很多人视为路易十四统治时期最重要的成就之一,即法国对欧洲文明的贡献。法国在皇家的资助下建造了艺术与科学研究院,法国国内外的艺术家和科学家也给予了广泛支持,因此,说法国对欧洲文明作出了巨大贡献也是很有道理的。这一时期,法国在文学和艺术领域里树立了标准,其影响超出了国界,法国人对自己的文化成就也很是骄傲,这也有力地增长了法国的爱国主义情绪。这一点在当时最好的体现并不是在丹尼尔记录的历史中,而是在给路易十四的献辞中。丹尼尔先是赞颂国王征战英勇、治理有方、清除异端果断而且决策英明,接着便写道:

---

① 《法国史》(*Histoire de France*),Paris,1755,Vol. I,前言,xcvi 页。

无须说这么多公共建筑,还有皇家庭院,它们个个造型优美,雕饰精致,配备齐全;还有那么多城市,有些已经加固,有些建在岸边,有些建在边疆。我敢实话实说……自君主制度建立以来,您在这些方面的贡献超越了之前所有君主的总和……在您之前的君主中,我敢说,也没有人把艺术提到这样的高度,这也是人尽皆知的。在您的支持下,绘画、雕塑还有建筑艺术被重新赋予了古典艺术纯净、简约和高雅的美。当下法国人创造了无数杰作,也有不同艺术形式的作品不断被人们创作出来,这些都给古典本身带来了值得欣赏的东西。而这些是艺术仅凭它们一开始所有的理念和技巧无法做到的。

从无到有,自弱至强,所有科学在您统治期间都达到了一个全新的高度,这高度太高了,高得人们生怕会降下来,反而对科学的进一步完善倒没那么渴望。[60]对于与思想和科学有关的作品的创作,没什么值得人们渴望的了。纯洁的语言、微妙的笔触、优雅而严密的思想、自然的风格、整齐的秩序、有效的方法和简洁明了的表达,这个时代的作品都具备了这些品质,人们也能感受到这些品质带来的美感。而无论在哪里,当这些品质体现出来的时候,人们都会根据相应的优点,给予褒奖和掌声。

诗歌,或者说布道坛和酒舍的雄辩,也从未到达过现在的高度。在解剖学、化学、物理学、天文学和数学等领域,人们也有了之前几个世纪没有预料到的重大发现。总而言之,您统治之下的这片土地人杰地灵,前所未有,您在陆地和海上所展现的军事艺术,前人怎么能达到同一高度呢?

陛下,我在开头跟您说过,您现在看到的,并不是一篇颂文,我只是在真实地反映之前的统治者和您的统治。我想我已经充分证明了一个想法，这个想法也概括了很多别的想法，那就是：在所有为法国历史提供了最好的历史素材的君王中，没有哪个能像您这样，创造了这么多不同寻常的东西，您的统治也因此令人难忘，为后人仰慕。但是这个历史反思又引出另外一个想法：正是这么多优秀的事物结合在一片土地上，才有了我们集美德与贵族品质于一身的君主，像这样的例子可不多见。①

丹尼尔神父果然预料到，伏尔泰在他的《路易十四时代》一书中把这一时期称为"文化高潮"的时代，这一点也是理所应当的。

路易十四统治的第二个任期内，耶稣会会士们继续赞美国王，这有重要根据，但是，法国国内外事务发展状况越来越差，很多消息灵通且责任心强的人士知道后对国王的政策越来越不满。人们对专制主义的看法发生这种转变的主要原因也很明显，战争连年不断，法国人民也因此作出了很大牺牲。西班牙王位继承战争让异见者的活动越来越尖锐，同时也对法国爱国主义情感的演化产生了重要影响。这场战争不仅仅是国王统治期间持续时间最长、耗费人力财力最多、最惨烈的一次战争，而且，国王的目标第一次受到了广泛质疑。

这场战争的起源很明显与王朝有关，后来越来越多的人相信波旁一族之下西班牙与法国的合并对法国没什么好处。国王的利益就是国家的利益，皇家制定的政策 ipso facto（根据事实本身）都是正当的，这两个专制主义的信条第一次在路易十四统治期间受到广泛质疑。[61] 这种现象之所以会出现，是因为国家利益与波旁王朝的权力和声望明显相悖，而且无法成为法国

① 同上，xlviii—li 页。

必须作出牺牲的充分理由。上述现象产生的最重要的后果就是,对于 1661 年起就占据法国主导地位的"国王中心式"爱国主义,许多关心国家命运、满腔爱国热情的法国人渐渐难以不加分辨地接受。

有很多例子可以证明上述观点。1700 年,沃邦(Vauban)写道,法国要节制自己在领土扩张上的野心,把自己的领土限制在阿尔卑斯山、比利牛斯山、瑞士、还有两片海域的范围内即可。1706 年,沃邦拟定了一个和平计划,建议路易十四宣布放弃西班牙(除了靠近西班牙北部和东部的地区),这将意味着,国王是从法国国家利益出发,而不是只想看自己子孙的利益。沃邦的堂兄布阿吉尔贝尔(Boisguillebert)于 1707 年发表了极具批判性的《法国呈文》(Factum de la France),从中可以看出,他也反对那些被误导的官方政策。

此外,费内龙大主教(Archbishop Fénelon)强烈谴责路易十四的外交政策,这一点广为人知,此处不再重复。圣西蒙(Saint-Simon)和布兰维利耶(Boulainvilliers)从不同角度出发谋求社会及制度上的改变以缓解法国的困境。这些人对自己的祖国满怀赤子之心。他们并不反对君主制度,但却毫不犹豫地谴责王室那些对国家有害的政策。

在同样拥有上述立场的史学家中,最重要的一位是拉瓦索尔(Michel Levassor)。他是一位法国胡格诺派教徒,在荷兰和英国避难期间进行写作。1700 到 1711 年,米歇尔在阿姆斯特丹发表了十卷本的《路易十三统治史》,目的是展现当时法国在欧洲种种残暴行为的起源,并实事求是地记录了路易十三和黎塞留的功过。在前言中米歇尔也表明了自己对路易十四的态度。拉瓦索尔饱含深情地说,自己热爱祖国,是个忠于祖国的爱国主义者,然而,他在后文中这样写道:

　　我属于这个国家,就应该希望这个国家统治整个欧洲吗? 我就应该因此支持统治这个国家君主的过分野心吗? 我的同胞们,他们在锻造用来捆绑自己的锁链,我应该赞扬他们吗? ……只要一些文字游戏,将人的理性蒙蔽,在法国如果一个人并不了解对王权荒谬的狂热是什么样子的话,他就很容易对国家产生热情与好感。这意味着国王一个人就是整个国家吗? 这两者完全不同。国王应当既能保护自己的人民,又能使自己的人民在自己所处的位置上尽量幸福。爱国家、爱"祖国"意味着,希望她处处都好,自己愿意为她获得优势而献出自己的生命……

　　从这个意义上说,为"祖国"牺牲是值得高兴的,也是高尚的。[62]但是,热爱在法国被称为"国王的权力与荣耀"的东西,就是在为法国的残暴统治效劳……"残暴统治"这个词到底应该怎么理解呢? 就是那些只为谋求自己利益的人的统治……

　　如果那些生来就是为了被人奴役的人叫我"煽动"作家,就随他们吧。这样,他们才会谈及那些在这片土地上仍然热爱自由的人,虽然在这片土地上自由已经无处可寻。但他们怎么说都无法阻碍我对历史的书写。①

　　直到1715年才有这样的言论在法国公开发表。几乎再也没有称赞太阳王的历史著作出现。然而,有证据表明,在路易十四统治晚期,人们对当时历史的信任感产生了危机,愈演愈烈。正如培尔(Pierre Bayle)作品中表现的那样,理性主义与怀疑主义不断发展,刺激了人们对客观真相的渴望。渊博的学识从文

---

① 　前言,未标页码。

学的历史中分离出去,人们也对此越来越不满。此外,人们也流露出官方对于历史书写种种约束的不满。迪博斯神父(Abbé Du Bos)虽然也愿意为皇家行政机构的宣传册撰稿,但同时也在培养将历史知识与叙述结合起来的观念。

丹尼尔神父发表于 1713 年的《法国史》因其学术价值被专家勒克莱尔(Jean Le Clerc)誉为同类作品中首屈一指的著作。值得注意的是,丹尼尔对于其资料来源和研究方法的讨论在 17 世纪同类问题类似的处理方法中是一项显著的进步。

1713 年,迪弗雷努瓦(Lenglet du Fresnoy)发表了自己的长篇巨著《史学研究方法》,他在这本书中探究了史学的各个要素,并宣称现有路易十三和路易十四的史书中没有一部是好的。此外他还为历史研究和阐述的结合提出了许多建议。1714 年,费内龙大主教就法兰西艺术院的多项活动向其写了一封长信,强调了优秀历史记录的必要性,阐述了优秀历史记录的特点和要求,同时也强调了准确和客观对于历史的重要性。从这些例子可以明显看出,史学家们对于历史的体裁和用途十分不满。

而官方对历史撰写的要求却一如既往的严苛,弗莱雷(Nicolas Fréret)的遭遇也说明了这一点。弗莱雷在 1714 年被铭文学院录取时,鲁莽地向已经被人们接受的关于法兰克人起源的观点发起公开挑战。以往的观点认为,法兰克人是日耳曼人中独特的一个分支,他们征服了高卢人,允许高卢人保留政府权利,因此他们的自由(以往的观点认为"frank"[法兰克人]来源于"freedom"[自由])也得以保留。弗莱雷却认为,法兰克人不是单独的种族,而仅仅是公元三世纪在德国南部形成的部族之一,此外,他还宣称"franc"(法兰克人)一词跟拉丁语"ferox"(粗野的)更接近。[63]正是因为弗莱雷的这次鲁莽行为,1715 年初他在巴士底狱里待了四个月。

由此看来，路易十四去世之后，史学家们对自由爆发出极大的热情，以迎接摄政时期的到来，这也就不足为奇了。举几个例子吧。同为法学家和史学家的德黎米埃尔（Henri Philippe de Limiers），于1717年在阿姆斯特丹发表了《路易十四统治史》。他在书中写道，在路易十四去世之前，要想写一部关于路易十三或者路易十四的准确历史是不可能的。他认为，如果历史中没有恶意诽谤或者人为编造，摄政王会允许这样的历史作品发表。德黎米埃尔也许过度夸张了新政权带来的益处，但是他的话也体现了作家们对于专制主义意识形态与实践的态度的转变。

同时，法国爱国主义重心的转变也走向高潮。路易十四去世三个月之后，一位省行政长官达盖索（Henri-François Daguesseau）在巴黎召集议会前通过演说表达了自己对国家的热爱。他先是歌颂了一番去世的路易十四，宣称对国家的爱应该将国王和人民联结在一起，之后他又提出了一个问题：

> 但是我们难道不能说，这种人类几乎天然拥有的爱，我们本能地知道并通过理性加以赞誉、因为兴趣才延续下来的美德……就像君主国里一株异域的植物，生长充满坎坷，而它的果实只能由共和国里的人享用吗？①

在回顾了罗马公民美德的要点之后，达盖索强调了君主国里的爱国主义的风险：

> 人民既没有人关照，也没有政府的荣耀，在他们眼

① Henri-François Daguesseau，《著作集》（*Oeuvres*），Paris，1759，Vol. I，208页。

中,国家的命运就像一条船,只能随着统治者的意愿飘荡,国家兴盛是因为他,国家衰败也是因为他。如果统治者的领导是正确的,我们就盲目地倚靠着这位驾驶者。如果一场未能预见的暴风雨吵醒了我们,我们便只剩下毫无帮助的欲望和烦乱的抱怨,这些只能让掌舵者更加心慌意乱……

当我们心中对公共利益的热情消失殆尽的时候,我们对个人利益的渴望也被唤起。这种渴望成了我们的行为准则、我们的"元首"和我们的"祖国"。我们眼里也没有了公民,只剩下有利可图的人和那些让我们避之不及的人。其余的都只是陌生人,几乎成了敌国……

我们什么时候才能找到我们的"祖国"? 个人利益让人们背叛她,惰性让人们遗忘了她,虚无的哲学让人们谴责她。对于一个有公共良知的人来说,这多么奇怪啊! 一片伟大的国土,却没有"祖国",人数众多却没有公民……

[64]一颗包容的灵魂可以很容易放下个人利益。但是这颗灵魂至少还有一种愉快而正直的期望,它希望获得公共利益,这期望牢牢控制住了包容的灵魂,激励他、支撑着他、让他振作起来,为"祖国"那荣耀而艰巨的事业奋斗。

因此,当或者单纯由于运气好,或者是因为高超的智慧,一颗高尚的灵魂找到了慰藉的时候,他看到一种新的治理组织形式——一个全新的"祖国"在眼前慢慢形成,看起来仿佛是大家幸福的征兆! 对"祖国"的爱在所有人的心中点燃;社会之中的种种联系加强了;公民找到了自己的"祖国";"祖国"也找到了自己的公民。每个人都开始明白,个人利益取决于公共利益。更令人欣慰的是,控制着我们的思想也更加相信,统治者的利益也取决于人民的利益。[①]

达盖索跟德黎米埃尔一样,在最后赞扬了摄政王的政策和目标。

虽然达盖索没有说透,但背后的含义却很明确:统治者应当把臣民的利益置于自己的利益之上,这一时刻已经到来。只有在这样的关系框架内,才会出现真正具有负责、正直的公民的"祖国"。这一观点自然而然地发展成启蒙运动时期的主导立场:"祖国"是自由人的联合体,这些自由人享受着有序社会带来的益处,而这一有序社会由一个以增加自由人幸福与福祉的政府控制。事实上,达盖索的认识已经走在了同时代人的前列。从他"以臣民为中心"的爱国主义观到大革命的爱国主义观,只是一个逻辑上的演进罢了。

总之,专制主义时代的法国爱国主义经历了一系列的重大变化。在整个近代早期,法国爱国主义随着法国政治意识形态的变化而变化。16 世纪晚期宽泛的爱国主义演变成路易十四统治时期以国王为中心的爱国主义观,这一转变仅仅是为了在路易十四统治时期末对爱国主义再定位,从将君主排除在外到再一次关注国家的需求和利益。从某些史学家的作品中可以看到这种趋势,他们更多只是反映了这种演进而没有去推动这种演进,部分原因是体裁的限制,还有部分原因是当时的历史书写环境。起初,宗教战争中以王权为中心的爱国主义得到了发展,并在亨利四世时期达到了高潮,在其统治期内,涌现的专制主义时代的历史作品是最自然纯朴的。曾有很短的一段时间,国王和国家一起成为了史学家们表达自己热情、忠诚和骄傲等情感

---

① 同上,208—213 页。

的对象,表达这些情感的作品要更真实一些,因为很多都是主动
表达的。然而,在黎塞留和路易十四统治时期,[65]官方历史日
渐成为时代的主流。之前法国也有皇家史官,但他们从来没有
如此集中地利用法国历史来美化国王。由于法国政府意识形态
导向强烈,而且法国社会非常敬重传统,政府通常会号召史学家
们从现任国王的壮举出发,重新解读法国历史。

　　这些史学家的作品也许能反映当时以国王为中心的爱国主
义,但在那个被意识形态渗透的时代,这些作品由于官方资助的
限制存在种种不足,没能将当时最前沿的历史知识融合进去。
在黎塞留的支持下产生的历史作品可能将舆论引向对他有利的
方向,至少在作品的数量上可以这样说。但即使这种有限的成
功,路易十四也没能与之比肩,因为在他当政的时候没有这么多
作品问世。另一方面,毫无疑问的是,路易十四统治时期,法国
在文化方面取得了巨大成就,但这些成就也很少在学术论文中
被提及,因为这些论文往往把重心放在了法国相对于整个欧洲
的政治和军事优势上,文化成就反而被掩盖了。

　　在路易十四统治时期的最后几十年,波旁王朝的利益与国
家利益明显相悖,一些爱国人士敏锐地察觉到这一点,于是开始
质疑皇家政策,由此法国爱国主义经历了一场质变。在将“国
王”从“祖国”的概念中去除的渐进过程中,这并不是第一步。随
着路易十四去世,专制主义不再行得通,启蒙思想家们将人民看
得最重要,并发展出了如下思想:“祖国”是自由公民的联合体,
这些公民享有最大限度的自由与幸福,他们的政府也应竭尽全
力实现这一目的。慢慢地,“国王”也跟“专制独裁”联系在一起,
被从“祖国”的概念中剔除出去。人们也只把“祖国”当作爱国者
的国度。由此我们得到了如下观点,这一观点被奥拉尔和豪瑟
教授表述为:“祖国”这一概念是由“国王”从“国家”的概念中分

离而来,没有自由便没有祖国。而事实上我们都清楚,法国是由
国王缔造的,国王为法国爱国主义的发展作出了巨大贡献。但
随着法国进入现代,这个国家及其政治家们走出了专制主义时
代,人们也渐渐忘却了国王对法国爱国主义的贡献。

建议阅读书目:

Aulard, Alphonse. *Le Patriotisme français de la Renaissance à la Révolu-tion*(《从文艺复兴到大革命的法兰西爱国主义》). Paris, 1916.

Barzun, Jacques. *The French Race*(《法兰西民族》). New York, 1932.

Delavaud, Louis. "Quelques Collaborateurs de Richelieu"(《黎塞留的几个合作者》), *Rapports et notices sur l'édition des Mémoires du Cardinal de Richelieu*. Paris, 1907—14. Vol. II, pp. 45—308.

Dupont-Ferrier, Gustav. "Le Sens des mots 'patria' et 'patrie' en France au moyen âge et jusqu'au début du XVIIᵉ siècle"(《中世纪直至 17 世纪初 "patria"和"patrie"两词在法国的含义》), *Revue historique*, Vol. CLXXXVIII(1940), pp. 89—104.

Evans, Wilfred H. *L'Historien Mézeray et la conception de l'histoire en France au XVIIᵉsiècle*(《史学家梅泽雷与 17 世纪法国的历史概念》). Paris, 1930.

Flint, Robert. *Historical Philosophy in France and French Belgium and Switzerland*(《法国的历史哲学与法国治下的比利时和瑞士》). New York, 1894.

Godechot, Jacques. "Nation, patrie, nationalisme et patriotisme en France au XVIIIᵉsiècle"(《18 世纪法兰西的民族、祖国、民族主义和爱国主义》), *Annales historiques de la Révolution française*, Vol. XLIII(1971), pp. 481—501.

Hauser, Henri. *Le Principe des nationalités: Ses Origines historiques*(《民族自治原则的历史根源》). Paris, 1916.

Huppert, George. *The Idea of Perfect History: Historical Erudition and*

Historical Philosophy in Renaissance France(《完满历史的观念：文艺复兴时期法兰西的历史学识和历史哲学》). Urbana, Illinois, 1970.

Johannet, René. *Le Principe des nationalités* (《民族自治原则》). Rev. ed. Paris, 1923.

Kelley, Donald R. *Foundations of Modern Historical Scholarship: Language, Law, and History in the French Renaissance*(《近代历史学术的基础：法国文艺复兴时期的语言、律法和历史》). New York, 1970.

Klaits, Joseph A. *Diplomacy and Public Opinion: Louis XIV, Golbert de Torcy and French War Propaganda, 1700—1713*(《外交与公共舆论：路易十四、戈尔贝·德·托尔西与法国的战争宣传(1700—1713)》). Unpublished thesis, University of Minnesota, 1970.

Kohn, Hans. *The Idea of Nationalism*(《民族主义的观念》). New York, 1944.

Leclercq, Henri. *Mabillon*(《马比荣》). 2 vols. Paris, 1953—57.

Lestocquoy, Jean. *Histoire du patriotisme en France*(《法国爱国主义史》). Paris, 1968.

Lombard, Alfred. *L'Abbé Du Bos*(《迪博神甫》). Paris, 1913.

Marcou, François L. *Etude sur la vie et les oeuvres de Pellisson*(《佩利松生平和著作研究》). Paris, 1859.

Monnier, Francis. *Le Chancelier D'Aguesseau* (《掌玺大臣达盖索》). Paris, 1860.

Monod, Gabriel. "Du Progrès des études historiques en France depuis le XVIᵉ siècle"(《16 世纪以来法国历史研究的进展》), *Revue historique*, Vol. I(1876), pp. 5—38.

Renan, Ernest. "Qu'est-ce qu'une nation?" (《民族是什么?》), *Oeuvres complètes*. Paris, 1947. Vol. I, pp. 887—906.

Shafer, Boyd C. *Nationalism: Myth and Reality*(《民族主义：神话与现实》). New York, 1955.

Tapié, Victor L. "Comment les français du XVIIᵉ siècle voyaient la patrie"

（《17 世纪的法国人如何看待祖国?》），*XVIIe siècle*，Nos. 25—26
（1955），pp. 37—58.

Yardeni，Myriam. *La Conscience nationale en France pendant les guerres de religion*（*1559—1598*）（《宗教战争期间（1559—1598）法兰西的国家意识》）. Louvain-Paris，1971.

第三章　德意志

克里格(Leonard Krieger)

[67]如果我们把这个话题换成问句形式,可以这么问:在宗教改革和浪漫主义运动之间,德意志生活是不是具有与众不同的史学、深植民心的政治文化和清晰的国家意识三个明显的特征? 这三个因素应该综合考虑还是分开考虑? 依据常识我们通常会回答,不是这样的。我们也肯定会说,对于这个问题以及上面给出的答案,放宽了说,上面提到的三个因素是对的,但是对应错了时期。史学、政治文化和国家意识的结合很符合19世纪的德意志的特征,给人的感觉是照着19世纪德意志的模子刻出来的一样。毕竟,在19世纪的德意志,法律、经济和政治的"历史学派"被明确贴上了标签,"历史学派"与史学家们同样具备指示性的"政治学派"相联系,而连接它们的,是它们共同活跃的国家意识。这样一个德意志,它的史实与我们的史学概念准确对应,同样,也正是因为这个国家的史实,上述三个因素之间的关系并不是估算逻辑的问题,而是实际过程的问题。

但是,我们的讨论远远超越了上面对不成熟问题的讨论. 如果我们的问题只是暂时的,我们只要去找现在的问题在近现代的病根就好,因为无论这些病症是不是革命性的转折点,作为史学家我们不相信纯粹"从零开始"的创造。然而，事实却是，已经作了必要修正的史学、政治文化和国家意识之间类似的关系在中世纪的德意志也找得到。在神圣罗马帝国的修史者看来，萨克逊人、萨利族人以及霍亨斯陶芬等三个王朝下的神圣罗马帝国具备以德意志为基础的政治体制，福格尔魏德（Walter von der Vogelweide）和游吟诗人们在政治短诗中广泛赞誉罗马帝国的德意志政治基础。弗莱辛的奥托和冯·勒斯（Alexander von Roes）这些真正的史家认为罗马帝国与德意志的历史很相似。[68]当然，我们的判断必须具有相关性，因为我们知道，史料编撰、政治以及国家的分类必须适用于中世纪的欧洲，但是在这些分类整体上适用于罗马基督文化的时候，它们同样也适用于别的地方，包括德意志。因此，近现代德意志这些分类的那些特殊的弱点，恰恰体现了缺陷的"挑逗"意味，而不是简单未成熟状态下的平静特征。

当我们研究近代早期的德意志以寻找那些缺失类别的踪迹时（换句话说，研究某些地方的时候，我们可以看中世纪以后、19世纪以前，还有些与德意志毗邻的现代国家，在这些国家，那些德意志缺失的类别反而十分明显），通过对这些时间段或地区的研究推测，我们应该找得到那些缺失的类别。上述时间段和地区呈现的事实简单明了，人们也很熟悉，内含的信息似乎不言自明，无需过多询问。

在欧洲近代早期正史的三个主要阶段中，每一个阶段德意志史学家都使用了外来模型，以史学之外的事情甚至反史学为目的，因此他们也没有写出任何具有国际水准的作品。在16世纪的人文主义史学研究中，德意志史学家跟随意大利布鲁尼的引导发展了应用史学，学习比翁多研究古文物发展史，这样的状况直到菲利普·梅兰希通那时才有所改观。梅兰希通受到路德的人文主义影响,是其忠诚的拥护者,被称为"日耳曼导师"。他颁布了权威的大学课程表,他的课程表重新将历史吸入神学,将教会历史提至世俗历史之上。在史学写作的动因方面,梅兰希通将忏悔式的辩论置于实证研究之上。

　　德意志史学家的研究高度依赖博丁倡导的法国模式,即批判概念分析法,以及荷兰新斯多葛派利普修斯与格劳秀斯创立和发展的经验实证研究方法。德意志人利用历史促进了法律概念的发展,并且将这些概念变成了支持性的材料,无论这些概念是源于当时流行的自然法还是宪法争议重重的各种形式。

　　到了18世纪,德意志史学家一方面严格遵循法国马比昂和莫尔会修士们建立的研究思路和标准,另一方面也向伏尔泰和孟德斯鸠的方法和标准看齐。这些史学家将这些方法和标准有些运用得很死板,有些则很巧妙地与德意志自身的风格结合了起来。他们的研究主要集中在前人已经有所了解的地方史和无聊的大学历史上。如果我们把圭恰迪尼、培根、克拉兰敦、马比昂、穆拉托里、维科、孟德斯鸠、伏尔泰、休谟、罗伯森以及吉本等人史学研究的共同之处同阿文蒂努斯(Aventinus)、汪费林(Wimpheling)、斯莱达努斯(Sleidanus)、伊利修库斯(Flacius Illyricus)、康宁(Conring)、普芬道夫(Pufendorf)、比诺(Bunau)、马斯克夫(Mascov)、伽特勒(Gatterer)、施洛泽(Scholozer)、施洛瑟(Scholosser)、施皮勒等修史家(这里只列举最有名的几位,莱布尼茨除外,因为他以哲学而非史学闻名)进行比较,这一点应该可以得到证明,尽管十分表面。

　　若以目的论的角度完整地勾勒史学研究的框架,有如复调音乐中的对位关系,只是在18世纪最后三分之一的时间里,[69]德意志自己的史学观才开始出现,并且融入到19世纪的政治文化和国家运动中。温克尔曼提倡复兴希腊艺术,F. A. 沃尔夫开始将古典研究变成一门以语言研究为基础的历史学科,莫泽(Justus Moser)对故乡奥斯纳布吕克的历史研究以及赫尔德的历史有机哲学足以清楚地表明,这是一场广泛的史学研究运动,一直持续到近代早期结束,并且直接引领了浪漫主义时期的近代历史主义。[①]

　　18 世纪的史学研究取得了进步,同时代政治自觉的德意志文化也取得了显著的进步,但是人们并不觉得这两个层面的进步有什么关系。这些史学进步集中在人类历史的美学、语言学、社会以及人类学等层面,很少涉及政治。德意志人具有共同一致的价值观,且易与其他民族的价值观区别开来。虽然 Volk[民族、人民]概念中的民族性与德意志史学家十分珍视的德意志价值观具有相似之处,但民族的 Volk 并非终极目的:希腊式的史学研究具有普适的效力,日耳曼的历史捡捡漏漏,简化成了奥斯纳布吕克的地方史,有几个文化国家发展出了单一却通用的人文学科。赫尔德差一点就成了一个民族主义者,却最不像个史学家,他这个例子具有典型意义。

　　在对民族政治文化的限制下,处于萌芽期的历史主义者可以说反映了整个近代早期德意志的状况。当时的德意志不仅政治文化与国家意识相互分离,而且与其他西方国家比起来也处于欠发达的状态。德意志人"非政治"的特征,已被托马斯·曼提升到了一个非常明确的优越地位,始终被广泛作为德意志历史的一个主题。政治文化的问题几乎无需再讨论,因为德意志人"非政治"的特征很明显是适合德意志近代早期的状况的。那

---

①　见 Andreas Kraus,《理性与历史:德国诸学会对 18 世纪晚期史学发展的意义》(*Vernunft und Geschichte : die Bedeutung der deutschen Akademien für die Entwicklung der Geschichtswissenschaft im späten 18 Jahrhundert*), Freiburg, 1963。

时,日耳曼帝国不再是实际上的政治中心,有些统治者对其诸侯国社会去政治化,以此加强他们的独裁统治。除此之外,教会和法律问题构成公共利益问题的主体,当时政治问题(当时已得到承认)已与教会和法律问题严格区分开来。

出于实用性的考虑,当时的政治问题也局限于外交政策这一狭窄领域。清教徒和天主教徒的忏悔逐渐成为社会风俗,法律与社会管理也越来越官僚化,这些都抑制了政治文化中与教会和行政机构相关领域人们的社会参与。[70]上述情况人们已经很清楚,但是人们不了解的可能是史学研究"非政治"文化的后果。与其他国家的史学家不同,德意志近代早期的史学家大部分都是大学教授,他们撰写的史书也因此大多成为学生的教科书、史学材料、宣传册,或者是为国王撰写的家谱,而这些国王的史官大多也曾是教授。这些史学成果除了史料质量具有"绝缘性",对着那些坐在教科书作者课堂上未来的管理者讲课本,对着外国的统治阶级讲政府报告,对着后人们讲王朝的往事,这些证明了对文化有分裂的影响,同时也证明,德意志史学研究带有一点政治色彩,确是因为它源起于官方的缘故。

在我们对近代早期的德意志进行一般性评价时,无需考虑其国家意识,因为当时的德意志四分五裂,各个公国之间的共同之处就像"非政治"的德意志人那样不言自明,就像为近代早期的德意志"定制"的一样。的确,能用来解释"为什么德意志缺少政治文化"的因素同样可以用来解释"为什么德意志缺少国家意识",原因大致如下:日耳曼帝国国力衰弱,却幻想一些超国家的诉求能得到满足;有各种各样自私自利的主权国王和寡头统治者;教会和非国教教派的秘密机会数量繁多;地方经济体顽固与中央抗衡;强大的邻国拥有更活跃的政治文化和更统一的民族,却常常煽风点火,试图分裂德意志。

政治和国家性上均存在缺陷，使每一个主权国两种"人格"可以并立，由此，主权国对自身辖区内所能行使的政治权力与其阻止帝国机构对全国行使的权力构成了一个比例。又一次，一个针对近代早期德意志大体状况的熟悉判断与我们特殊的问题产生了独特的关联："文化国家"和"政治国家"的地方性概念似乎就是为了更好地理解德意志的国家意识而量身打造的。也就是说，"文化国家"是在早期近代快要结束时由德意志思想的先锋以历史作掩护发展起来的。相比之下，德意志的国家意识，也就是"政治国家"，当时在德意志还没有发展起来。后来，"政治国家"在文化民族主义萌芽这一背景下发展起来，随后也推动了19世纪德意志自己的政治文化的建立。①

[71]总而言之，根据19世纪流传下来的近代分类体系的标准，近代早期的表现出以下特征：史学研究回归、政治上缺乏生机以及国家意识处于半觉醒状态。19世纪流传下来的近代分类体系主要分为以下三个层面。第一，历史意识，它指的是用历史术语设身处地且批判地分析史料，进而重现历史的意识。第二，政治文化，它将国家视为人类群体初级分类的一种方式，而且用独有的价值观和体制将社会的重要部门容纳进来。第三，国家意识，它既将国家的实际存在视为一个离散的联合体，又赋予其独特的价值观。当然，我们也不要误会，历史是人书写的，国家也是人建立的，日耳曼帝国也在整个近代早期屹立不倒。但是，由于上述活动不太接近历史研究、政治承诺和民族情感的近代标准，这些活动之间也就无法像近代分类体系中的各个类别那样关联起来。

---

① Friedrich Meinecke,《世界主义与民族国家》(*Cosmopolitanism and the National State*)，Robert B. Kimber 英译，Princeton，1970，10—19页。

如果我们将研究的角度从成熟的历史主义目的移开(虽然我们也要探寻目的),转到近代早期德意志史学研究的思想结构之类,我们就可以探讨一些别的东西了,这些东西要比德意志史学研究能否够得上当代欧洲的标准更重要,本质上也比18世纪为19世纪的政治和民族历史研究学派做准备的模仿性、适应性过程更重要。如果我们能明白,近代早期的德意志史学家不仅是在努力达到欧洲的史学研究和政治文化标准,而且也在竭尽全力使德意志历史与德意志独特的政治民族条件相适应(因为这些条件在德意志历史中所扮演的角色与别处不同),那么,我们就能给历史研究在近代早期德意志政治文化与民族性中的作用下一个积极且充分的定义。

由于这个描述性的定义本身具有其积极特性,而且我们可以将其视为独立的史学研究模式,并用其来回答我们熟悉的模式不能解决的问题。这些我们所熟知的模式不能解答的问题包括:在一个实用主义越来越受追捧的时代,到底是什么维持了日耳曼神圣罗马帝国的存在,而这个帝国对于这个时代一点实用价值都没有?是什么使得对某些君主的忠诚超越了传统意义上的"尊敬"(虽然人们越来越不看重这种"尊敬")和一些更实用的功能(虽然这些实用功能只是偶尔才发挥作用)?以及,帝国的存在与对各个君主的忠诚是如何结合起来的?德意志的史学研究将带给我们答案,这些问题及其答案也构成了德意志的史学研究。

如果我们将德意志模式的局限视作优势来进行比较分析,[72]还可以解答一些欧洲的问题。在常规的西欧模式中,世俗的历史科学、政治文化和国家意识的发展总是几乎同步,我们对于上述三者每一个的认识都包含一些内容,这些内容源于与其他两者与生俱来的联系。在其他西欧国家,历史、政治和民族之间互动的现代概念由一个完全同步的过程构成,常规的西欧模式在研究这个过程时十分有效,在回答上述三个现代概念之间的共性这个问题时也十分有用。

比如,当我们谈起培根的历史、博丁的政治学或者伯克对国家意识的研究时,按照常规模式,我们应该逐个去看其中历史、政治与国家意识的联系。而德意志模式在研究历史、政治与民族发展不同步的情况时十分有用,而且大体上在三者独立发展的时候有效。利用德意志模式我们有望解答以下两个问题。第一,历史、政治与民族三者之中,除了彼此特质间接的联系之外,还有哪些特性?第二,也就是我们最终要回答的问题,当上述三者发生联系时,它们各自会给它们之间的联系带来什么样的特征?除此之外,我们还尤其希望回答这个问题:早期民族政治意识结晶中的国家意识有怎样的独特作用?

德意志模式的基本结构由一种我们可称之为"未被满足的二元性"(unsatisfied duality)的条件构成。这种"未被满足的二元性"渗透到德意志的公共生活中,贯穿整个近代早期。无论在史学研究、政治领域还是对德意志独立国家的态度中,人们的注意力和活动分为两极,每一极都真实且有价值,每一极都受到另一极的限制,每一极都在受到限制的情况下依然在自己的道路上前进,每一极都不曾与另一极相结合从而组成一个更大的联合体。这种情况一直持续到 18 世纪晚期,这两极的结局并不对称。

近代早期的史学研究有两种对立的研究思路,这两种思路都并非只适用于德意志,而是都适用。第一种方法由对比研究思路构成。我们有"学术历史"或"习得的历史"(scholarly or learned history,由德语 gelehrte Historie 字面翻译而来),以及"论证史学"或"实用史学"(discursive or pragmatic history,由德语 pragmatische Geschichte 字面翻译而来）。由德语可以看出来（英译文看不出来），前者是根据历史研究方法定义的，后者是根据历史进程的本质来定义的。习得的历史多为记录性材料和专题论文，这些论文的初衷只是将史学研究者的批判性技能运用到他所搜集的资料上。[73]16 世纪早期，受人文主义者的编辑原则影响，习得的历史得到了很大发展。同样，到了 18 世纪，由于莫尔会修士外交人员需要大量真实可信的历史资料，习得的历史又一次得到了发展。从最广泛的意义上讲，任何将过去官方行为和政府发布的资料整理成有序的叙述材料，从而为政府官员提供参考的行为，都可以称之为实用史学。

处理这类材料总是需要论证，因此在 18 世纪启蒙运动的掩护下，论证史学的应用得到了扩展。由此，无论是什么样的史学材料，一个有意义且综合的模式都成为论证史学的一个明确要求。习得的史学与实用史学之间的区别很重要的一点是，当代的我们仍然坚持将这两者区别开来，因为一直到 18 世纪晚期，史学家还是坚持将两者分开。这样做的结果是，将最复杂的历史变成如古董研究一般微小，让原本最和谐统一的历史带上了一点现代主义的色彩，而且批判性没那么强了。在我们的历史意识中，对历史本身的真相的兴趣与对历史真相之于当下的意义的兴趣结合在了一起，但是它们在近代早期构成了两种不同的历史意识。

与上述相反，第二类史学研究由不同主题构成，这不仅覆盖了研究思路的对立性，而且对其进行了强化。近代早期的史学研究对象主要是两种不同的过去状态：事物的起源与绵延不断的传统。对于真实、确切的制度的人类起源之类的问题，还跟过去一样，与对神话起源的批判和对无视现世起源的圣经源起的排除有关，这类问题在近代早期史学研究中十分典型。而且，人们也常常将这类问题等同于其本身属于历史的部分（这里的"历史"当然是按照我们的标准）。一方面，近代早期关于传统的问题由中世纪史学研究而来。此外，由于这类问题强调的是传统中不变的东西，它们也是根据过去与现在之间的一致性推测而来。在某类历史中，人们将过去视作事物源起的轨迹，因而，与这类历史原则上相对立的另一类历史得到了上面提到的那类问题的推动。

这类问题还产生了一种文学或法律体系，这一文学和法律体系在很多人看来与史学的本质相悖。因为在这些人看来，无论过去被视为当下的投射，还是当下被定义为过去的延伸，传统作为依然有效的习俗，使过去和现在都从属于某种连续性，这种连续性使得过去与现在的界限丧失，由此，现世的部分对于历史变得十分关键。但是，这样一种判断仅仅是从我们的历史意识出发所作出的判断，并非一个近代早期的人所作出的。生活在近代早期的人缺少的是对发展的一种认知，这种认知最终会让传统成为我们意识当中真正的历史客体，并将其与有关事物起源的历史结合起来。

[74]尽管如此，对于一个以不可能改变的传统的形式存在的永久体制，一个生活在近代早期的人对它的认识是基于其意识中的历史，并且这种认识会一直是他史学研究的焦点。在他作为一个公民的能力范围内，他需要历史的过去，也激发历史的过去，从而使那些建立在当代基础之上失效的体制重新获得效力。在他作为一个史学家的范围内，他需要传统，也要让传统复兴，因为传统高度的一致性能为他提供贯穿历史的和谐的内核，要摆脱传统中的神学框架也需要历史。

的确，正是关于传统的历史，对于连贯一致的世俗历史来说变得实用了，由此，也正是关于传统的历史回答了"在近代早期的德意志实用主义历史的两大意义"这一问题。因为人们把构成一般意义上实用历史的政府行为当作连接过去与现在的法律与政治传统的组成部分,所以实用历史最终可以明确代表统一或整合之后的历史。从正式的意义上来说,在启蒙运动成为主心骨的人类本性中稳定、理性的原则,是体制传统的史学延伸,这些传统让历史在随后的几个世纪看起来就像一个自动的过程。正如习得的历史和对事物起源的批判性研究共同产生了一种"综合性"的历史,而这"综合性"的历史又使人们发现了过去一些没有关联的事实,由不变的传统构成的实用历史,不管是长久以来的制度还是人情世故,都产生了一种相反的"综合性"历史,这类历史从历史与过去结合的角度说明了本段开头的意义问题。

如果我们把政治当作在欧洲近代早期首次被分离、定义的共同人类权力关系的自主形成的类别,那么很明显,德意志人将这类别分成相反视角的两套体系,有助于为他们独特的政治提供多样化的定义。政治学(主权权威的发展轨迹)研究主要的客体,要么是帝国,要么是公国。但是这种选择性,尤其在与史学研究的关联性方面,要比统一与特殊这个人们已经很熟悉的选择意义重大得多,因为帝国或者公国都代表一种政治上的"混血儿",它们的分离有助于延长非政治的部分,这些非政治的部分是它们在公共政治的外沿无法共有的。帝国不仅仅是德意志的国家政府,还是基督教欧洲的国际卫士,虽然基督教欧洲并不受德意志控制。公国不仅仅是地方性政府,还是全国范围内的社会和教会组织,只不过公国被统治它的君主人格化了。

[75]在公共生活的两个中心分散注意力不利于界定政治的范围,无论两个中心中任何一个的政治还是两者交叉部分的政治。在两个层面上政治都和非政治的东西交织在一起,这样的

结果是,政治主题被扭曲了。对于近代早期的德意志史学家而言,国内政治的主题要么是宪法,要么就是王朝的人格特征。而外交政策的历史主题是全球国际关系,这里的"全球国际关系"是针对国际法律和王朝法律诉求的分支而言的。确切地说,法律和人格,无论是国家的还是王朝的,在近代早期整个欧洲的政治中都十分突出。但是在德意志,这两者中任意一个都可能变成政治自身的历史同源体,从而将对政治的考虑降为对权力的法律途径和人格代理的分析,而不是政治对于整个群体综合而基础性的关系。

从历史的角度看,德意志政治要么是公共传统伪装下的罗马日耳曼法律,要么就是王朝编年史掩饰下的君主人格,因为帝国主要作为法律传统存在,而公国主要作为各种各样的组织或者个体的联合体而存在。由于存在帝国和公国的区分,德意志内部政治的完整性就丧失了,从而导致了外国政界的推测,这种推测是以他国外交政策的形式体现的,这些外交政策与群体的内部生活相分离。法律、传统、人格以及外交政策的突出地位,有了这些,难道马克斯·韦伯还能在德意志以外的地方出现吗?

德意志国家意识中这把分歧的"斧头",就像政治中存在的分歧一样,并不意味着国家性的缺失,只是说明某些可供选择的种类的扭曲,这些种类不仅包含了国家性,还包含了超越国家性的理想典范。因为对德意志人的历史研究可以证明,他们的国家意识可以追溯到中世纪,一直持续到近代早期,尽管当下人们意识到国力衰弱,有些人甚至还觉得他们这个民族非常冷漠。

更重要的并不是德意志人是否存在国家意识,而是什么样的国家意识能够在缺乏有效机制培育的情况下维持这么长时间。换句话说,更矛盾的是,什么样的国家意识不仅能代代流传下来,还可以在其他方面都无效的体制下保持生机。这两套民族的对立体始终伴随着近代早期德意志政治客体分歧的存在。帝国与公国之间政治分歧的民族对立要更微妙一些。通过《皇帝与德意志帝国》中对相关公式的分析,我们就能理解了。这个公式表面上是几个连起来的部分,看起来是用来翻译罗马日耳曼主权国中的君主和成员的集合,实际上代表了德意志人民族性可替换的焦点。

皇帝的象征性是十分明显的,因为继10世纪奥托大帝之后他就是德意志国王,而且自从有了皇帝开始,德意志在中世纪和近代早期都迎来了政治统一的阶段性发展。德意志帝国是日耳曼人和德意志城市的公共组织,其中日耳曼人受到帝国君主和其他德意志贵族的领导,而城市则以事实或者虚拟的方式通过德意志议会取得了代表权。在近代早期,德意志帝国常常公然沦为皇帝集权式工程与个别公国君主抵抗的角斗场。

事实上,这种冲突倾向于将德意志帝国与皇帝的地位或者特殊主义等同起来,而无论将德意志帝国与后两者中哪一个等同起来,这种冲突都有将德意志帝国取缔、以皇帝个人地位或者特殊主义取而代之的意味。但是从实际政策和客观事实看来,这种现象无论多么真实,都破坏了一个软弱无力的德意志的现实,这样的德意志,它的生命更多地基于人们希望维持它的秩序这样一种态度,而不是那些试图改变这个秩序的行为。皇帝曾声称要利用哈布斯堡王朝皇帝们在朝政、领土以及宗教方面的雄心来代表整个国家。

为了接下来论证的方便,我们还是先别想着去推翻皇帝曾表达过的这种想法,因为他的这些雄心不会影响皇帝的原则,而且在任何情况下都只会确认特殊主义与德意志帝国之间联系的存在,而不会推翻这种联系。即使如此,我们也要考虑一种稳定却常常很隐蔽的思潮。支持这类思潮的人们虽然看得到德意志帝国由一系列有组织的公国组成,但是在帝国内,县、贵族、乡镇,这是一套与皇帝区别开来的国家体制。

尽管德意志帝国体制明显失效,那么为什么德意志人的国家意识还能长期存在呢?原因在于对所有发挥代表作用的国家机器的投入,比如德意志议会,尤其是对公国自身的投入,因为人们通常将公国视为国家生活最真实的体现和表达。霍亨索伦家族,比如弗里德里希大帝,事实上是在个别公国和其他欧洲人的驱使下采取行动的,而不是受到民族利益的诱惑。尽管这是事实,但是,霍亨索伦家族也被视为德意志君主和英雄,同样也是事实。如弗里德里希特殊主义的日耳曼君主联盟的民族吸引力和包容心偶尔也会显现,但是在德意志史学研究中,作为日耳曼大公国背景的德意志帝国扮演着不可或缺的角色。将国家意识与我们认为与之相反的东西结合起来,虽然以我们现在的眼光看来有些荒唐,但实际上并非如此。这种混合对于近代早期的德意志而言反而是标准的。毕竟,借用一个可能造成误解的术语来说,①德意志帝国的日耳曼民族性与君主特殊主义在帝国内部的结合,与日耳曼民族性和罗马天主教普世性在皇帝身上的结合比起来,还没有那么可怕。

[77]国家意识客体之间的区别与另一套对象相关,而且部分程度上可以根据另一套对象来分类。这套对象是"人民"和"帝国"(也可以说是皇帝和帝国),这两个对象是日耳曼人民族性的源泉。"人民"的国家群体由共同的文化(从广义上说)和共同的语言(从狭义上说)构成,而"帝国"这一国家群体由共同的领袖、共同的法律以及共同的政治经历构成。"人民"的国家群

---

① 普芬道夫(Saumuel Pufendorf)在其颇有影响的《日耳曼帝国宪政》(*De statu imperii Germanici*, Geneva, 1667)中将这个标签普及化了。见下,86—87 页。

体是一种结构,这种结构的本质由日耳曼民族的部落起源决定,因此他们特殊的统一性也构成了自己独特的民族存在。

"帝国"的国家群体也同样是一种结构,这种结构由被帝国征服和服从帝国法律的领土构成,这种构成要素也在不断变化。"人民"的国家群体要追溯到远古时代的部落起缘以及中世纪早期的部落迁徙。而"帝国"的国家群体要追溯到中世纪几个日耳曼王朝的重组与合并:法兰克人、撒克逊人、撒利族人(弗兰康阶)、霍亨斯陶芬王朝以及哈布斯堡王朝。

在德意志近代早期,对"人民"和"帝国"的意识始终都存在。在书写德意志历史的时候,德意志史学家们要么选择"人民",要么选择"帝国"作为他们的焦点。当他们想要书写涉及共同文化、个别大公国或者起源的历史时,他们会选择"人民"为焦点。当他们想要书写涉及共同的政治经验、普适性原则或者持续的传统的历史时,他们会选择"帝国"为焦点。无论选择哪个作为焦点,如人们预想的一样两者始终非此即彼。由于日耳曼帝国或多或少包含了日耳曼人民的概念("多"体现在道义上,"少"体现在现实中),焦点与人们的预想之间的兼容性始终受到质疑。两者之间的鸿沟由历史来弥补。

政治和民族的客体是史学家们经验的混合焦点,那么,让我们来探究一下近代早期德意志史学研究的三个主要阶段,看看史学家们站在与他们的学科相反的立场上,在上述两个客体之间建立了怎样的联系。我们的目的是要看看史学家们如何理解这种经验,以及,在我们一般人看来只有通过人性的非历史结构才能统一的不协调现象,历史作为人类奇特行为和上述不协调现象的记录,在德意志的情况下,是如何成为人类奇特行为和德意志非历史结构种种不协调现象的统一因素的。我们关心的是世俗史学,虽然德意志教会的历史发展也贯穿整个近代早期,而且教会历史与世俗历史(人们对与"教会史"相对应的历史的称呼)的关系本身也很有趣。这段世俗历史可以分为三个阶段。

人文主义阶段的德意志史学研究,[78]其成果集中在16世纪的前三分之一。这个时期的史学研究由两类因素主导:一方面,史学家们对新知识、和谐统一的风格与道德人格(既包括作者,也包括被书写者的道德人格,这从意大利的人文主义汲取而来)怀着强烈的热情;另一方面,由于意大利在文化和宗教上都对德意志产生了主导性的影响,此外,与法国相比,德意志政治衰弱,德意志人对此有抵触心理,国家意识便由此产生并且膨胀。

因此,德意志的人文主义者将德意志历史视作具有自主性的思想形式。这种情况导致的结果虽然说明了德意志历史的独特性,却也有不好的地方,因为德意志历史是德意志史学家对欧洲史学研究唯一有突出贡献的一国历史。对于德意志人文主义者而言,德意志这个例子既不具有排他性,也算不上卓越,更不是一个统一的焦点。确切地说,由于德意志多方面的特点,它成了一个能把普适性结构和独特性存在结合在一起的有机体。德意志的人文主义者依然相信这个普适性结构的存在,并且也逐渐相信特殊性的存在。

对于研究日耳曼人的民族性而言,历史之所以行得通,有以下两个原因:首先,历史是这个国家重要的构成要素;其次,历史是将这个国家之上和其内部价值观与现实同国家连接起来的媒介。因此,历史对于这个国家具有两个层面的作用:一方面,它是这个国家存在最主要的元素;另一方面,历史将这个民族与人类命运的宇宙框架、自由的道德活动联系在一起。简单说,历史同这个民族的内外部关系均有关联。

当然,历史蕴含在每一个民族国家意识的形成之中。但是正如人文主义者指出的那样,它对于近代早期的德意志发挥着特殊的构成作用。正如黑森学者奥巴努斯以典型的人文主义者的方式承认的那样(虽然他自己并非史学家):

> 我们的民族要保持自己的身份……只有德意志人没有被提到……这是为什么呢? 因为我们缺的不是行为,而是行为的历史,只有历史才能赋予一个民族身份……当日耳曼人的活力迸发,在我们被奢靡的生活玷污之前,我们的祖先就做了一些值得纪念的事情……但接着,同样地,由于我们缺少史学家,我们的荣光也被遗忘之河的河水淹没了。①

的确,德意志的世俗历史不是由一个德意志人激发的,而是由两个写了有关德意志的东西的意大利人激发的:其中一个叫塔西佗,[79]他的《日耳曼尼亚》一书被介绍到了德意志;另一个是庇护二世,他的《日耳曼尼亚》一书展示了古代日耳曼部落同当代德意志之间的联系,日耳曼人类文化学向德意志史学的转化也由此开始。庇护二世所刻画的这种联系,区分了日耳曼民族两种不同的类型,这两种不同的类型分别成为两类不同的日耳曼民族历史的核心。

与德意志议会以政治为基础的抗议(也称"控诉要旨")相对,庇护二世让塔西佗从起源上确立语言上与文化上的德意志的身份,他想借此表明,语言上与文化上的德意志,在演变后的罗马帝国之下,在当代罗马天主教内,依然存在,且欣欣向荣。对此,德

---

① Eobanus de Hesse 为 Ulrich von Hutten 所著《阿米尼乌斯:对话》(*Arminius: Dialogue*, Paris, 1877)所写的前言,8—10 页。

意志人文主义者用两条民族历史线做出了回应:其中一条是仿效庇护二世的古代部落历史,另一条则反对他关于当代帝国历史的那一套学说。由此,一套模式基本就这样定了下来,既能占有并抵抗外来影响,又能为以日耳曼民族的名义而做出的效仿和反对正名。人文主义者史学研究的两条路线既有学术动因,又有爱国因素,只不过两个因素各自所占的比重不同罢了。

如果我们将有关德意志的经过打磨的历史作品作为我们的衡量标准,那么实用主义、爱国主义这条线索在编年史上就必须占据优先的位置。早在 1492 年,阿尔萨斯人文主义者汪费林就视自己为德意志皇帝的代言人以期对抗法国。1501 年,他创作了自己的《日耳曼尼亚》(*Germania*)一书。这本书只是一本小册子,里面却包含了自出现皇帝以来阿尔萨斯也带有日耳曼特点的种种证据,还有对施特拉斯布格尔人就城市治理因地制宜提出的具体建议。

1515 年,雅各布又发表了一些东西来反驳庇护二世的《日耳曼尼亚》,这本出版物的标题很尴尬,却把主要内容表达得十分清楚:"出于对祖国的爱,为了日耳曼民族,为了拯救,也为了神圣罗马帝国的荣光,对庇护二世的回答和反对。"[1]1505 年,他用拉丁语发表了《至今德意志历史摘要》(*Epitome of German History to the Present Time*),人们一般将这本书作为第一本德意志世俗史学著作。这本书明显受到了当时人文主义文化的影响,因为它对原始资料的运用十分敷衍,但是事实上这本书以权威的意大利资料为基础,它的优点也不在学术基础上。

---

[1]　Enea Silvio Piccolomini,《德意志:致马丁·迈尔的书信体论文,以及雅各布·汪费林的"答复和对艾尼亚·西尔维奥的驳议"》(*Deutschland: Der Brieftraktat an Martin Mayer, und, Jakob Wimphelings 'Antworten und Einwendungen gegen Enea Silvio'*), Adolf Schmidt 编,Cologne,1962。

汪费林最主要的兴趣是政治性和实用性的,比如鼓励皇帝和各大公国君主对抗法国、土耳其以及后来的意大利教会。他以一种新的方式使用历史,从而支持自己的事业。[80]汪费林通过观察中世纪和近代历史上的几位德意志皇帝从而刻画历史,通过探寻日耳曼民族的文化起源及其五个部分组成的部落组织,来证实皇帝和大公国君主的日耳曼特征。因此,上面提到的汪费林的《摘要》一书,开始先介绍原始的日耳曼人所分成的五个部落,之后过渡到日耳曼民族历史的主体部分:神圣罗马帝国的皇帝们。从查理大帝到同时代的马克西米连,他们虽然都有欧洲使命,却仍带有日耳曼人的人种特征。①

诗人、法学家兼政治家冯·胡滕使史学研究这条原本模糊不清的线变得清晰了。他也唤起人们对古代部落式日耳曼民族的记忆,从而为当时的德意志注入一种民族热情,因为他觉得自己的时代缺乏这种热情。胡滕的对话集力挺阿米尼乌斯。阿米尼乌斯是公元一世纪的一位军阀,他曾代表部落时代的日耳曼民族与罗马人作战,却至今仍然带着阴影。在同一作品中,胡滕重新挖掘了一位历史人物,并且创造了一个关于阿米尼乌斯的历史传说,称他为"日耳曼民族的解放者"、"日耳曼人中最有日耳曼气质的人"以及"赫尔曼"这个有诗意的名字,这些都促进了公元98年国家意识的觉醒。② 通过利用假定的历史民族现实,将当下的民族潜力转化为现实,这违背了爱国主义人文主义者本该有的命运的模糊性。

由于胡滕以统治者人格的视角来观察政治,他对日耳曼历史也是以皇帝的身份叙述的。但是,在那些神圣罗马帝国越来

---

① Werner Goez,《统治权的转移》(*Translatio Imperii*),Tübingen,1958,252 页。
② Hutten,《阿米尼乌斯》,48 页。

越像日耳曼民族的地方,神圣罗马帝国在法律上转化日耳曼统治权,在现实中缩减其选民,从而维持对全世界、至少是天主教欧洲的监控权。因此,只有让文化的历史重获新生,才能让皇帝回归到其应有的角色,他对日耳曼王国的责任也才能回归。①在这条人文主义者的史学研究线中,人文主义者们唤起历史主要是因为其民族政治效应,其中的关键假设在于政治的人格化基础,因为通过政治的人格化基础,早期历史的文化本质才能为中世纪晚期和近代历史的政治本质服务。

人文主义者历史研究的第二条线,主要关注的是文化史,其中的杰出人物包括赛尔替斯、雷纳努斯、阿文蒂诺斯。在这条线中,国家构成了主体框架,但在其中对于学习的单纯的爱显得越来越重要,它是基于意大利模式进行扩展的,并且十分强调历史起源。[81]这个学派的史学家们把焦点放在古代部落式的日耳曼民族上,以确定该民族的语言、文化和人种起源。他们放弃了自己原本的计划,用上述三个方面的起源的资料作为该民族更广泛历史的基础。这些史学家之所以这样做,主要出于两方面的原因。

第一,他们十分喜欢收集和研究文物,这让他们对自己发现中的细节非常着迷。第二,他们发现从中世纪到现在,民族文化被帝国政治消解了,这似乎意味着对他们自身有一点点忽视。赛尔替斯自己更像是一个历史的推广者而并非史学家,首次提出了一个诱导性的计划,这也是从意大利解说(Italia Illustrata)中的意大利模型借用过来的,类似于日耳曼尼亚解说(Germania Illustrata),这一个共同伟大事业的愿景,是在完全历史发展的背景下对德意志的人类和地理状况进行的描述。德意志的人

---

① Hajo Hollborn,《乌尔里希·方·胡腾与德意志宗教改革》(*Urich von Hutten and the German Reformation*),New Haven,1937。

文主义者多次想推行这个想法,却从未付诸实践。同样也是赛尔替斯第一次将学术的注意力放在对古代资料的研究上,这也是他们事业失败的原因之一。

雷纳努斯是伊拉斯谟的追随者,他成为了当时德意志最优秀的史学家。雷纳努斯在自己职业生涯接连的几个阶段中论证了不同的品质和动机,这些品质和动机掺杂在这部学术的民族历史的典型代表之中。一开始他只是以古典神学家德尔的身份加入其中。后来到了 1519 年,雷纳努斯逐渐开始欣赏新的日耳曼人文主义文化,随之对塔西佗的《日耳曼尼亚》发表了一些评论,后来逐渐被历史吸引。

1525 年,经过一段时间的宗教修行之后,雷纳努斯选择了追随伊拉斯谟而非路德,后来他试图组织一个日耳曼尼亚解说(Germania Illustrata),也就是从那时起,伊拉斯谟开始研究日耳曼民族历史本身。最终 1531 年,他发表了一部伟大的作品——《日耳曼史三卷本》。在这部作品中,他冷静客观地描述了罗马日耳曼帝国,批判地对史料进行评估,从个人的角度对历史遗物进行观察,从而探寻了在阿勒曼、法兰克和撒克逊帝国期间日耳曼民族的部落迁徙,最后以奥托一世在公元 10 世纪建立日耳曼帝国作为这部作品的结尾。总而言之,用雷纳努斯自己的话来说,这不是一部日耳曼民族史,而是日耳曼民族史的开始。[①]雷纳努斯学术研究的特点之一是,对古代日耳曼和近代日耳曼帝国进行了绝对区分,这也导致了他在两者之间转移的失败。

雷纳努斯的朋友阿文蒂努斯创作了《巴伐利亚编年史》

---

①   Paul Joachimsen,《人文主义影响下德意志的历史观与历史书写》(*Geschichtsauffassung und Geschichtsschreibung in Deutschland unter dem Einfluss des Humanismus*),Berlin,1910,137 页。

(*Bavarian Chronicle*)，[82]这部著作包含的内容可能是阿文蒂努斯所属学派最为成功的东西。这部著作最初用拉丁文于1521 年创作完成，1533 年阿文蒂诺斯本人又较为随意地将这本书翻译成了德语，自此，这部作品一直到 19 世纪都很受日耳曼人的欢迎。当阿文蒂诺斯撰写的历史偏离了他之前声称的样子和他的历史看起来的样子时，他高调说明了文化民族学派的信条。这部编年史名义上是由巴伐利亚公爵委托阿文蒂努斯撰写的王朝史，实际上却在世界史、日耳曼史和巴伐利亚人的历史之间不停转换，将民族史作为这部作品的主线，让读者觉得这"是一部日耳曼民族的编年史，而不是巴伐利亚人的"。①

这部作品表面上是一部巴伐利亚人的编年史，从日耳曼民族部落的模式到巴伐利亚国家政治，然后再到现在，实际上详细阐述的是古代日耳曼和巴伐利亚的部落文化，在叙述方式上带着中世纪的形式风格，这种传统风格常常忽略记载下来的政治事件(不过这一点由于阿文蒂努斯对巴伐利亚统治家族的宗谱很感兴趣，因而得到了平衡)。这部作品讲述到 14 世纪，近代巴伐利亚政治刚刚开始就结束了。

顺便提一句，阿文蒂努斯自己构建的日耳曼尼亚解说(Germania Illustrata)(他自己称作《全德意志编年史》)，他在其中反复表达自己的歉意，希望读者多多关注其中中世纪中期和晚期的政治，即使如此，他的这本书也没有超过古代的范围。他将这本书视为一本文化综合分析的作品。②

在他自己撰写的历史当中，在思路以及具体内容方面，阿文

---

① 转引自 Gerald Strauss，《危机时代中的史学家：阿文蒂诺斯的生平与作品》(*Historian in an Age of Crisis：The Life and Work of Johannes Aventinus*)，Cambridge，Massachusetts，1963，117 页。

② 同上，227 页。

蒂努斯非常注重国家在调和许多不可兼容的要素之间的作用。虽然《巴伐利亚编年史》一书本应是一部学术历史作品,但是其中混合了很多令人吃惊的历史传说,这些历史传说的书写运用了很多经过仔细研究的史实,对于日耳曼的民族起源有一定代表作用。它使用了一个很大的框架来处理一些根据经验得来的结果。这个框架主要包括圣经历史、丹尼尔的四个王朝、神圣眷顾进而古典循环。特别地,在这本书的德语版本中,对过去民族生活的展示夹杂着一些隐晦的道德评价,这对一些历史事件进行了超历史的分类,也相当于在暗示,历史进程越靠近现在,越在走滑坡路,这是具有普遍意义的。

通过人文主义学术历史中的限制,我们可以从以下角度分类看出人文主义时期实用主义历史和学术历史有什么样的共性:权威引文和原始资料、行动和起源、政治与文化。[83]在德意志人文主义者的历史研究中,无论是从人文主义、基督教到广泛意义上的欧洲,或是从大公国、省、城市再到贵族个人,民族始终是主线。历史只是一种媒介,通过这个媒介,人们对人类活动的自然形式的新的兴趣可以在熟悉的上帝、循环以及道德的意义框架内被散乱地集合起来,而且不需要互相之间太多的说明。因此,在所有人文主义者的历史研究中,历史意识和国家意识具有互涉性,而且在互相的调和之中也互补,因而也限制了相互的作用。之所以说国家意识暗含历史,是因为民族作为其独特成分的统一体,存在于部落或者帝国的过去当中。而历史之所以会指向德意志民族,是因为,无论是通过帝国的政治纽带还是通过部落之间的文化纽带,民族都为新研究与大量旧传统的联结和并置提供了框架。

因此,国家意识可以驱使汪费林这个反对教会干政的爱国主义者,和胡滕这个激进的政客,去探索关于这个民族的过去的新的真理，同时尊重那些发现真理的学者及学术作品。然而，即使是在凯尔提斯(Celtis)或者阿文蒂努斯相对有活力的学术作品中，也不排除会使用一些民族神话传说来填补经过批判性研究的史料中的漏洞，从而为其赋予一种人为的和谐统一。总结一下人文主义时代的这种研究，需要注意的是，历史和国家意识的结合设定了关于历史与民族关系的认知，这种认知在他们的外部关系内缩小，同时设定了它们之间的媒介，这些媒介在人无法察觉的情况下深入到思想和承诺的层次，既不是历史的，也不是民族的。而就内部关系看来，假定将历史分为两类，与两种民族相关，在政治人格化的概念假设下利用部落获得相关知识，对于帝国来说很实用。

近代早期德意志史学研究的第二个阶段，主要指的是从 17 世纪中期到 18 世纪早期这一阶段。这一阶段的史学研究明显由帝国的法律史和书写这些法律史的法学家们主导。这种看法，恰好与日耳曼帝国作为一个有效的立法机器的终结一样巧合，看起来只不过是日耳曼人习惯性地为自己民族的缺陷找借口的一种延伸。但是这些显而易见的描述性的分类模糊了这个时期真正的史学研究的意义。如果我们想一想这个体裁下的杰出代表，比如赫尔曼·康令，他开创了对德意志法律的历史研究，普芬道夫，他是最受欢迎的一位了，也因此是这个体裁的最具代表性的人物，还有莱布尼茨，因为他结束了这个时代，并为下一个将法律与历史作为独立变量结合起来的时代开辟了道路。

[84]如果我们好好想想这些典范，那么这个时代两个非常重要的史学成就就显现出来了。首先，虽然那个时代顶尖的史学家的确都被当作法官进行训练，他们也在大学的法学院就职，有的在国家政府做法律顾问，但是他们对法律在历史方面的投入既不是原始的，也算不上专门。相反，他们对法律在历

史方面的投入只是一种一般兴趣的结果：这些史学家们关心的是德意志政治，而积极的法律关系在基本的政治权力原则不适用的情况下，是国家体制唯一的政治表达模式（正如这些原则不适用于帝国与欧洲、或者大公国与帝国之间的关系一样）。而且，历史是法律获得政治意义的唯一途径。法律作为政治衍生物的本质在所涉及的人的思想特征中得到了反映。对于德意志人而言，这些史学家最主要的并非他们是法官，而是他们是传学者，也就是学术上的"万事通"，准确地说，对于这些传学者而言，历史只是共同的媒介。

康令在投身法律研究之前，是一位医生，曾表现出一种人文主义似的对学术的热爱，而且曾接受过亚里士多德哲学的训练。他曾在赫尔莫斯特大学任政治学教授，这也反映了他一生都有参与公共政策的实践。普芬道夫最开始的出版物都是关于古典语言学的，而他写有关法律的书或者担任法学教授，只是他职业生涯的核心部分而已，因为他的职业生涯还延伸到了哲学、神学以及专业史学等方面。最后还有莱布尼茨，虽然他取得了法学学位，但是拒绝担任法学教授，而是选择一生都在哲学、数学、宗谱学、人类文化学、语言学、政治智囊团、学术咨询、历史以及法律之间不停转换。上述所有人都有非常多的学术理论兴趣；所有人都对亚里士多德、博丁、格劳秀斯的政治理论很感兴趣，但是他们都发现这些理论不适用于德意志；所有人都曾致力于让德意志重新回归欧洲强国体系的政治实践；所有人最后又都将法律及法律史作为确立将被复兴的帝国身份的方式。

但从长期来看，比德意志政治的法律同源更重要的是这一时期的第二个成就：日耳曼民族的代理人以历史为媒介由帝国转移到了大公国。当代政治中帝国与大公国之间的冲突在法律史上变成了原则与现实之间的和谐。个别大公国的活动由当下的民族价值观得到了正名，[85]而帝国体制的存在，在保留这些从过去流传下来的民族价值观中发挥了作用，这些民族价值观是由大公国实现的。这算得上是 17 世纪最巧妙的戏法了，让我们看看这到底是怎么回事。

　　通过康令，我们可以很明确地看出那个时代的问题：当帝国国力衰弱的时候，人们对帝国国家法律的关注非常明显。康令是个政治现实主义者，直到三十年战争末他一直都在进行史书写作，既理解也接受独立大公国在德意志的胜利。虽然如此，康令依然保持民族上的意识，既是怀旧，也是对其国家功能的肯定。在康令写于 1643 年的《德意志法律的起源》(*On the Origin of German Law*/*De Origine Juris Germanici*)一书中，他表示，在从罗马王朝到中世纪日耳曼王朝转化的过程中，并没有什么直接"翻译"，这既是因为罗马人没有什么普适性的法律可以直接迁移过来，也是因为德意志皇帝没有让罗马法律对日耳曼帝国产生效力。这个具有开创性的表述肯定了神圣罗马帝国的日耳曼特性，而且强调了日耳曼帝国的法律在普适的罗马传统之上，这里流露出来的意识可不仅仅是关于民族起源方面的。

　　在这部著作的最后，他呼唤"新的日耳曼法律"，而且坚称"日耳曼帝国会永存"，尤其明确说道"今日日耳曼的苦难将成为明日日耳曼的荣光"。① 在康令写于 1643 年的《论日耳曼罗马帝国》(*De Germanorum Imperio Romano*)和 1654 年的《论罗马日耳曼帝国的衰亡》(*De finibus Imperii Romano-Germanici*)中，他承认，事实上，如果没有罗马传统整体的扭曲，日耳曼法律表现

---

① Erick Wolf，《16 与 17 世纪德意志法律思想中帝国的理念与现实》("Idee und Wirklichkeit des Reiches im deutschen Rechtsdenken des 16. und 17. Jahrhunderts")，*Reich und Recht in der deutschen Philosophie*，Karl Larenz 编，Berlin，1943，111—113 页。

出来的将不是整体性,而是对帝国权利和权力的限制,而这个帝国是由具有自主管理能力的大公国构成的。康令甚至突破这一点,希望君主能将权力范围进行延伸。对于这个难题,答案当然是,康令将日耳曼帝国视作一个国家机构,这个国家机构与其说是由皇帝控制的,不如说是由大公国君主们控制的,他希望君主的权威能结合起来,使帝国强大起来。

康令控诉哈布斯堡家族的皇帝们的所作所为与民族利益相悖。后来他建议大家选择路易十四作为日耳曼帝国的皇帝,从而在相对和平的欧洲秩序下争取帝国的国际利益,同时暗示不仅仅哈布斯堡家族的皇帝们的所作所为与民族利益相悖,而且所有的皇帝都是如此。另一方面,大公国的君主们之间互有牵连,[86]他们身上融合了帝国民族层面的东西,而他们政权的民族根基源自从真实日耳曼法律延续下来的传统。康令对于日耳曼帝国法律来源的看法虽然产生了巨大影响,却也有十分重要的负面作用,因为他排除了日耳曼帝国过时的集中化特征,认为这是非民族的。康令通过给君主政治戴上民族色彩的盖头,将自己国家意识中的积极内容引向后来的日耳曼法律历史,因为他认为自己国家意识中的积极内容会持续下去。而以实用历史展现出来的帝国法律则是民族政治的表现形式,民族政治与个别国家的利益政治可以兼容。

康令本质上是个政治家,他投入法律中的的历史,是为国家的种种动机注入民族内涵,但是历史在这个转化过程中的角色,无论多么关键,都是模糊的。普芬道夫作为现实法学家后来又成为史学家,他是德意志爱国主义者同时也是普鲁士官员,在他看来,日耳曼民族性的法律概念与其特殊主义政治史学研究中的关系是很明确的,确实清晰可辨,因为普林道夫没能将这些因素整合起来,所以它们依然紧紧并置在一起,可以辨认。17 世纪 60 年代普芬道夫任法官期间，他在《日耳曼帝国宪政》(*De Statu Imperii Germanici*)和关于非常规联邦的论文当中，曾强调德意志的政治结构从政治类别的角度来看是不可理解的，"如怪兽一般"。只有通过法律事实的历史，我们才能理解德意志政治的非常规性，因为这些事实表明，在德意志皇帝权威下，民族君主制转变成了现在的"近君主联邦政体"，只不过这个政体还包含着皇帝权威的残余，并且只有通过当下根植于历史的法律关系才能认识。

日耳曼帝国只能成为一个纯粹的政治联邦这样的常规政治体，这一政治体的国家体系由几个彼此相连的国家构成，但每一个国家成员都保留主权。因此，日耳曼帝国的法律史构成了当下君主之间的内部权位关系，日耳曼帝国也将借助君主们的政治意志变成一个国际化的政治体。① 由此在普芬道夫的史书写作中就出现了以下分歧。在书写有关欧洲各个帝国的历史时，日耳曼帝国作为一个单元，相比与其他国家，是书写中心欧洲的唯一切入口。当他到柏林去写勃兰登堡的选举人时，[87]他曾说，这是因为"在柏林我觉得自己对祖国能发挥更大的作用"，② 普芬道夫将他那个时代为帝国法律的实用历史注入的记录重心迁徙到了特殊主义政治史上。无论在内容还是在思路上，历史都成为他将民族传统转移到特殊主义政治上的工具。

说到莱布尼茨，我们就遇到了一个有趣的问题。除了三集文档和一些简短的不连续的文章，他创作的唯一一部历史作品在他去世之后才发表，是一部编年史作品。就我们目前掌握的

---

① 　Leonard Krieger，《自由裁量的政治：普芬道夫和自然法的接受》(*The Politics of Discretion：Pufendorf and the Acceptance of Natural Law*)，Chicago，1965，156—164 页，178—186 页。

② 　同上，275 页。

资料,以及我们对莱布尼茨与莫尔会修士、博兰德会成员和穆拉托里之间的联系的了解,可以认定,莱布尼茨将很多新的史学研究方法引进了德意志。

除此之外,要不是看在他是一位伟大的哲学家,要不是看在他的个体一元哲学的发展没有对史学研究产生不利影响,[①]他的史学研究成果会不会被人们讨论都是个问题。答案有两种可能,而且都在贬低莱布尼茨史学研究的价值:要么他的历史和哲学没有什么关联,只不过是因为他的历史跟他的哲学有偶然的相似性,才误被人们抬高到了一种优越地位;要么就是他的历史跟哲学有一些关联,只是对哲学产生了一些细微的影响而已。

当然,莱布尼茨本人直接就历史所说的似乎支持了以下判断:历史对自己而言并不重要,而自己对历史也不重要,因为他自己对历史价值的看法完全是老一套。莱布尼茨对历史价值的看法主要可以用以下词语来概括:"娱乐"(delectation)、"有用"(utilitas)还有"真理"(veritas)。所谓的"娱乐",指的是"能够从不寻常的角度来看待事物"和"能了解事物的起源"。莱布尼茨对历史也有一些严肃的判断,比如,他认为"我们获取信息的史料来源本身就是有用真理的很大一部分"。因此,他说,"人类将历史中有用的东西汲取出来","有用的教训总是以生动事例的方式教育着我们"。

由此,实用性包含了一整套史学家常常归在一起不相配的意义:"历史对于研究国家和一些显赫家族的起源和权利十分有用";"历史如果只是维持人们心中对荣耀的渴望便是最有用的

---

① 关于莱布尼茨历史的非重要性与其深远的哲学的历史重要性,可以参考 Lewis W. Spitz 的《莱布尼茨对于修史的重要性》("The Significance of Leibniz for Historiography"),*Journal of the History of Ideas*, Vol. XIII(1952), 333—348 页。

了,[88]因为对荣耀的渴望是人们良好德行最强大的动机,特别是对于君主而言";但是历史还有另外一个更重要的作用,它能"通过生动的事例教给人们谨慎与美德,同时又能表现出对丑恶的厌恶"。但是,所有这些都经受不住另一个语境下的考验,"撇开娱乐不谈,历史除了表明有关基督教的真相外,也没有其他作用了,因为除了历史之外,其他事物无法做到"。虽然不同类别的有用性可以兼容,但是莱布尼茨公开宣称,历史无论以任何代价都要为真理服务,这跟有用性的整体概念多多少少还是有些出入:

> 历史所有的灵魂在于真理……失去真理的历史就像没有生机的躯体……到底是不是合适的时机,应该坦承相告……至于其他,就交给上帝吧,因为上帝知道怎样保留真理。

值得注意的是,关于史学研究传统的虔诚使命的这些表达是一种进步,不仅仅是因为它们表明互相之间的独立性是随机的,而且在于它们与莱布尼茨自己复杂的哲学立场无关。莱布尼茨的哲学立场是:成组成组的真理,包含着历史真相的史实,仅仅是"假设的、可能的,只具有道德上的确定性"(其实也就是说真理只是相对的)。而且,真相只有有限的、"逐利"的有用性。①

　　莱布尼茨关于历史的表述有一点说教风格,因此与他的哲学思想在本质上没有什么不同。但是,他认为历史单一假设事实的不完美之处与科学和哲学共有的必要理性之间有明显区别,这也是莱布尼茨历史观的来源。但是,当我们将两者(莱布

---

① 引文出自 Louis Daville 的《作为史学家的莱布尼茨》(*Leibniz Historien*),Paris,1909, 284、337—340、360—367、508、547—548、628 页。

尼茨在次等的归因和互补性之间犹豫不决,这种互补性既有对广义上的事实的,也有对历史知识针对科学与哲学的)与他对历史内部泛化或者综合性的反感之间的不确定性添加到这些因素之中的时候,似乎就可以确定莱布尼茨的历史与他的哲学是相互独立的了。

然而,换言之,单体内部的发展定律容易让人觉得莱布尼茨动态的形而上学就是把他的历史观转化成哲学得来的。事实上,这两种看法都是错的。莱布尼茨的历史兴趣和历史活动远远超过了他的史书写作范围,它们有自主的模式,而且与其哲学模式不同。而且,莱布尼茨的历史兴趣和活动的重要意义与其哲学间接相关,透过两者背后的思想我们可以发现这种联系。

[89]莱布尼茨是思想的"杂食者",无论是传统的还是新颖的,特殊的还是一般的,科学的还是美学的,持续的还是不规则的。莱布尼茨对无论什么样的思想都来者不拒,他会对比史料加工和科学的哲学材料,从而产生机械的类比。在处理科学和哲学的时候,他就像一台思想的水泥浆搅拌机,吸入各种各样的原料,产出的是均匀的黏稠物质,这些物质已经根据之前的一致性原则所预设的和谐被同化了。

因此在科学与哲学方面,莱布尼茨,还有洛克和牛顿,将17世纪各种各样的思想之线综合成了到18世纪直接可以利用的形式。但是,在历史方面情况就不同了。在历史方面,莱布尼茨的思想就像一个真正的吸尘器,把所有东西都吸了起来,除了一股温暖的、注入空气的话语、回应与工程之流,几乎什么也没有出来。这其中的差异我们可以在他的思想中发现,在他发表的作品中反而发现不了。因为,我们大家都知道,莱布尼茨在无数个自己感兴趣的领域之间来回跳转,他多次在学术管理机构任职,曾多次自命为国际关系或者教会关系的顾问出巡，他甚至还做过负责找书或者手稿的图书馆员，这些都曾是莱布尼茨的职业，这同时也意味着，无论在哪一个领域，他在活着的时候几乎都没发表什么东西。但是，当人们考察他的思想遗产时，在被处理过的紧密结合的哲学和科学教义统一体与广泛的历史思想材料中间，有着绝对的差异。莱布尼茨曾试图将两者结合起来却没能成功，只是留下了一部集子，将可获取的史学研究要素结合起来，这表明虽然莱布尼茨曾有心将二者结合起来，但是真正的结合体还需要等待新一代的出现。

莱布尼茨未能发展出历史的思想体系，这并不是因为他没有这个意愿，而是因为他没有这个能力。他在自己的《编年史》（Annals）上断断续续地花费了35年时间，但直到1716年他去世，莱布尼茨也只写到了1005年，即使这样，也是在公爵的压力下完成的。这本书之所以不断拖延而且没有写完，不仅仅是因为他没有能力将那些可兼容的要素融合起来，虽然莱布尼茨本人始终不承认这一点，而且还因为这本书的范围不断延展，始终充满着不确定性，由此对历史材料的控制也越来越困难，这些问题莱布尼茨都公开承认了。莱布尼茨始终没有意识到产生这些困难的深层原因：他不停地接触各种类别、各种层次的历史，各种各样的历史材料总是吸引他进入更广的研究领域，更重要的是，这些材料本身就包含着不同的统一原则，而莱布尼茨自己对历史的特殊化概念无法将这些材料整合起来。[90]这就导致他越写越愤怒，他自己把这叫作"完美主义综合症"。①

因此，一方面，莱布尼茨对新的学术史十分狂热，因为新的学术史把古文物研究的重心放在了离散事实本身的某些真相上，它关注起源，运用了一些辅助方法和领域，比如外交学、系谱

---

① 　同上，316 页。

学、铭文学、考古学以及语言学,还有民族文化。但是,从另一方面来说,莱布尼茨始终保持着对法律问题的关注。这些法律问题依然在他历史的实用主义元素中,让他把历史当作帝国普适、民族、多样传统的媒介——这些莱布尼茨都认同。

正如其哲学一样,莱布尼茨在人种学及法学方面的思想遵循着以下模式:"多样中的统一"和"对立的巧合"。在莱布尼茨历史研究的两种基本结构基础中,日耳曼民族性是其中最主要的一般性内容,它是人文主义、欧洲或者基督教等一般要素的中介,同时也是几个独立民族和国家的坚实存在。莱布尼茨研究过所有欧洲民族的语言起源,但他把重心放在日耳曼人的语言上,因为他发现日耳曼人的文化起源对于理解其大公国——布伦瑞克的起源十分关键,还因为他认为日耳曼人语言起源对于当代帝国公民的道德教育十分重要。[①]

在莱布尼茨看来,帝国本身就是不断演变中的"持续中的统一"。他于 1670 年左右曾写道:"帝国是主要成员,而日耳曼帝国是欧洲的中心",之后他用自己的模型勾勒出了这个表里不一的日耳曼帝国。至于欧洲,莱布尼茨提议皇帝应该发挥首席仲裁者的角色,在各个国家之间建立和谐统一的秩序,以此来抵抗和平、欧洲和基督教的敌人。

对于帝国,在 1677 年的一篇法学论文当中,莱布尼茨发展了一个真正的辩证法学观点,这个观点超越了他那个时代皇帝与帝国以及各个君主之间的冲突。莱布尼茨认为,每一个日耳曼大公国都是帝国的反映,每一个大公国的君主都代表皇帝。用他明显带着日耳曼痕迹的拉丁术语来说,大公国君主的原则

---

① Gottfried Wilhelm Leibniz,《政治著作集》(*Politische Schriften*),Frankfurt a/M.,1966,Vol. I,142 页。

也有必要体现皇帝的特征。帝国是一种"新型的公民"，其主权是分开的，但是帝国成员的主权却是可以兼容的。① ［91］本质上，对于孱弱和分裂的日耳曼帝国，莱布尼茨的解决方案是，将其内外部关系中的民族传统理性化：他通过赋予皇帝现代的、国际化的职能来确定帝国的基本传统；他把帝国内部权威的处置权分配给了以日耳曼为中心的各公国君主。

对于我们而言，关键点在于，莱布尼茨的人种学和法学结构从原则上说并不是现实，只是从过去的存在中获取的模型，而要想实现这些存在，需要当下的努力。两种结构（民族语言文化和双边帝国）的元素只在当下的存在中存在着，却没有将它们统一起来的生机。历史足以证明结构是有生机的过程。莱布尼茨书写的历史并没有这些结构。确实，它们构成了莱布尼茨史学研究背后的假设。但是，在他书写的历史当中，欧洲文化的元素和日耳曼帝国的元素只是在外部短期内彼此相关。最终，作为史学家的莱布尼茨被这些材料搅得失去了重心。莱布尼茨一直寻找的联系在他的记录性集子里显现出来：有两卷外交档案，第一卷全都关于中世纪晚期和近代早期欧洲，另一卷主要关于日耳曼帝国。一卷是中世纪日耳曼史学家的版本，另一卷对应的是中世纪布伦瑞克史学家的版本。莱布尼茨之所以能完成这几部集子，是因为它们只需要把相关材料并置在一起就好。

但是，莱布尼茨的《编年史》就不同了。莱布尼茨在公爵的要求下书写关于布伦瑞克机构的历史，在写到关于宗谱、人种和宪法的问题时，他会费尽心思搜集关于日耳曼帝国和德意志的资料，因为历史叙述上的一致性要求一个更广泛的语境，特

---

① Wolf，《理念与现实》，*Reich und Recht*，Larenz 编，156—157 页。

别是关于先人的,还需要比文档的批判版本更加完整、确定、积极的真相构建。特别典型的是,莱布尼茨将欧洲、民族以及个别大公国串联起来的统一的框架是帝国。帝国对于莱布尼茨而言也变成了一个综合的方法论原则。他相信,《编年史》对于将原始和中世纪时期布伦瑞克机制中各式各样的意大利和日耳曼联系起来非常重要,无论这些联系是个人之间的还是法律方面的。

因此,《西部帝国的布伦瑞克编年史》这个标题虽然表面看起来晦涩,实际上还是有一些实际含义。的确,正如《与布伦瑞克编年史关系密切的西部帝国编年史》这个题目所昭示的那样,从莱布尼茨独特研究的原始结果来看,帝国历史自然而然成为了研究的重心。[92]在此之前他只是宣称"不做关于帝国的历史研究,我无法做布伦瑞克体制的历史研究"。①

事实上,莱布尼茨本想两样都做,却哪一个都没有做多少。这部未完成的作品在所有事情的起源问题上都很拖沓:欧洲人民,日耳曼人的语言、部落和文化,以及布伦瑞克王朝。莱布尼茨的作品直到 19 世纪中叶才得以发表,当时针对这部作品产生了各种各样的回应和评价,莱布尼茨也通过这本书与很多人建立了联系,虽然这些无疑都有助于新的学术历史标准和研究方法的创造,但是,我们最好还是仅仅把莱布尼茨当成一个具有代表性的史学家,而不是一位有影响力的史学家。他的作品反映了 18 世纪史学研究的各种可能性。

在实用法律历史(这些历史强调的是国家宪法传统对个别国家产生的影响)方面,莱布尼茨增加了一般性的帝国传统(这些之前没有被人挖掘出来),还有民族文化起源方面的学术历史

---

① 引自 Daville,《作为史学家的莱布尼茨》,238、327 页。

（由于人们对研究这些东西的史料和手段又有了新的兴趣，它们重新焕发了活力）。以上这些元素以不同的方式结合起来，构成了18世纪德意志史学研究的主线。

近代早期德意志史学研究第三个阶段，也就是最后一个阶段（包含法国大革命前）两个最主要的特征，毫无疑问应该是：第一，德意志文学明显划分成了两条线，这两条线截然不同，而且常常彼此相对；第二，后来演变成德意志历史相对论的学说萌芽了。接下来让我们看看这个划分意味着什么，它与早期的历史相对论又有什么样的关联。

18世纪德意志历史研究被分成两类，其表面基本是方法上的差别。近来的史学家们，跟他们的前辈们一样，分成了两个学派。一方面，一些学术历史的爱好者，发现新的研究方法能够帮助他们挖掘新的以确定事实为形式的历史真相，便对此十分着迷。另一方面，一些实用历史的爱好者，他们受到启蒙运动精神的鼓舞，希望通过理性原则，特别是伏尔泰和孟德斯鸠的模式，将历史整合起来。两者之间的差别是不言而喻的，因为当时人们写了很多启迪性读物教导人们人类本性的原则，人们对于文物研究的热情也随之发生变化，这造成当时涌现了很多记录性出版物和大量的专题著作。

但实际上，无论这些学派如何强调自身的重要性，上述区别并不是最主要的。[93]两个学派之间的相似之处在于，其作者都不是以人文主义者、法学家的身份进行史书写作，而是以史学家的身份，他们通常都是大学教授，或者至少是从个人兴趣出发写作。第二个相似之处在于，一种学派主导性的研究方法在另一学派均有体现，虽然仅仅处于次要地位。这些学术史学家们不断将他们的史学事实与经数学科学处理过的现象结合起来。此外，德意志史学家们还将史学事实与对法律一致性和实用主义因果联系①的认知结合起来,对于这一点可能其他任何地方的史学家做的都没有德意志多。相对地,实用主义学派也开始采用了一些新的实证研究方法。

其中最著名的就是施罗塞(A. L. von Schlozer),他是一位理性主义史学家,是使用数据分析历史的先锋。有时施罗塞甚至会用两个领域的术语来为彼此下定义,比如,他认为:"历史就是发展变化中的数据,数据就是一种静态的历史。"②德意志实用主义史学家还运用了新统计学和新经济学,书写了国际经济史。约翰尼·克里斯蒂安是著名的世界历史专家,他给历史中的实用性下的定义是"事物之间的普遍联系",他还认为实用主义史学家所做的工作就是"就事件是如何发生的构造一套自己的框架"。约翰尼·克里斯蒂安本人也是莫尔会修士学术标准的追随者,他撰写的历史包含了全球各种事实数据的图表。③

两个学派的主要区别并不在研究思路上,而在历史研究对象上。18世纪帝国作为史学研究对象实际上已经消失,当时史学的两条主线由两种元素的分裂形成,这两种元素只在德意志法律传统的历史关系中微弱模糊地存在。其中一个学派的对象变成了国际历史,也就是欧洲和世界史,另一个学派的研究对象则变成了个别大公国。实用主义的研究方法尤其适合研究新的国际历史,或者如果你愿意的话,研究一般的世俗历史也非常合适,因为人们主要通过其在近代国际政治和国际法律中的运动

---

① Kraus,《理性与历史》,429、446、549—551 页。

② Heinrich Ritter von Srbik,《从德意志人文主义到现代的精神和历史》(*Geist und Geschichte vom deutschen Humanismus bis zur Gegenwart*),Munich,1950,Vol. I,124 页。

③ Kraus,《理性与历史》,36 页;Eduard Fueter,《近代修史的历史》(*Geschichte der neueren Historiographie*),第三版,Munich,1936,375 页。

来看待其变化发展。如果从宗谱或者法律起源的角度，或者在部落民族文化的语境中研究大公国的历史，学术历史就非常适合了，因为公国的民族特性往往由其民族文化决定。

[94]由此，就实用主义和外国政治方面的史学而言，人类依旧是主要对象，只不过带上了一点科学经验论的色彩。对于学术性的和特殊主义的史学研究而言，大公国是主要的研究对象，只不过带上了一点法律实用主义的色彩。通过大公国历史初期法律与部落的文化起源，大公国与民族联系在了一起。正是因为强调了个别大公国起源时与部落民族的联系，18世纪的学术历史才将焦点集中在中世纪。因此民族应一直是文化的、部落的、原始的，或者是法律的、特殊的、持续的。非常典型的是，即使对民族性非常感兴趣的实用主义者，比如柏林学院的普鲁士管理者赫茨贝格，也认为是古代部落时期的日耳曼人为近代的大公国注入了民族性。他在一场偶然的法语讲座中说道：

> 德意志北部，也就是莱茵河和维斯瓦河之间的陁—陁尼（Teutony），是现在普鲁士王朝的主要地区，同时也是英雄民族的发源地，这些英雄民族在迁徙的过程中摧毁了罗马王朝，建立了欧洲几个主要的王朝，也居住在这些地方。①

当历史研究的学术和实用主义方法之间得到了平衡，能够通过对民族政治发展的认知将民族文化起源与特殊政治现实结

---

① Heinz Gollwitzer，《欧洲图景和欧洲思想：18、19世纪德意志思想史论文集》（*Europabild und Europagedanke：Beiträge zur deutschen Geistesgeschichte des 18. und 19. Jahrhunderts*），Munich，1951，76页。

合起来的时候,历史实用主义就从德意志发展起来了。至于两者是怎样结合起来的,莫泽的史学研究体现得最为明显,他是公认的 18 世纪德意志唯一一位可以与法国和英国的大师们比肩的史学家。

学术史学家们非常欣赏莫泽,是因为他的研究利用了很多原始史实,但同时他也像实用主义史学家一样,很关注法律,追求历史的主题统一性。莫泽将这些不同的历史趋势都集中在一个单一、综合的"代理"身上。这个"代理"是公共的"土地财产所有者",他们不仅提供了"统一性、方向和史诗的力量,而且在民族性格的演变中给了民族性格起源、发展甚至是其中的一部分"。① 这些拥有财产的平民,在他们彼此没有什么差异的群体中,形成了最初的日耳曼部落民族。他们先对贵族和平民自由平等的地产进行了法律上的区分,[95]接着又对帝国与大公国被压迫臣民的地产进行了划分,剥夺了他们的头衔、财产权和自由,这才构成的日耳曼最原初的历史。

从这个意义上讲,皇帝和大公国的君主一样,并不是国家主体的构成部分,他们都只是"意外"罢了。因此皇帝和君主们都只是人民的仆人,他们只不过"专制地"将自己与民族里的其他人区别开来而已,他们的历史也称不上是民族的历史。莫泽写道:

> 我理想中的历史是贵族和平民共同的历史。我给这些贵族和平民分配了一个将军,也就是皇帝,他拥有权力指挥自己的官员(各个君主)。因此人民拥有主权,皇帝和君主

---

① Justus Möser,《全集》(*Sämtliche Werke ed. Paul Göttsching*),Hamburg,1964,Vol. XII,第一部分,34 页。

派系没有主权,也就是说,到现在为止,皇帝和各个君主只是在为一些不属于他们的东西而争执,那些东西属于人民。

用莫泽的话说,有了这些"令人激动的新理论",他利用全新的原则,既"革新了帝国和特殊主义的历史",又限制了"帝国和各君主的权利"。莫泽坚信,自己通过对"共同土地财产所有者"的历史和法律方面的关注,找到了迄今为止德意志缺少的历史、政治和民族的统一性。① 文化史以"人民的历史及其治理形式"为对象,将会和政治史——"宗教、法律、哲学和人文的历史与国家的历史密不可分"②——以及法律史结合起来。

这样一来,我们就能看清德意志史到底是什么了:"共同土地财产所有者"如史诗一般不断在历史中演进,在后来的几个阶段中进行了有机分化,分为贵族和平民的地产,随后帝国以"领土主权和专制独裁"的名义将其强制消解,最后以"国家公民"的名义进行了后结构主义的整合。上述变化都以针对财产所有者的自由与权利的法律为试金石,这些公法或者私法处在不断的变化当中。③

但是,莫泽期望虽高,他的实际成就却没有达到那样的高度。虽然莫泽对19世纪整合后的民族历史非常期待,他的成就事实上是分裂的近代早期史学研究的缩影。的确,莫泽将我们一直遵循的史学研究中三个最重要的特性引向了顶峰,并予以确认。

[96]第一,对于莫泽来说,就像他之前的史学家一样,政治关系通过历史被归为法律一类。他所有关于历史的研究都建立在

---

① Justus Möser,《全集》(*Sämtliche Werke ed. Paul Göttsching*),Hamburg,1964,Vol. XII,第一部分,15、17页。

② 同上,Vol. XII,第一部分,43页。

③ 同上,Vol. XII,第一部分,19、34页。

以下观点之上:要重新发现独特的德意志人民最基本层面上的东西,并将其融入公法体系。第二,对于莫泽而言,日耳曼的民族性蕴藏在当代德意志的个别国家中:"幸运的特殊主义",莫泽非常赞赏这个论断,因为它准确地反映了民族"代理"的排外性,这个代理是莫泽给几块领土分配的。① 对于莫泽而言,这些单独的领土是日耳曼民族的"关节",因为这是以它们的"人民"——土地所有者及其财产为标准定位的,而并非它们的君主。

莫泽对日耳曼特殊主义持一种民族乐观态度,因为在他看来,领土上的财产又恢复了财产权,以及自治权,这种自治权将其与古代日耳曼部落的过去连接起来,并重新树立起它们对领土领袖的法律权威,而这些领土领袖原来是其领土的代表,他们分裂的君主主权是中世纪皇帝赋予他们的非法权力横生出来的枝节。莫泽曾因此总结写道:

> 我证明,伯爵或者公爵只是平民的代表罢了,我们的个别领土财产实际上是过去的民族财产。②

因此,莫泽发展新"日耳曼历史"的方法最后不过只是世俗奥斯纳布吕克公国历史的序言罢了。这种极限之所以存在,是因为莫泽坚信日耳曼历史的第四和最后一个阶段的典型特点是"完美的特殊主义",还因为他坚信"一个领域的启发"尤其能够表现丰富多彩的民族生活,而不是因为他承认了真正的民族历史的范围给未来的"德意志的李维"带来的挑战。③

---

① 同上,Vol. XII,第一部分,39 页;Vol. XII, 第二部分,16—17、22 页。
② 同上,Vol. XII, 第一部分,15—16 页。
③ 同上,Vol. XII, 第一部分,39—45 页。

但是,在第三个代表性作用中,莫泽传递了近代早期德意志史学研究的特征,结果证明,这个特征在后来的历史中非常具有影响力,这个特征是:日耳曼民族性和古代日耳曼部落的结合。莫泽史学研究的很多不同取向都是就这个主题发散开的,这个主题是唯一能将这些取向统一起来的主线,让他的作品看起来具备完整性,[97]尽管他的作品在领土空间的历史时间和本地化方面还存在缺陷。

莫泽通过给预设的公民权利和部落的日耳曼人义务赋予公民权的罗马属性,将古典人文主义与原始爱国主义结合起来。他将哲学批判应用于法律文献,将文化起源与法律传统结合起来。莫泽将各种部落群体原始的完整性,作为日耳曼历史的主题和书写日耳曼历史常用的结尾,他用这种方式将自己对个体和组织非理性的爱与对系统性计划、模式和实用性的偏执结合起来,跳出了实用启蒙的框架。因此莫泽对文化起源的看法,比如他对奥斯纳布吕克民族微观宇宙的关注,都建立在事物本质的基础上,并非实用性基础上:他们符合德意志历史赋予德意志近代早期史学研究的基本方向。

德意志史学研究的独特性是按照逻辑脉络从我们的研究中得来的。在西欧的一般模式下,史学研究表现出一种分裂的状态,最后由一个统一的政治客体和共同的国家意识统一起来,而德意志模式则是一个历史综合体,将最后分裂的国家意识综合起来,为政治提供文化支持。当然,在德意志政治法律基础的历史体系中,似乎看不到一个能够延续到我们这个时代的内在保守趋势。但是,科学史学家们首次将原始日耳曼部落文化(最后变成了纳粹最初的信条)融入日耳曼国家意识中,从中吸取一个教训总不为过吧?

第四章　英格兰

波考克(John Pocock)

[98]对于一个旧式近现代社会,各种各样的史书写作和理解方式的组织与现在有很大不同,甚至可以说没有现在那么有组织性,那么定义历史与国家意识之间的关系就有些困难了。在我看来,至少就近代早期的英国而言,如果我们所说的"史学"仅仅是指将历史事件记录下来,那么这不是一个简单依靠"修史"就能解决的问题。1550年到1770年之间,英国人记录历史的能力进步迅速,他们运用新的史料,展示了新的叙述、评论和控制技巧,这段时期被称为英格兰的"历史革命"。①

换句话说,要梳理历史与国家意识之间的关系跟"历史革命"时期的历史书写可不一样。历史上的的确确存在着这样一段史书写作快速发展的时期,但是我想强调的是,史书写作并不一定要运用民族的图像或者当时存在的民族结构,特别是在编年史和

① F. Smith Fussner,《历史革命:英国史学写作与思想,1580—1640》(*The Historical Revolution:English Historical Writing and Thought*, 1580—1640), London:Routledge and Kegan Paul, 1662。还可参见 F. J. Levy,《都铎时代的历史思想》(*Tudor Historical Thought*), San Marino:The Huntington Library, 1967。

人文古典主义方法占主导地位的文化语境下。当国家意识的表达真真切切发生的时候，它们不仅限于历史事件，它们也存在于其他文字形式当中。类似地，历史意识的表达同历史书写不同，虽然历史书写可能以直接或间接的方式为国家意识的表达提供来源。因为在这篇文章中我们将历史作为政治文化的一种形式和国家意识的分支来思考，我们似乎应该把注意力转向民族及其政治存在于时间之中的模式，[99]我们应该从它们的起源、功能以及内容出发进行研究。用我认为在这种情况下非常恰当的一个术语来说，与其用历史来定义我们的研究对象，不如用政治思想的时间维度来定义。

那么，我建议我们首先研究时间维度，也就是过去的图像以及它们与当下的一致性，接着我们要研究历史——它在产生的时候自然而然就会进入我们的研究视野。但是研究什么东西的时间维度和过去呢？我在这个领域所做的工作越多，这个问题答案的多样性就越让我印象深刻。我目前在研究一大堆我还没有完全理解的理论，这些理论认为，在一个复杂、尚文（scribal）以及制度化的社会中，有多少能够保留和转移记忆的制度化活动，就有多少过去。

此外，这些过去随着当时制度结构的不同而有所区别，而它们就是这些制度的时间维度。① 如果这个理论是真的，英国将

---

① 《对于过去的研究的起源：比较的方法》（"The Origins of Study of the Past: a comparative approach"），*Comparative Studies in Society and History*，Vol. IV, no. 2(1962)，209—246 页；《时间、制度和行动：关于传统及其理解》（"Time, Institutions and Action: An essay on traditions and their understandings"），*Politics and Experience: Essays presented to Michael Oakeshott*，P. King 和 B. C. Parekh 编，Cambridge: Cambridge University Press, 1968, 209—238 页，重印于 J. G. A. Pocock，《政治、语言和时代》（*Politics, Language and Time*），New York: Atheneum, 233—272 页。

证实这一点：因为我觉得在这个社会中，一位传教士、律师和和一个传令官记住的可能是不同的历史事实，他们记住这些历史事实的原因也不尽相同。当我们引入"民族"、"国家意识"和"民族过去"这样的概念时，情况就又变得复杂多了。"民族"是一个具有代表意义的实体，在这个实体之下聚集了各种各样的社会机构和社会活动，这些社会机构和社会活动很多具有自己的"历史过去"，同时，"民族"也将一些神话和具有代表意义的故事引向自身，这些神话或者故事可能拥有共同的过去，而这个共同的过去不一定与制度的过去相关联。因此，"民族的史诗"与"制度的过去"之间的区别十分重要，但这种区别并不绝对，因为有些制度的过去在构成史诗的过程中扮演着更加明显的角色。

那么，"英国"到底是什么呢？它到底拥有怎样的过去？换句话说，到底是什么时候，大不列颠岛上的这些居民，他们既不说凯尔特人的语言，也不是北部国王的臣民，那他们是什么时候有了"英格兰"这个共同概念的？这个身份概念既包括了他们所有人，也包括一段民族的历史。我强烈地感觉到我并不知道，也并没有多少人知道，应该知道并且的确知道的恐怕就是中世纪的那些人了。然而，了解伊丽莎白一世和詹姆士一世时期文学的爱国主义神话作者的民族性也很重要。[100]比方说，到底是什么时候、又是什么原因让他们觉得自己很希望写一写关于"英格兰"的事情的，又是什么时候他们开始渴望写一写"大不列颠"和"阿尔比恩"的事情的。

我之所以会提到这件事，是因为无论我们对于"大不列颠史"如何侃侃而谈，就算我们把自己看作"大不列颠史学家"，在威廉·坎登前现代英雄般的工作之后（当今人们将他视作那个时代的伟人之一），再也没有人能写出有价值的"大不列颠史"。① 培根的的确确曾向詹姆斯六世和詹姆斯一世提议过，既然两王合二为一了，那么两片领土上各自的历史也应该放到一起。② 但是，实际实施的内容要远比培根提议的少得多。从那以后的"大不列颠"史的特点，被笛福用几句话简洁地概括如下：

> 寂静的国度不知不觉中衰落了，
> "英国人"成了所有人的名字。③

　　然而，英国人国家意识中的优越感和概念上的帝国主义，的确意味着，一个自给自足、由此也更加清楚的研究领域形成了。因此，接下来我们这篇文章的焦点将放在英格兰上，而且我们文章更多建立在我称之为"政治思想的时间维度"衍生出来的诸多民族和历史意识（在此，consciousness 用了复数，是经过深思熟虑的）上，而不是民族神话之上。

　　接下来我想说明的是，这种意识，或者说"意识模式"，是以两种形式出现的，或者说可以从两个角度来看待。第一种是严格制度化的形式：行为、亚社会和社会制度将它们的持续活动和存在保留在一种由图像自身构建成的过去中。行为、亚社会和社会制度之所以会得到保留，是为了让当下制度的持续存在和

---

① 这样一段历史大概描绘了不同民族和文化的共存和互动，这些民族和文化在毗邻欧洲西北部的大西洋群岛时不时地存在着，并且在超过其海域的地方衍生出了不同文化。把这个问题单独留给英格兰人太过严肃了。

② Francis Bacon，《亨利七世王朝史》（*The History of the Reign of King Henry VII, by Francis Bacon*），F. J. Levy 编，Indianapolis: Bobbs Merrill, 1972, 附录, 255 页。

③ 《真正的英国人：好色之徒》（*The True-Born Englishman: A Satyr*），London, 1701, 364—365 行。

活动合法化。这样做的结果是,即使合法化和持续性的模式不是全部,但也至少在很大程度上由仍受质疑的机制活动推断而来。

在都铎王朝时期的英格兰,教会、法律甚至没那么重要的英国纹章院,都有可能被发现拥有制度化和自己使自己合法化的过去。但我们可以看到,由此产生的意识模式也因此进入民族神话当中,[101]并且给这些神话抹上了意识模式的色彩,当然意识模式也带上了民族神话的色彩,各个模式之间也会相互影响。同时,所有一切(包括民族神话)也都保持高度制度化的自给自足,与其他事物明显区别开来。

第二种时间维度与第一种比起来倒没那么制度化,如果把它当作现在时态下发生的而不是完成时态可能会好一些。我们可以通过以下方式确定这种模式:问一问这些模式以什么公共领域和范围为先决条件,搞清楚这些行为结构需要什么样的时间模式。加入一个社会已经将其所有的行为模式都制度化到一种可以比较的程度,第二种方式确定下的时间维度当然就会和第一种一样。但是,我们如果发现对于制度化结构而言边缘化或者其外沿的行为概念,或者如个体演员表演出来的那样,先于任何制度存在的行为概念,这也是可能的。这种情况发生的时候,我们已经从偶然行为结构的角度确定了历史的概念化。

对于我们关心的那个时期,有两个极端的限制性案例:首先,唯信仰论的圣人的行为,通过与整个世俗机制对抗,或者完全不顾及这个结构,从而直接与神灵进行个人接触,他们的行为因此获得了某种合理性。第二种情况是,马基雅维利或者霍布斯哲学的个人,他们的行为在之前存在的结构中找不到任何制度上的支持,因此只好以政治行为本身的力量——马基雅维利式的"古董"或者霍布斯式的"机制"——使他们的所作所为合法化。上面所说的这两种情况每一个都会产生一种时间维度,并且,正如你所预料到的那样,他们之间差异十分巨大。

接下来我将采用这些宽泛的分类模式中的第二种来作为解释和分析的工具。这样做之所以看起来很方便,原因如下:第一,第二种模式允许我们从没那么制度化的层面过渡到稍微制度化一些的层面,因此,第二种模式可以用一种包含第一种模式的方式来处理。16和17世纪的英国人虽然在认知和行为模式上非常保守和传统,但他们同样可以做出非常激进的行为。而我采用的模式可以让大家看到他们分裂思想中的时间维度之间的关系。

第二,选用第二种模式让我有机会能向大家推荐并使用一种能够覆盖两种分类组合极限的方式。之所以能达到这个目的,是因为,我们能够确定近代早期或者中世纪后期英国人的思想能够将历史作为偶然时间结构来处理。也就是说,他们只能通过把世俗时间归在以下三个概念之一下,从而感知其中的内在序列(sequence):[102]第一是惯例,由此产生了作为制度化传统或者习俗维度的时间;第二是气度,时间在气度上是作为天意、语言和末世论的维度出现的;第三是运气,它是所有偶然时间的维度。①

政治行为因此可以被视为作为个人所做出的,只不过这些个人是制度化的动物,还保留一些传统习俗,或者说因为优雅气度而神圣化的个人,亦或是在偶然或者行为的地上空间冒险的

---

① 关于这一模式的其他论述,见《政治、语言和时间》,81—85页,以及《习俗与优雅,形式与质料:马基雅维利"创新"概念的一种解读》("Custom and Grace, Form and Matter: An approach to Machiavelli's concept of innovation"),*Machiavelli and the Nature of Political Thought*,M. Fleisher 编,New York: Atheneum,1971,156—159页。

非法动物。每一种感知模式都会带来相应有时间维度的行为范围。上面所说的三个概念,无论在原则上还是在实践中,没有哪一个完完全全与其他两个隔绝开来。个体在时间上的行为是多维度的,因而时间本身也是多维度的。这当然与激进主义和保守主义的混合(有时也与它们的分离)有关,这里所说的"保守主义"在英国人的政治自我认知和行为中是很明显的。

第三,我推荐的这一模式还有另外一个优点,那就是,它能让我们直接解决英国人平民意识中的问题。唐纳德·汉森在最近的一部作品①中定义了这种平民意识:这既是一种他自身作为一个政治和公共人物所具有的意识,也指他意识到这片公共领域能够作为自己的行为范围。但是,汉森接着说,这种平民意识直到 17 世纪 40 年代才慢慢出现,因为一直到传统体制崩塌之前,英国人的思想一直被他称之为"双重王权"的思维奴役着。这体现了一种治理方式,它来自国王的权威,或者由人民产生的特权和自由。当个体无法将自己作为公民角色概念化的时候,两者在概念上是不相容的。当双重秩序无法融合,个体被迫为自己的行为作出解释的时候,一种创伤便以某种方式出现了,这种方式在某种程度上跟汉斯·巴伦的"积极的生活"(vita activa)与"平民生活"(vivre civile)针对中世纪高潮时期等级观的革命类似。② 英国人的平民意识"反中世纪"化了,并由此出现。

汉森的说法在某些层面是有用的。[103]权威分量下降与自由分量上升的二元性的确如他所说抑制了思想。而且,第一

① 《从王国到联邦:英国政治思想中公民意识的发展》(*From Kingdom to Commonwealth*:*The Development of Civic Consciousness in English Political Thought*),Cambridge,Massachusetts:Harvard University Press,1970。

② Hans Baron,《意大利早期文艺复兴时期的危机》(*The Crisis of the Early Italian Renaissance*),修订版,Princeton:Princeton University Press,1966。

次内战和伦普联邦时期很多学术上的回应，是在二元性崩塌的情况下，一些人被迫做出的。但是，我认为，我目前所参与的建模会向大家表明我的看法：汉森所定义的平民意识以"双重王权"无法有效排除的形式出现。典型的都铎王朝时期的英国人，会把英国当作一个权力结构，而不是行为领域；他们会通过时间将其持续性看作权力的转移，而不会将其视为个人平民行为模式的转移，这些都是有可能的。

我们必须对这种可能性保持警惕。但是大量证据和新的解读都表明，在近代早期，个体对自己作为社会存在和政治参与者（无论是人文主义的参谋还是清教圣人、激进的战士还是辉格党人、传统公民还是议会代表）的意识在不断提高，也由此带来了政治思想结构方面的变化。同时，我认为还可以看出，以不同形式出现的平民意识大爆发，不仅先于内战，而且促使了内战的开始，而并不是汉森所说的那样，平民意识的发展仅仅是内战的结果。即使人们认为霍布斯哲学的追随者在世俗上帝的权威之下将其社会生活私人化，霍布斯的语言也是有意识地保守性的，他说的话也在试图挽救在他看来过分的政治激进主义。

因此，至少在伊丽莎白一世和詹姆斯一世时期，我们可以冒险强调一下这些形式的社会和历史意识：它们建立在个体对自己角色的认知上。同时我们也要对那些以权威系统的时间迁移为基础的意识保持警惕。在我之前提到的模式当中，将习俗和惯例作为应对偶然时间的方法，有助于填补两者之间的鸿沟。因为，我认为，作为传统习俗继承者和发扬者的个人，不仅仅是一个"传统"的动物，用中国人的话来说，应该是既是创造者又是传递者。

但是，我们中的大多数人都会说，在我们的时期，英国人文主义者最先将自己视作高级权力城堡之外的世俗政治存在。然而在定义与解析时遇到的问题还没有得到解决。亚瑟·B.费格森的《口才良好的公民及英国文艺复兴》①在解决上述问题时,对我的启发很大,因为他从参谋思想演化的角度来看待英国的"平民人文主义"(我知道用这个术语可能会有人有疑问)这个问题。[104]费格森通过托马斯·斯塔基、托马斯·摩尔还有托马斯·史密斯,追溯了参谋官在给君主提供建议时所采用的不同技巧、功能和道德责任。后来,参谋官自己变成了政治存在,就像公民一样。这片领域也变成了世俗和道德意义上的参谋领域。即使费格森察觉到,在史密斯之前,人们就开始意识到,这片国土会在世俗时间内自我发展与完善,他也没有说明,他所研究的思想家之间的血缘关系会产生英格兰的历史图卷,或者是一种独特的历史书写方式。

　　一个批评家,假如他很希望强调费格森所展示模式的另一面,他可能会说,参谋官的道德在大多数人的心里还是至高无上的,他们的道德也可以确保英国历史的人文主义表现形式被一些文学重新吸收。这类文学包括:描写君主兴衰的《文官之镜》和编年史戏剧。这些文学作品本质上还是道德的,具有基督教属性,里面充满了运气、天意以及七宗罪的画面,其中的转折也与作为回应和程度的"秩序框架"的人类宇宙的非历史表现有关,上述这些我们都知道。② 这样的批评家甚至还可能会将这些现象与人文主义参谋官变成中间人的趋势联系起来。这样的

---

① Durham, North Carolina: Duke University Press, 1965。

② 最新的关于这个主题的表述见 W. H. 格林立夫(W. H. Greenleaf)的《秩序、经验主义与政治:英国政治思想的两大传统,1500—1700》(*Order*, *Empiricism and Politics*: *Two traditions of English political thought*, *1500—1700*), Oxford: Oxford University Press, 1964。这本书出版后,关注焦点转移到了伊丽莎白一世和詹姆斯一世政治思想中没那么阶级化、更灵活的层面上。也许重新评估这个问题的时机成熟了。

批评家还可能会从卡斯蒂缪内到埃利奥特道德的角度来行动，无论是公共领域中的公共行为，还是作为上述所有事情时间维度的历史，这类批评家都无法传递相关的图像。

我们必须指出，对于每一个成功变为中间人的人来说，会有更多的人带着愤怒的情绪解甲归田，回到伦敦或者萨夫伦沃尔登，开始为一个异化国家①的意识形态奠基。然而，目前为止，所有将都铎王朝晚期人文主义者基于朝廷和国家区别进行分类的尝试，结果都不理想。而且，这些尝试的设想本来就错了。在历史议会法案意义范围内看那些被当作人文主义者的人，然后将他们按照朝廷还是国家的属性分类，本来就是错误的。[105]就英国人文主义变成参谋官意识形态的程度（这个程度已经非常深了），仿佛存在着这么一个"剧场"，在这个剧场中参谋官与向参谋官寻求建议的君主多有不和，人们会先向君主提供建议，然后再反对君主，以此来增强自己的影响力，并寻求上升的机遇。记住这样的"剧场"成为、或者说逐渐成为了国会，就像它曾经是朝堂一样，难道不好吗？

在这种反朝堂趋势中，一种意识形态慢慢形成了，这种意识形态出现在那些探索自身矛盾性的参谋官身上：这种意识形态有关于议会特权的，有关于古代宪法的，还有关于习惯法的，这些习惯法是远古习俗的统一体，包含了这片土地上各种各样的制度。从议会和律师学院开始，这种意识形态从所有议会和乡村的上流人士身上流露出来，这些上流人士越来越自觉了；对于在自觉意识成长的每一阶段都很活跃的律师和古文物研究者来

---

① H. F. Kearney，《学者与绅士：大不列颠工业革命前的大学与社会，1500—1700》（*Scholars and Gentlemen: Universities and society in preindustrial Britain, 1500—1700*），London: Faber, 1970, 34—45 页。

说,说我们有英格兰真正的乡村人文主义者也是没有问题的。用这样的术语来说描述他们,的确会让人产生疑问:他们土生土长的学习方式,为什么能够说是由人文主义的学术运动而来?但是,我们有理由相信这个问题是可以回答的。

我们说与布尔日和巴黎的大学者比起来,还存在法律人文主义的英格兰学派,这是有优势的,而且这种优势不容忽视。说得更宽泛一点,我们提到人文主义时,一种意思是,世俗社会文献和制度有意识参与的理性与学术表达。另一层意思是,在君主的领域内,有些人在政府内的活动被参谋官对君主的角色表现强化了,这些人的意识形态被称为"人文主义"。在任何情况下,法律的历史研究者,都是以一种专行(普通法)、一类政治群体(下议院及其选民)、一个社会阶层(乡村贵族)的思想理论者的身份进行研究的。因而他们的思想可以非常有力地影响上述三者的文化。

古代宪法的信条是英国政治社会时间维度的第一个权威表达,我的分析思路引导我去分析这样一个政治社会,尽管我也不确定在历史时间上古代宪法的信条还是不是英国政治社会时间维度的第一个权威表达。另外,我还要说明的是有意识的政治活动模式的时间维度。如果没有从普通法法院程序和范例角度出发,指出其中的重要思想是习俗和惯例,那么将其视作向议会贵族活动模式的过去的概念延伸,进而取缔,就是肤浅的。它将英国的过去以传统习俗远古持续性的方式呈现出来,这些习俗随着时间不断变化,始终得到保留,[106]由此成为文明人中传统哲学和传统主义最伟大的代表——我相信,只有古代的儒家思想可以与之比肩,或者说超越它们。

在塞尔登或者黑尔的手中,这些承担着一定概念复杂性的传统提醒着我们,传统主义不仅仅是单向的对传统的接受。在某种程度上我们被误导,是因为最近在社会科学家中有一种很普遍的习惯,他们将"传统社会"当作现代的对立面,当作"现代化"的前奏。但是,保守主义哲学家和社会思想的史学家们会告诉我们,对传统的保留是一种活动,也是一种倾向,而不仅仅是一种接受的姿态。在 17 世纪的"具体的人"看来,那些背负着传统的社会个体,在接受、记忆、提炼和传承这些惯例,他们能解读、批评、拒绝甚至将其进行虚构。这是公众行为的一种模式,作为法律结构的领域就是他们的"角斗场",这个领域拥有一个共同的习俗;远古的过去就是它的时间维度。

我在别处为这种思想模式的存在提供的解释是结构性的:①普通法法庭是一个可以自由保有地产社会的既有组成部分,其假设深藏在英国人的社会意识当中。因为我们将社会假定为一个法律结构,法律假定为习俗,而习俗可以假定为过去,因此可以说,社会结构中没有什么是不可以被认定为属于过去的。我依然相信这个解释在其范围内还行得通,但它无法说明为什么在 16 世纪很难找到古代宪法的信条,而在 16 世纪末的时候这种信条却非常普遍。

换句话说,对于古代宪法信条的产生,有没有什么与结构性解释相对的发展性解释? 通过强调议会贵族意识在进入诉讼、教育领域、官方机构和议会的时候得到了扩张,以此来克服上面遇到的困难似乎行得通。但是,还存在着另外一种时间意识维度和一种新的历史意识形态,这种意识形态随着法律复古主义发展起来,而且从多个方面看都与之交错,因此,两者必须放在

---

① 《古代宪制和封建法律》(*The Ancient Constitution and the Feudal Law*),Cambridge:Cambridge University Press,1957;New York:W. W. Noton and Co.,1967,第二章,30—35 页。

一起看待。除了民族启示文学之外这什么都不是。除了古代宪法之外，建立一个选举国家也是必要的。

　　在《圣人的革命》①一书、也就是七年前的卓越研究中，[107]沃尔泽将加尔文教派的知识分子——胡格诺派教徒和清教徒——描绘成最早被疏远的激进分子，同时也是近代最早深信自己在上帝面前很孤独的人。沃泽尔还为自己构建了一个社会，他将自己与这个社会制度和传统的分离描绘成一种宗教体系和一门学科。这个所谓的"学科"本质上只是一个激进分子的活动项目罢了，只有用对于一些个体合适的术语才能完全理解，这些个体是以相互之间的完全分离为基础联系在一起的。

　　有些史学家总是觉得（包括我在内），沃尔泽给清教徒性格其中一面提供了令人满意的解释，但还有其他方面他并没有说透。比如，沃尔泽极力避免将自己的分析延伸到内战联合联邦时期的分裂主义者和宗派主义者身上，这些分裂主义者和宗派主义者的极端主义与沃尔泽给古典加尔文主义者赋予的简朴的禁欲不同。他们十分好战，试图重建社会体制，但是在尝试的过程中他们遭遇了极端贤者的抵抗，这些贤者与他们一样极端，只不过这些贤者是在尽力维护现有制度罢了。

　　沃尔泽也没有探究这些年或者早些时候，英国国教徒和清教徒所有派系的千禧年特征。英国的独立者对于苏格兰、荷兰和法国的加尔文主义者来说十分难以理解，而且还很可怕，就像他们对于路德派和天主教徒一样难以理解一样，其部分原因也是千禧年特征。虽然这在英国清教徒的身上一点也不典型，但

---

① Michael Walzer，《圣人的革命：激进政治起源研究》（*The Revolution of the Saints：A study in the origins of radical politics*），Cambridge，Massachusetts：Harvard University Press，1965。

是沃尔泽的圣者跟随着加尔文自己失望地拒绝了几个确切的千禧年期望。现在,在我之前提到的模型当中,天启是解决偶然事件问题的一种模式;后者之所以可被理解,是因为将其与偶然事件或者人划上了等号,这个偶然事件或人在教规或者非教规的预言中得到了预示。

换句话说,世俗的东西被天启同化了——那些专注于世俗事务的人很容易采用这种方法,这样的话,他们很愿意用神圣的历史来解释。考虑到英国清教徒对天启非常着迷,那么他们的性格中是不是有一方面与世俗秩序有很大关联,其程度之深就像沃尔泽研究的那个层面与之分离那么严重? 或者这就是他放弃探索的那个问题的答案:为什么革命独立主义会分裂成保守者和激进者两派? 与《圣贤的革命》同时及之后还出现了一些作品,都在探讨这个问题。无论这些对沃尔泽的观点产生了什么影响,它们都开启了这个时期英国史学思想的一个新维度。

威廉·哈勒的《福克斯之书:殉道者与选举国家》①是这一方面主要的研究成果。威廉·哈勒指出,福克斯的历史是玛丽一世放逐的产物。[108]这些被放逐的人并不像沃尔泽描述的那样是边缘化的个体,也不是诺曼·科恩《千禧年的追求》②里那些向上层移动的偏执狂。相反,他们是统治阶层中有学识有才能的那部分人,对于权力结构中的法律权力有着很高的期望,而且他们认为这个权力结构完全合法。③ 作为清教徒,他们

---

① 　New York:Columbia University Press;London:Jonathan Cape,1963。

② 　这部著作作于 1957 年问世,探讨的主题是"千禧年说",这是中世纪某种社会激进主义的现象。由于科恩在近代并没有领导大家恢复对千禧年主义任何分支的兴趣,因此,这么多后来的作者——包括拉蒙特和我在内——都觉得有必要指出,千禧年主义,或者说天启思想模式,可能既可以在保守主义者也可以在激进主义者的文本中找到,这可能是不公平的。科恩教授并没有试图去说服我们。

③ 　Haller,《福克斯之书》(*Foxe's Book*),伦敦版,85 页。

拒绝圣礼教会成为基督教徒主体(共同体在时间上真实存在,否则就只能存在于"永恒"之中)的诉求。这让他们把教会看作一个群体,这个群体里的人始终都真诚希望能完成预示着时间尽头的拯救。但是由于他们相信在英国虚假的教会已经由法律系统剔除掉了,而英国各种各样的原始历史和编年史总是在告诉我们,曾经存在着这样一个"帝国",他们也就不得不相信,在真正的教会和合法化的帝国与民族之间,存在着高度的相似性。

帝国和民族在真正的教会与反基督人士之间的斗争中占据着某种位置,或者说还发挥了某种作用。在基督升天和回归之间的这段时间里,反基督人士占据了一定优势,这跟天启预言有关。但是民族在这方面必须像一个拥有自己过去的制度和历史结构一样,也许就跟制度持续性——古代宪法的时间维度差不多。因此,在福克斯的《行为与纪念》一书中,福克斯为天启时间提出了一种新的结构,这个结构中,英格兰这个选举国家,以其独特历史成为了对抗反基督过程中的主要角色;而反基督人士自己,本应该是在时间结束之前宣布基督已经回归的恶魔和骗子,却被描绘成了教宗,不过这个教宗同样欺骗了大家,告诉大家上帝一直都在所有神圣的东西当中,教堂就是上帝的躯体。

人们总是将历史覆盖在真实的存在上,作为拯救基督徒的主要方式,英格兰在历史上一直被作为这个真理的具体体现,从某种意义上来说,也是历史的体现。福克斯的朋友约翰·贝尔,在其之后还有福克斯的上级马修·帕克,创作了新的民族史诗。在这部史诗中,亚利马太的约瑟、康士坦丁、威克利夫和伊丽莎白一世提倡英格兰从罗马教廷中独立出来,英格兰才是真正教会的标准和选举国家。[109]制度上的连续性与天启的独特性结合起来。上帝第一次以自身的方式出现在英国人面前。①

　　到底什么样的平民行为模式才算得上是时间维度呢？看起来沃尔泽式的圣人不是，而上帝的英国人的模式才是：一片世俗领土的主权和帝国独立性不仅仅是一种标识，还是一种选举的模式。这样一片世俗领土居民的行为模式才算得上是时间维度。在这里可以引用别人的资料作为依据。首先，福克斯式的天启是参与世俗机制的结果，而不是脱离世俗机制的结果，这一点十分清楚。我们还应该记得，能将世俗时间神圣化的天启，总是必须通过将拯救过程注入我们称之为"世纪"的时间，从而在反面将神圣的东西世俗化。因此，从某种程度上可以说，将英国清教主义和与之关系密切的加尔主义区别开来的天启和千禧年符号，其实是英国人世俗和制度化民族主义的产物。古代的制度虽然无法产生国家选举这一制度，但能使人们觉得选举的的确确属于这个国家。第二，历史上世俗生活的自治权和自我统治的能力是英格兰独立于罗马司法、具有宗教纯洁性的标志，特别地，在英格兰，世俗生活自治权和自我统治能力还是英格兰与反基督人士对抗的标志。

　　由此，一种历史相对主义便在民族主义者的反罗马主义言论中出现了。他们宣称，他们的独特性是这个受到质疑的国家及其在世俗时间中存在的产物，民族制度的主权便因此加强。而对于法国，凯雷曾探索过高卢主义和历史相对主义原形出现之间的关系，②他将帕斯奎之前法国制度的交互描绘

---

① Levy，《都铎时代的历史思想》，76—123 页。

② Donald R. Kelley，《近代史学研究基础：法国文意复兴时期的语言、法律和历史》（*Foundations of Modern Historical Scholarship：Language，law and history in the French Renaissance*），New York：Columbia University Press，1970，151—182，261—263，296—299 页。

成一种民族自我形成的过程,这个自我形成的过程与国土之外的条件和机构无关。这么复杂的东西在英国是不可能发展起来的,因为普通法与其远古性的假设对英国人头脑的束缚太强了。

然而,我们可以这么说,也的确有人这么说过:民族的制度无非就是一些习俗惯例,它们是英国人民的历史和生活经验流传下来的,体现了英国人民骨子里与众不同的地方,也体现了他们的能力,能将制度演化直至他们自己感到完全满足,"就像一只在自己编织的茧中蠕动的蚕"。① [110]这样来看它是如何进入福克斯天启的语境中,并且让独特性成为上帝选举的更深一层特征,就会容易许多了。英格兰人跟以色列人一样,是一个特殊的民族。

拿英格兰人和苏格兰人做个比较吧。苏格兰人也有非常强烈的意愿,想向世人宣告自己民族的特殊性,但没有英格兰一样的普通法,也就没有关于古代宪法的神秘感了。这就好像如果没有法国议会那样协调的司法制度,就不可能有与高卢人的历史类似的历史了。那么,这是不是说,如果苏格兰民族历史在上帝选拔方面没有什么神秘的,也就不存在与福克斯式的天启类似的东西?②

习俗与气度、古代宪法与选民国家之间时间维度的互动,为我们了解英国历史自身形象化的发展提供了诸多线索。古

---

① 戴维斯爵士(Sir John Davies)曾就 1614 年这样写道。引自 Pocock,《古代宪制和封建法律》,32—34 页。
② 这是华盛顿大学亚瑟·威廉姆森(Arthur H. Williamson)在一篇还在写作中的博士论文中的发现。这篇博士论文的名字是《敌基督者在苏格兰的角色:恶魔的意象及对一个民族的过去的探寻》(Antichrist's Role in Scotland: The Imagery of Evil and the Search for a National Past)。

代宪法的文化是法律人文主义的一种形式,它拥有某种人文主义者的能力,能通过严格的学术化探究方式,产生自我批判的独特方式。詹姆士一世时期的古文物研究者,他们带着一种非常严肃认真的热情,去探究远古习俗和宗教民族主义的过去。这些古文物研究者在内战之前就研究毗邻的欧洲法律和语言,与欧洲大陆的同仁们互相沟通,从而得到了以下发现:英格兰历史上曾经大量引入其他地区的封建制度,之后慢慢地,这些制度要么因为与英国主流习俗不符而被排斥,要么慢慢地融入了英国主流习俗。

这一发现的意义当然是具有革命性的,而且这一发现在其他地区也有人知道。① 意大利佛罗伦萨的古典主义人文主义者认为,中世纪的"粗俗"(volgare)完全是自治性的,是它们自身条件的产物,在古典惯例下也不会被削弱。② 詹姆士一世时期古文物研究者发现的意义可以与意大利佛罗伦萨古典人文主义者的发现相比较。但是,虽然人们意识到英国历史并不是自身独立的,而与欧洲有部分关系,这一后果长期来看可能会让英国显得比较独特,但是当下会立即产生的效果是,英国自己现存体制的合法化会受到挑战。基于历史批判独立性的历史观点在部分程度上也带有相对主义的色彩。

[111]由历史批判所揭露出来的过去只为自己而存在,并不是为了帮助之后的实践提供合法化的依据,因此我们可以得出结论,历史上任何时候的政府都不是完完全全合法的。我们要通过无关合法化或者目标并非合法化的方式来理解过去,国家意识也许需要带上一种自我批判的新维度。这就带给我们一个有意思

---

① Pocock,《古代宪制和封建法律》,第四章和第五章。
② Baron,《危机》,第十五章。

的问题,这个问题的答案还没有完全被人解答出来,而且可能藏
在克顿先生生命历程中的某个地方:在多大程度上,在詹姆士一
世时期那些掮客腐化的头脑中,一段包含着非法封建主义元素的
过去,会和塔西佗和马基雅维利理解政治的模式,恰好同时出现
呢?别忘了,塔西佗和马基雅维利理解政治的模式,[1]其时间维
度肯定不会是一直没被打断的合法性之一。

　　这样看来,似乎是罗利和培根最先提出了以下观点:都铎家
族的第一批人摧毁了贵族的军事权力,让他们在议会中与下议院
的议员面对面,从而改变了英国的政治结构。这个观点将可能被
称为"封建主义"的理解与可能被称为"马基雅维利主义"的元素
结合起来。

　　这种秩序历史意识的变化,由批判学术研究中相对自主的
运动产生,这种变化很难与国家意识中的变化联系起来。我们目
前发现,在古代宪法和选民国家这一对主导的历史意识模式关系
中,存在着一种危机,这个危机是拉蒙特[2]在 1641 年左右研究发
现的。他发现,激进的清教徒从福克斯的天启逐渐倒向了布莱特
曼的天启,而且这些激进的清教徒宣称,英国国教,虽然是依法建
立的,却仅仅是"劳狄斯"(在《启示录》的第三章中被认为是一个
十分冷漠的人)的教会。他们还宣称"费城的教会"虽然权力不大
但是依然保持信仰,这个教会实际上在别处,在苏格兰或者是新
英格兰,甚至在未来。[3]

　　费城,虽然仅有一点残留,却经受住几个世纪以来异端天启

---

① Levy,《都铎时代的历史思想》,250—274 页;《亨利七世》简介部分,40—53 页。

② 《马基纳尔·普林》(*Marginal Prynne*, 1600—1669),London:Routledge and
　Kegan Paul, 1963;《神圣统治:政治和宗教,1603—1660》(*Godly Rule: Politics
　and Religion*, 1603—1660),London:Macmillan, 1969。

③ 《马基纳尔·普林》,59—64 页;《神圣统治》,49—52 页。

的考验,因而成为了一种象征。费城在 14 世纪属灵派和约阿希姆的预言中建立,①[112]或许有人会好奇,佩恩头脑中的东西或许早就超越兄弟之间的友爱了。但是将英国国教归为劳狄斯式的教会并加以拒绝,虽然只是在大主教劳狄斯教堂高标准的压力下才会出现的情况,但是还会对像上帝选民的英国人这类人产生深远的影响。教会依照法律建立起来,抵制英国国教就相当于抵制法律。英国国教的存在维持了一个人至高无上的地位,所有福克斯式的跟随者都认为这个人是神圣的君主,他顽固地以劳狄斯或者反基督的形式维持着英国国教。假如这个君主不是上帝选派的,那么在这个选民国家中究竟是谁,或者说,究竟是什么呢?此外,劳狄斯大主教的冒犯行为,以及所有支持这些大主教的人们,宣称自己有法律赋予的权威,这种权威是从选民国家的世俗和天启主权而来。② 如果君主支持他们——或者说后来如果议会支持长老会神职人员依法提出的诉求,那么选民国家的权威就变节了,这便是自己否定自己了。但是法律、君主和议会的权威,每一个都挨个得到了否定,它们都拥有一段过去,这段过去是古代宪法过去的一部分。每一次拒绝都有必要否定一段过去并对其进行重写,因为天启时间的结构没有变化。

　　在对习俗与气度的关系,以及取决于两者的时间维度之间的关系探索的过程中,我们已经到了关键时刻,因为我们现在可以明白,一种历史上的唯信仰论是可能的,而唯信仰论本身,就像天

---

① 　Marjorie Reeves,《中世纪后期预言的影响》(*The Influence of Prophecy in the Later Middle Ages*),Oxford:Oxford University Press,1969,225,245—247,412—414 页;John N. Stephens,《中世纪和文艺复兴时期佛罗伦萨的异端》("Heresy in Medieval and Renaissance Florence"),*Past and Present*,Vol. 54 (1972),47 页。

② 　Lamont,《马基纳尔·普林》,14—23 页,书中各处都可见到这个观点。

启一样,既可能体现对世俗事务的参与,也可能体现与世俗生活的脱离。如果唯信仰论指的是精神从法律自由脱离的那一刻,法律被看作存在于"世纪"(saeculum)之中,那么先前一段时期对于法律的依赖就是符合逻辑的必然结果了。我们曾说过,英国人的天启之所以产生,是因为英国人沉溺于自己的法律和传统无法自拔,甚至将他们的法律和传统注入了自己对神圣事物的认知,重新改写了他们对神圣时代的历史,以融入他们的时间维度。

　　在我们所说的"费城时刻"中,那些被人们当作保护和体现精神自由的现存制度,它们的权威也不再够了。于是,精神开始重建制度,而且为了重建制度,便开始利用精神自身的权威,人们可能认为这与世俗时间甚至预言时间都没有关系。但是,除了个别情况外,即使是对最唯信仰论的灵魂,这两种时间结构,都依然维持着某种程度的权威,而人们认为唯信仰论的灵魂自由存在于被预言的拯救中,也就是说,在即将到来的新千年中。[113]虽然在很大程度上人们认为唯信仰论的灵魂自由存在于新生的或者重新被精神化的社会制度中,但是,这些在时间上拥有一致性和持续性的社会制度,只能通过不涉及重建的方式进行重建(不仅仅是推翻原有的时间维度),而且困难极大。由此,在千年(很多激进的清教徒希望到达或者宣称已经到达了)和前诺曼第或者前罗马教宗黄金时代(许多激进的清教徒会回望这一时期)之间存在着一种关系。人们或许会说,《人民公约》就是古代宪法的唯信仰论。

　　然而,即使是在其最理性的平等形式下,宗派极端主义的时间角度,一方面太过精神化、过于美满,另一方面也太墨守成规、固守传统,这样就难以出现关于英国历史激进的表述。我们可以想象,假如真的有类似的东西出现过,那么它本可以采用与英国异教徒历史高度类似的形式,以宗教历史的方式呈现,而且在这段宗教历史中,真相不停地由费城抗议者在一个永久性腐败的机构中宣布。① 选民国家的异教徒历史在展现英国历史时,会着重展现英国为恢复失去的天赋权利和拯救不断变节的自由灵魂所做的努力。但就目前所知,这类东西出现的并不多。关于内战和空位期英国历史的基本表述,来自一个不同的紧张区域。

1642 年,内战前夕,《国王针对议会十九个提议的答复》出现了,如果对其抱有错误幻想,会认为这是一个很重要文件,②因为该文件指出,英国制度是君主政治、贵族政治和民主制度的平衡,但是如果下议院议员不断提出新的要求施压的话,这种平衡便会崩塌。《答复》的作者在呼唤一种我们目前还没有讨论到的传统思想:这是一种古典的人文主义传统,它将平民社会看作城邦或者共和国内各种美德的平衡,这种平衡要么会保持完全的稳定状态,要么就会崩塌,要重新恢复平衡十分困难。这种传统思想始于亚里士多德,经过波力比阿斯、马基雅维利和其他意大利作家的发展,构成其时间结构的主要思想有:美德、平衡、腐败和财富。

构成其时间维度的主要思想是:共和国内公民人人平等,纯平民行动的结构,这些在英格兰还没有,也难以想象。[114]1642 年《答复》修辞学上的价值在于,它代表了国王、贵族和平民之间的权力划分是怎样平衡(这个概念大家也不是太熟悉)的。假如这种平衡遭到破坏,就会出现无政府状态。因此对君主政治而言本书就代表了平衡与秩序的维护者。

---

① 详见 Friedrich Meinecke 在《历史主义》(*Historism*)中对 Gottfried Arnold 的研究。该书是《历史主义的兴起》(*Die Entstehung des Historismus*)的英译本,London: Routledge and Kegan Paul, 1972,30—37 页。

② Counne C. Weston,《英国宪政理论和上议院》(*English Constitutional Theory and the House of Lords*), London, Routledge and Kegan Paul, 1965。

因此,在 1649 年之前,弑君罪的辩护者声称,英国的君主制度一直都是内战的原因,也使得继承问题多次起争议。但是,更重要的是,正如英国政治意识史上最引人注目的单一国家宣告一样,在那之前存在着一支军队,这支军队预备宣布自己为自由军队而不是雇佣兵。这支军队拿起武器,因为构成这支军队的个体通过法律和良知,效忠于王国的宗教和政治殖民。简单来说,他们手中的剑代表着他们有意识的平民行为,也是实施这种行为的工具。古典共和传统是个体持有武器的权利和意愿的平民能力基础的一种表现形式。

由此,我们可以在 1642 年《国王针对议会十九个提议的答复》与 1565 年哈林顿的《奥希阿纳》(该书算是后来为上述自由军队所作的辩解文)之间找出某种联系。[①] 哈林顿吸取了从培根和塞尔登那里发展而来的封建解析传统,他认为,从盎格鲁—撒克逊殖民时期到都铎王朝,英国一直被一种不稳定的贵族政治统治着,封建时期的人民一直依靠这些贵族,这些贵族与君主政治之间存在着某种永恒的非平衡关系。因此所有关于某项古代制度或者君主、贵族、平民之间平衡的讨论都是荒谬的。

英国从来就没有政治稳定这回事。但是,都铎家族剥夺了贵族的军事独立性,由此也削弱了贵族自身的权力。所有现存的东西只剩下拥有武装力量的不动产终身保有者的民主政体了,这些不动产终身保有者有天会重建古典的共和国,而且比过去国王、贵族和平民之间的平恒性更强。哈林顿现在构建了如下英国人的形象:有武器,自治,具有公共上的美德,有能力进入

---

① 　J. G. A. Pocock,《詹姆斯·哈林顿和往日的美好事业:哈林顿著作的意识形态语境研究》("James Harrington and the Good Old Cause: A study of the ideological context of his writings"),*Journal of British Studies*, Vol. X, no. I(1970),30—48 页。

平民关系中。哈林顿还给联邦赋予了一个合适的时间维度：一种创造、崩塌、重生又从循环中逃离，最后进入一个永恒的循环当中。平民人文主义的模式由此进入了英国政治意识。①

[115]哈林顿曾尝试为军事武装下的民主政体勾勒一幅蓝图，虽然这次尝试很快就失败了，但还是有一番前景的。1660年，重新恢复国王和议会在很多方面影响了英国人的历史意识。首先，人们从对所有事情都要严肃争论一番的"狂热"中挣脱出来，随之而来的是，人们对于宗教历史中英国的角色产生了天启和潜在的唯信仰论意识，英国的宗教历史在过去的一百年中影响极大。选民国家虽然没有了，古代宪法却得以保留。正如《国王针对议会十九个提议的答复》中所说的那样，我们可以用"古老惯例"或者"永恒平衡"之类的术语来描绘国王、贵族和平民之间的制度平衡。

因此，在1675年排外主义运动逐渐走向高潮的时候，有两个阵营的论战十分突出。一个阵营是下议院的议员们，他们重新站出来坚持维护自身的资深性和自治性。在17世纪80年代，也就是人们称之为"布雷迪争议"的时期，这些下议院的议员们惹恼了一群杰出的学者，这些学者动用他们对封建社会的研究来证明，无论议会还是普通法都在13世纪以后才出现。②

另一阵营最开始也是排外主义那帮人，他们做的事跟哈林顿有些类似，都尝试证明，既然没有封建贵族的支持，皇家权威也重新建立起来了，因此皇家贵族希望借助英国教会的圣职授予、摧毁议会和发展专业武装力量与财产独立对抗。然而，在这种局面下，上议院站在财富与美德这一边；古代宪法的意识

---

① Pocock，《古代宪制和封建法律》，124—147页。

② Pocock，《古代宪制和封建法律》，182—228页。

形态没有发生变化;不动产终身所有者(这些人因为手中有武器而依然保持独立性)的英联邦,并不存在于一个哈林顿式的千年当中,而存在于严重"去封建化"的高卢历史当中。① 通过强调封建历史来反对古代宪法只是托利党人的权宜之计。

然而,在威廉三世统治时期,各党派及其意识形态变换了角色。托利党不喜欢 1688 年的社会制度,这种情绪与一个乡村党的态度结合起来,由此乡村党对于政治管理和常备军队的厌恶变成了对于公共信贷和金融新举措的厌恶,而政治管理和常备军队都以这些新的公共信贷和金融举措为基础。始于 17 世纪 90 年代的金融革命,是英格兰银行和国债的基础,标志着英国人历史观的一个重要转折:这次革命第一次在世俗社会中引起了人们对现代化有意识的反抗。债权人靠着吃国家给他们的利息就可以生活,国家用这些债权人的钱来维持军队、官僚和收税官的开支。[116]这样的国家带上了"古典腐败"式的色彩。公民将自己作为自然政治动物能力的一部分,以及自己作为人的美德的一部分,都卖给了国家。

18 世纪大西洋两岸的英国人,因为逐渐脱离自己的公民和道德人格而痛苦,他们将这种脱离的趋势称之为"腐败"和"美德的丧失"。② 但是事实上,公民美德建立在一定程度的个人自治上,而这种自治性在斯巴达或者罗马式的严肃苦行中是无法实现的。公民美德还要建立在一定的社会和物质基础上,这种基础类似于哈林顿式的自由人,这样的自由人拥有土地和武器,因而一定能够参与到政府的活动当中。自由人目前为止似乎只在高卢历史中存在,那时候他无论走到哪里,都拥有对孤

---

① Pocock,《政治、语言和时间》,104—147 页。

② Pocock,《政治、语言和时间》,80—103 页。

立宪法来说很关键的东西。此外,不可否认的是,常备军和公共信贷建立在技术和商业创新之上,这些创新可被认为在封建时期末进入世界。拥有武器的自由人在跟历史潮流抗争,只有超越大西洋或者阿巴拉契亚山脉,这些拥有武器的自由人才可能重生。善良的事业在向西进发。①

当人们把历史定义为脱离道德、平民甚至自然规范的物质发展时,有些具有重大意义的东西就出现了,这些东西的含义比任何发展理论都要深远。如果有一种历史理论能为沃波尔和约翰·劳的世界正名的话,那么我们也可以说,商业和信贷的兴起可以说是为了创造财富,也为了创造新的道德和社会规范。但是,很容易被我们归为资本家意识形态的东西,的的确确是一种具有革命性的产物。资本家意识形态必须抵抗一种定义美德及其物质基础的方式才能存在下去,这种方式虽然已经固化且十分消极,却也十分重要。② 无论对"贸易女神"及其魔鬼般的姐妹"信贷"怎样唱赞歌,都不能改变以下事实:英国与荷兰不一样,拉·考特曾于 17 世纪 70 年代说过,荷兰是由于中世纪的商业复兴而产生的。③

但是英国必须被当作一个农业社会,[117]而且描述其英国

---

① Bernard Bailyn,《美国革命的思想起源》(*The Ideological Origins of the American Revolution*),Cambridge,Massachusetts:Belknap Press,1967;《美国政治的起源》(*The Origin of American Politics*),New York:Knopf,1968;Gordon S. Wood,《美利坚共和国的创立》(*The Creation of the American Republic*),Chapel Hill,North Carolian:University of North Carolina Press,1969。

② J. G. A. Pocock,《18 世纪的美德与商业》("Virtue and Commerce in the Eighteenth Century"),*Journal of Interdisciplinary History*,Vol. III,no. 1 (1972),119—134 页。

③ John DeWitt(即 Pieter De la Court),《荷兰共和国西弗里斯兰省的真正利益与政治准则》(*The True Interest and Political Maxims of the Republic of Holland West Friesland*),London,1702,46—51 页。我要感谢 John M. Wallace 帮我找到这份资料。

价值观和历史的农业模式也完完全全是乡村式的。为新商业主义世界辩护的宫廷辉格党对于其不利的历史采取了一种实用主义的怀疑态度。他们通过强调对过去的封建解读来攻击对"乡村派"古代宪法和高卢式自由的提倡。他们借用英联邦激进人士和布雷迪学派的言论来说明自由不在古代而在当下；他们监视着那些提倡过去的人，号召一种当下的实用主义。

毫无疑问，出现了一些这样的情况：辉格党人将做时代呼唤之事的固执意愿与自利和勤奋的商业价值等同起来。① 但是，要是尝试对历史进行商业解析，或者试图将历史作为土地、商业和政府管理之间的对话展示出来，我们便不会看英格兰的国家意识，而是会看苏格兰的国家意识。② 在这些革命之间的一个世纪中，我们最好将这个时期的英国历史和政治思想看成不断扩张的状态，渐渐成为大西洋周围各种文化的基础，只不过被美国内战打断了。由此产生的后果之一是，在伯克和边沁时期英国盛行的意识形态得到了修复。然而，所谓的"奥古斯都时期"，也就是沙夫茨伯里和沃波尔中间的半个世纪，一定是个分水岭，标志着政治文化从后中世纪转向了近代早期国家。

---

① Issac F. Kramnick，《博林布洛克及其圈子：沃波尔时代的怀旧政治》(*Boling-broke and His Circle*：*The politics of nostalgia in the age of Walpole*)，Cambridge，Massachusetts：Harvard University Press，1968。

② 关于苏格兰社会和历史思想风化的作品还有很多在准备中并没有完成。但是，可参见 Duncan Forbes 为他编辑的 Adam Ferguson《论公民社会的历史》(*Essay on the History of Civil Society*，Edinburgh：Edinburgh University Press，1966)和 David Hume《大不列颠史》(*History of Great Britain*，New York：Penguin Classics，1970)所写的引言；Giuseppe Giarrizzo，《休谟思想中的政治和历史》(*Hume politico storico*，Turior：Einaudi，1962)；David M. Kettler，《亚当·弗格森的社会和政治思想》(*The Social and Political Thought of Adam Ferguson*)，Columbus，Ohio：Ohio State University Press，1965；W. C. Lehmann，《格拉斯哥的约翰·米拉》(*John Millar of Glasgow*)，Cambridge：Cambridge University Press，1960。

第五章 俄罗斯

切尔尼亚夫斯基(Michael Cherniavsky)

[118]近代早期俄罗斯的政治文化和国家意识的兴起是一个会招致危险的话题,因为这会产生术语和语义上的陷阱,太容易产生时间上的混淆。"近代早期"意味着什么呢?"国家意识"又意味着什么呢?并且,要回答这些问题,我们很有可能会搜索到一些学术资料,这些学术资料正好可以用优美的文化历史语言来阐明,成为一个俄罗斯人意味着什么。

虽然我指出了这些定义的问题,但是我并不是要否认这些概念的有效性,也并不否认,不同文化之间这些概念的形式会有所不同。举个简单的例子,《罗兰之歌》中"富饶的法兰西"、13世纪诗人理查的颂词、圣女贞德的"亲爱耶稣的王国"都反映了一种意识,这种意识与法国大革命口号反映出来的意识不同,而只有后者,也就是法国大革命的精神意识我们都知道,法国大革命的口号与英国蒙茅斯的杰弗里、莎士比亚以及后来的吉卜林的精神内涵是一致的。

在早期俄罗斯社会中也闪现过类似的意识。但是在讨论之前,我要先点明分析的思路框架:假如用法国的例子来说,"富饶的法兰西"和"持有武器,城邦居民"都是意识的例子,只不过种

类和程度不同,那么我们解决的就是身份的问题了——既有集
体的身份,当然,不可避免地也有个体的身份。显然,人总是给
自己赋予这样或者那样的身份。因此,我们的问题是,要确定某
一特定时刻的自我身份认定标准,这些标准随着时间怎样变化,
谁的身份被表达出来,以及,在俄罗斯的情况下,个人和集体的
自我认同在哪一点上应该被认定为"国家意识"。

　　[119]现在让我简短地梳理一下三部文字作品中的中世纪
俄罗斯的国家意识(除了这三部作品,我们并没有太多其他作
品)。《伊戈尔远征记》创作于 1200 年,描绘了波里亚斯拉弗尔
的伊戈尔王对抗库曼人的历史,最终伊戈尔王战败,被库曼人俘
虏。伊戈尔为了"俄罗斯的土地"对抗敌人。他刚一战败,就有
人呼吁强大的基辅、加利西亚和苏兹达尔王为伊戈尔复仇,要打
败库曼人,守护俄罗斯土地,维护其荣耀。在《伊戈尔军队的故
事》中,诗人为伊戈尔王战败、并因此让库曼人夺去俄罗斯人的
土地而心痛不已。

　　当伊戈尔王逃脱的时候,诗人将其称为"俄罗斯土地的欢
欣"。到底什么是俄罗斯的土地? 它是政治实体,是基辅、切尔
尼科夫以及波里亚斯拉弗尔的世袭三角(在俄罗斯早期就相当
于法兰西岛),但是,俄罗斯的号召力及其情感上的影响力已经
超越了政治国界,向东北部延伸,一直到苏兹达尔那里新的政治
中心。而从另一个方向来看,俄罗斯的影响力延伸到了喀尔巴
阡山脚下的加利西亚。俄罗斯的影响力和号召力十分明确,由
君主定义,也就是居住其中的人,他们是"俄罗斯的君主",还有
那些虽然在政治国界之外,但是作为君主,依然保留着他们的
"俄罗斯君主"身份。这首诗是一首君主的史诗,它描绘了一种
身份——俄罗斯土地,这片土地属于一个部族——留里克的后
人们,俄罗斯的君主,他们同属于一个家族。

13 世纪晚期的《俄罗斯土地毁灭的神话》表达了作者对于俄罗斯东北部被蒙古人征服的悲痛之情。《神话》，准确地说，应该是留下来的遗稿，开头充满了感情："哦，俄罗斯的土地，带着明艳的明亮，散发着美艳的美丽!"的确，这片土地风光旖旎：湖泊、森林和河流。还有这片土地的人民：杰出的君主、高贵的特权贵族和许多伟人。"啊，俄罗斯土地上的人们，充满了对东正基督教的虔诚信仰。"俄罗斯的土地从匈牙利人和波兰人那里一直延伸到北冰洋，向东到达伏尔加河和突厥人居住的地方。"所有这些只有上帝能制服"，而拥有这一切的俄罗斯能让世界颤抖，包括"蓝色大海对岸的日耳曼人"和君士坦丁堡的拜占庭皇帝。

我们可以表示"俄罗斯土地"这一概念的变化及其稳定性：俄罗斯土地仍然由君主们认定，但是现在已经得到扩展，将贵族政治包含在内，也被用来衡量和确定其统治者的身份，也就是一直到弗拉基米尔·莫诺马赫的这些君主，他们在战争中一直保有自己的土地。在这个《神话》中，俄罗斯土地有了另一个标准——东正基督教。它的范围是由宗教认同感定义的。

[120]现在，我会跳到 15 世纪早期和《顿河彼岸之战》上。简单总结一下，这个故事讲述了 1380 年俄罗斯人在库利科夫战场上，越过顿河，击败了鞑靼人。当时俄罗斯人是由莫斯科的德米特里·顿斯科伊大帝（这个称号是因为打了胜仗得来的）带领的。德米特里·顿斯科伊大帝和他的表兄弗拉基米尔充满了勇气，要为"俄罗斯的土地和基督教信仰"而战。这将是一场艰难的战争，贵族男人的妻子们为他们的丈夫掉眼泪，担心他们会"为了俄罗斯的土地，为了神圣的教会，为了东正教的信仰而抛头颅洒热血"。但是，这场伟大的战役一定要打，所以，俄罗斯的君主们"像鹰一样"聚集在一起，德米特里把他们称为"亲爱的兄

弟们,俄罗斯的君主,伊凡一世的唯一巢穴"。

《顿河彼岸之战》十分复杂,很明显,我选择的都是符合我们讨论主题的篇章,但希望没有过分曲解。我们这里讨论到的对俄罗斯土地的意识,越来越接近东正教、基督教。人们通过教会、或者说信仰来辨别对俄罗斯土地的意识。人们愿意为之拼杀、为之牺牲,是因为这是上帝的领土。换句话说,我们在这里看到的国家意识的发展,与中世纪的西欧是一样的:人们将自己的土地等同与上帝的土地(神圣的土地,十字军)。因此,他们也将为祖国的牺牲等同于为上帝或者基督而牺牲。但是,祖国的概念还是十分具体的,它在很大程度上指的是俄罗斯君主的继承。

人们在为信仰和上帝作战的同时,也是在为自己的财产而战。这并不冲突,因为"祖国"的概念在很多方面都包括了贵族政治。在大多数版本中,我们都得到了一份名单,上面包含了所有在库利科夫作战并丧生的贵族名字,他们是为了俄罗斯的土地而牺牲的,也是为了东正教的信仰而牺牲的。对于俄罗斯土地的意识,以及这种意识产生的认同感,覆盖到了更广泛的群体。

俄罗斯领土的焦点现在也已经转移了:既不是基辅也不是苏兹达尔,而是莫斯科。现在莫斯科的君主带领着俄罗斯民族,莫斯科规定了所有俄罗斯君主的身份和地位。德米特里把他们都称作伊万一世的巢穴。伊万一世是莫斯科的君主,他也成为了俄罗斯东北部的君主,成为莫斯科君主王朝的第一任帝王。在这里,身份认同感,或者说国家意识建立在三个概念的结合之上:俄罗斯领土、东正基督教和莫斯科。不可否认的是,这里对于上述重要史料的分析和比较过于简单化了,国家意识的圈子似乎既可以说变大了,也可以说变小了。之所以说更大了,是因为越来越多、而且不同层次的人接受了这种意识——莫斯科、东正教还有俄罗斯领土。[121]之所以说变小了,是因为这种身份认同内容越来越足,越来越具体,也更容易受到莫斯科政治动荡的影响。我们可以看一看这种国家意识产生的俄罗斯大环境,就能理解了。

如果我们看看15世纪的莫斯科公国,一些很明显的事实之间其实是有关联的。第一,俄罗斯所有邻国的宗教都与俄罗斯不同:有异教、穆斯林还有天主教,也就是无宗教信仰的国家或者宗教异端。在俄罗斯及其周边的范围中,它是唯一一个正统的基督教国家。此外1453年君士坦丁堡衰落之后,俄罗斯成为了世界上唯一一个东正教国家。第二,15世纪大部分时候,俄罗斯公国至少在法律上,在现实中也常常是鞑靼金帐汗国的一部分。在"鞑靼枷锁"时期(1240—1480),俄罗斯君主也从未挑战过鞑靼主权的合法性,也没有挑战过金帐汗国的可汗。即使是在描述1380年库利科夫战争的时候,俄罗斯人战胜了鞑靼人,相关的历史记载也只是小心翼翼地指出,德米特里大帝并不是在与其合法的沙皇(指可汗)对抗,而是因为金帐汗国的权力被鞑靼埃米尔篡夺了,而这位埃米尔并不是鞑靼的血亲。这样一来,德米特里大帝就是在为法律、秩序和合法性而战。

因此,库利科夫战争过去几年之后,莫斯科被摧毁,鞑靼政权重新被塔赫塔木什人夺回,史料中也没有对此表示沮丧或者愤怒的评论。第三,这也是最复杂难解的事实了。在15世纪,俄罗斯东北部被莫斯科合并到了一起,并且,一个集权式的,或者说集权中的君主王朝出现了。我们先不去定义这些同样危险的术语,请先允许我描述一下当时的历史大环境:当时,莫斯科、东正教和俄罗斯领土的概念更多地被这种身份认同的政治现实匹配起来。不仅如此,15世纪末的政治现实对于权力的转移具有决定性的作用：1480 年，伊万三世正式摆脱了"鞑靼枷锁"的束缚。在此之前，金帐汗国最强大的部分——喀山汗国，是莫斯科皇帝的属国。

这种政治现实，如果对俄罗斯领土的形象没有影响，那么对统治者的形象有什么影响呢？简单来说，正如我在别处说过的一样，这并不意味着摆脱了"鞑靼枷锁"的束缚，也不意味着解放了俄罗斯，而是伊万三世自己成为了可汗，而汗国的首都变成了莫斯科。但是，在国家意识和政治文化方面的问题更为复杂。1380 年战争胜利以后，有关这场战争的故事和历史都将德米特里称为"沙皇"，[122]不仅仅是口头上这么说，他事实上也是"沙皇"——就因为这次胜利。同时，他们也承认了鞑靼沙皇——金帐汗国可汗的现实性与合法性。让我们来梳理一下这个明显的矛盾吧。

答案在于沙皇的含义、意识和身份。我们先从以下事实看起：作为一个基督教社会，俄罗斯也有与其他基督教社会一样的政治概念。比如，在事物的宇宙秩序方面，只有一个合法的政治实体——基督教罗马帝国，所有的基督徒都是帝国的一部分。所有人都归属于一个合法的主权，基督教罗马皇帝——沙皇（皇帝）。因此，俄罗斯也存在着人们通常称之为"基督教政治困境"的东西：针对皇帝的矛盾情绪。一方面承认他，另一方面也排斥他的权威，否认、剥夺他的地位。从 13 世纪开始，俄罗斯便有了另一个同样具有普适性的皇帝——可汗，也在争取其国家意识和合法性。

理论上，这两个概念是互相排斥的。对此，之前史学研究的解决方法是忽视可汗，将其放在政治现实的领域而不是意识领域中，然后描述俄罗斯大帝（特别是在君士坦丁堡衰落之后）怎样一步步获得特权，还会描述基督教罗马皇帝的形象。我们可以为这种做法找到一个很好的理由。在东罗马和鞑靼政权都衰落之后，我们看到莫斯科王室、仪式、加冕礼还有统治者的形象都拜占庭化了。莫斯科和俄罗斯的君主成为了东正主权（世界上唯一的东正教主权国家），本质上他是世俗的，但在权力上却是神圣的。莫斯科变成了第三个罗马，代替了前两个，它们都失去了神圣的偏爱，失去了合法性，而"第四个罗马还没有出现"。

　　但是，政治文化并不是一个理性的政治理论。而幸运的是，中世纪俄罗斯奇缺政治理论。事实上，我们可以说，这种政治理论的缺乏是政治文化的反应。俄罗斯这个社会可以接触到很多基督拜占庭王朝政治理论和仪式。至于中世纪的俄罗斯不存在学术法律传统就是另外一个问题了。事实上，俄罗斯社会还有很多欠缺的地方。

　　比如，我们发现，虽然君主要通过某种形式才能登基，但是史料却对这种仪式没有进行任何记载，看起来似乎不存在什么宫廷仪式和服装规制，所有的宫廷仪式和服装规制都是突然在15世纪末才出现的。有人可能会说，之所以会出现这些缺漏，是因为俄罗斯距离君士坦丁堡太远了，而且在学术上也比较落后，俄罗斯也缺乏独立性。[123]但是，这几个世纪以来，我们有足够多的意识、观点和物证来证明，这种观点站不住脚。

　　然而，我们的确发现，在鞑靼的帝国世界中，在整个突厥民族的世界中，除了可汗的战旗之外，没有政治理论的传统、加冕仪式、特别的宫廷仪式和服装规制。因此，从某种层面上来说，我想说的东西其实之前已经说过了：可汗形象的文化效力，至少在俄罗斯君王及其宫廷中是存在的。从另一个层面上来说，我觉得，这也说明了政治文化的本质（或者说所有文化的）——国家意识的选择是存在的，而且人们也有可能在这些选择之间周旋。因此，俄罗斯君主作为可汗、罗马皇帝、东正教主权代表以及伊万一世——他是可汗的忠诚拥护者——王朝的继承者是一些可以同时存在的概念,它们之间并不互相矛盾,而是互相加强彼此的地位。因此,大主教罗斯托夫(Vassian of Rostov)曾于1480 年写信给俄罗斯君主,告诉他自己才是东正教沙皇,而且忠于异教徒统治者是不合法的,以此鼓动伊万三世抵抗鞑靼可汗。伊万三世胜利之后便铸造新的货币,用自己的阿拉伯语名字 Iban 取代了之前的艾哈迈德可汗。

随着周旋的空间越来越大,政治选择也延伸到了 16 世纪早期。虽然莫斯科的统治者名义上还只是个大公,拜占庭帝国的加冕礼、皇宫机构和宫廷仪式与蒙古国的使节仪式同时出现了。统治者虽然只是个大公,但是其首都莫斯科已经是个帝国性的、充满荣耀的、具有统治地位的城市。属于鞑靼的血亲的鞑靼君主们服从于莫斯科大公,因此也应当成为“沙皇”。然而,他还没有沙皇级别的加冕礼。这不仅是因为第二罗马帝国衰落了,而且因为帝国权力早在 11 世纪的时候就交给了他的王朝,当时其祖先弗拉基米尔·莫诺马赫,作为拜占庭皇帝的征服者,就接受了帝国的王冠,这尊王冠代表着整个基督教帝国。这跟我们接下来的发现也不矛盾:俄罗斯统治者从奥古斯都(他给自己的兄弟普鲁士分封了普鲁士北部的土地,这里也是俄罗斯第一任统治者以及所有俄罗斯君主的祖先——留里克的故乡)开始就一个不如一个了。

为什么会出现这种周旋呢? 有人可能会说,各种各样的政治选择不仅丰富了政治文化,而且让统治者的形象,以及统治者自己眼里还有那些带有他身份色彩的人(贵族、宫廷人士以及新兴贵族)眼中的国家意识没那么依赖任何选择或形象了。假如真的存在单一政治文化的限制,受到的影响也越来越弱了。[124]但是,这种周旋不仅限于政治文化领域:建造克里姆林宫的意大利建筑师、希腊-拜占庭外交官、意大利和德国的炮手、德国的医生、波斯花园、药还有占星师、匈牙利的时装、同性恋以及花花公子们也都可能成为国家意识的构成元素。

那么，这些选择最后造就了什么呢？它们揭露并创造了什么样的意识呢？1547 年，17 岁的伊万四世登上沙皇的宝座。他的加冕礼类似于拜占庭帝国皇帝的加冕礼（之后还多了一项仪式：将金币从沙皇的头上撒下去）。史书将其描述为整个俄罗斯的东正教沙皇，一个独裁者，也是唯一一个真正的基督教宗帝。这位年轻的沙皇活力充沛，他沿用自己身在西方的祖父和父亲的策略：再次夺回了莫斯科统治者和整个俄罗斯（从基辅到波罗的海）的继承权。同样，伊万四世还精力充沛地解决了金帐汗国两个继承国的问题：喀山汗国和克里米亚汗国。从 15 世纪 70 年代起，喀山汗国就是个属国，但政权很不稳定：莫斯科的傀儡可汗与克里米亚门徒不停地进行宫廷革命。终于在 1552 年，伊万四世征服了喀山汗国。

在对喀山汗国宣战之前，沙皇进行了一次朝圣之旅，参访了俄罗斯东北部的古城，并且在那里的教堂里进行了祷告。朝圣的过程中他收到了一封来自俄罗斯大主教玛卡里奥的来信，信中为他的使命祈福：

> ……啊，尊敬的沙皇，希望您的地位稳固……能够对抗喀山鞑靼这些没有神灵庇佑的敌人，还有那些背叛你的人，他们总是让无辜的基督教徒们流血，他们玷污、摧毁了神圣的教堂……发生了这么多不幸的事，您更应该为希腊法律最神圣、纯洁和虔诚的信仰而战，因为整个宇宙中，太阳照耀着您帝国领土的东正教，这片领土同样也属于您的祖父和您的父亲。

　　最终伊万来到了喀山,艰难的战斗开始了。最后这座城市沦陷了,所有的指挥官、特权贵族和君主,都来迎接沙皇:"……愿您万岁,也愿您能在上帝的庇佑下永保喀山这片土地。您就是上帝派来对付这些没有神灵庇佑的异教徒的,是您让我们这些不幸的基督徒们得以永久解脱……我们会一直向上帝祈祷,祈求他延长您的生命,将您所有的敌人都粉碎在脚下……"伊万四世谦虚地回应了这些迎接他们的人。根据史料记载,之后沙赫·阿里王公对伊万说:"现在您已经征服了喀山汗国的敌人,希望你能永保国土。"沙赫·阿里王公是一个鞑靼人,虽然没能成为莫斯科的继承人,但也是合法继承人候选者之一。真的很难想象沙赫·阿里和伊万四世会面会说出如此谦逊的话来。[125]总之,伊万四世征服喀山汗国后,史料中对其每一次受到迎接之后的评论总是这么一句话:"在此之前,俄罗斯领土上没有沙皇。"

　　征服喀山汗国之后,伊万专门举行了入城仪式,类似于帝国游行,随行的军队欢呼喝彩。而且伊万四世"亲自"在喀山城里放置了十字架,并且下令建造一座教堂,供奉圣母玛利亚,因为她自 12 世纪以来一直保护着俄罗斯东北部的大公们(12 世纪之前她是皇城君士坦丁堡的保护者)。返回莫斯科的旅程中始终伴随着欢呼与喝彩。在莫斯科城外,他会见了大主教和牧师。年轻的沙皇发表了演讲,描绘了自己的胜利,并将其归因于上帝的庇护和牧师们的祈祷。

　　随后大主教也发表了演讲。大主教认为,伊万的胜利,其意义不亚于君士坦丁大帝和俄罗斯圣弗拉基米尔,也不亚于德米特里顿斯科伊对"野蛮人"的胜利,更不亚于亚历山大·内夫斯基对拉丁人的征服。大主教还指出,伊万在上帝的帮助下,征服了皇城喀山,而且还在那里树立了一座十字架。与大主教互相问候之后,伊万四世穿上了皇帝制服,戴上了十字架和王冠,还有莫诺马赫的皇冠。接着伊万四世又去了莫斯科大教堂,那里是圣母玛利亚安眠的地方。史料到这里就快结束了,最后一句话是:那一刻,沙皇的宝座被放在了教堂里。

史料中所有关于伊万四世的记载都带着胜利的喜悦。这位年轻的沙皇所做的一切都戴着荣耀的光环,无论是内部改革还是对外征服。这种喜悦的情绪无处不在,连俄罗斯的史学研究也受到了这种情绪的影响:史料将伊万四世统治前期充满荣耀的那几年和他统治后期的恐怖和灾难相比较,在其统治后期,人们把他称作"恐怖伊万"。

除此之外,他对喀山的征服还招致了很多其他事端。对喀山汗国的征服代表着东正教、基督教对异教徒的胜利。去喀山的路途中,他一个教堂一个教堂地拜访,而回来的时候,他自己又树立了一座十字架,建了一所教堂,从而给自己的征服披上神圣的外衣。伊万四世俨然一副拜占庭基督皇帝的形象,一路伴随着喝彩,还举行了纪念仪式,最后坐在了俄罗斯的宝座上,这宝座和圣索菲亚大教堂里的差不多。这个宝座非常有趣:它是梅斯托沙皇坐的地方,今天还保留着。而且,这是我们在俄罗斯范围内知道的年代最久远的一尊宝座。这尊宝座上面盖着织锦,四周的木边上雕刻着 12 世纪基辅弗拉基米尔·莫诺马赫胜利的场景。当拜占庭皇帝将帝国的徽章交到俄罗斯君主手中的时候,这幅胜利的场景达到了高潮。

[126]因此,一方面我们看到了东正基督教背负的压力。另一方面,伊万骄傲地宣称自己包容各个宗教,在喀山(后来被称为"阿斯特拉罕"),作为沙皇的臣民,每个人都有宗教信仰的自由。他还不止一遍地告诉人们,喀山同莫斯科这座帝国荣耀之城一样,也是一座皇城,一座具有统治地位的城市。然而事实

上,喀山是他父辈们的土地,是他的继承物,只不过他又重新获得了这个继承物而已。这也是为什么,既是沙皇又是可汗的伊万,把这座城市的财宝都留给了军队,而自己只留下了帝国的标准和加农炮,因为这些代表着他事实上已经拥有了对这座城市的主权。最终,对喀山的征服成为了沙皇真正的"加冕礼":"……在此之前,俄罗斯的土地上没有沙皇。"从这个意义上看,1547年的加冕礼似乎只是象征性的,而对喀山的征服才是名副其实的加冕礼。人们有了帝国的意识,对沙皇也有了意识,而这个上皇既是可汗又是巴塞勒斯,或许还不止呢。

目前为止,我们看到上述选择产生了很多影响,这些选择加强了人们的帝国意识,也主要集中在帝国意识上:沙皇、皇城和帝国社会。但是恰在此时一个新的元素出现了——帝国意识似乎得到了大范围的扩张。这么说是有依据的,依据虽然有些难以捉摸,但是很能说明问题。首先是俄罗斯的民间传说,但问题是这些民间故事和歌曲直到18世纪才有人记录,我们只能根据它们的原始拼法、细微差别甚至形式作一些推断。但是,我依然认为民间传说是历史大众意识的一种表现形式,如果我们接受这个假设,那么上述依据就会带给我们惊人的发现。

在彼得大帝之前的整个俄罗斯历史当中,有两个历史时刻一直存在(一直到12世纪早期)于人民大众的意识当中:第一个是圣弗拉基米尔时代,关于这个时代有大量的故事和歌曲,人们把圣弗拉基米尔称作"美丽的太阳"。第二个是"恐怖伊万"时代,尤其是对喀山的征服。在关于喀山的歌曲中,强调的社会重点非常明确:这次征服的英雄是沙皇本人,还有驻扎在莫斯科的炮手,因为他们虽然只是守着这座城市,而且社会地位较低,但是他们对于这次征服非常关键。而喀山征服在人们心目中的位置十分重要,关于它的记忆延续了好几个世纪,相比之下,大部分俄罗斯历史都没有被人们记住。

我提供的另一份证据更具有说服力,或者至少能拿出实物来。在喀山征服之前,沙皇曾依照惯例发誓,如果战争胜利就会建造一座教堂献给上帝。所以我们读到,在 1554 至 1555 年之间,伊万四世遵守了自己的诺言,下令建造了一座教堂献给三位一体和圣母。[127]这座教堂将由一位名叫巴尔玛的建筑师和他的同事们建造。沙皇携全体王室成员出席了教堂的开工仪式,并且亲自放下第一块石头。这座教堂的建筑风格可以透露给我们很多信息。

我之前已经提到过,15 世纪晚期开始的巨大工程项目,从文化上反映了中央集权的趋势。克里姆林宫和大教堂周围的墙,代表着日益繁荣的皇城。他们都由意大利建筑师、来自普斯科夫的大师、还有一些不知道名字的工匠建造,总体来说,他们的艺术作品都带有文艺复兴的风格。我来举两个例子吧。第一个是圣米迦勒大教堂。这座帝国教堂是俄罗斯大公和莫斯科王朝历代沙皇的安葬之处。第二个是我之前提到过的圣女贞德安身的教堂。虽然它们的基本结构都还盖着东方的圆屋顶,但是风格还是很鲜明的:简单、庄重而神圣,整体来说还是意大利文艺复兴的风格,不过用苏兹达尔、弗拉基米尔还有拜占庭帝国的一些元素调和了一下。

现在我们再来看 1554 年伊万为了庆祝征服喀山建造了什么样的教堂吧。这是一座"峡谷之上"的教堂,也就是我们今天所熟知的圣巴西尔大教堂。至少可以说,它跟上面提到的两座教堂是不一样的。随后有跟它相似的教堂出现,比如迪亚克沃的施洗者圣约翰大教堂,这座教堂是在同一年稍晚的时间建造的。但圣巴西尔大教堂在当时非常与众不同。据我所知,之前人们从来没有建造过这样的教堂。而且有意思的是,它已经成为当代莫斯科名片上的标志性建筑。

让我谨慎地来表达自己的观点。圣巴西尔大教堂是一种宣示，一种公共的宣示。它不像那种只有几个职员才能读到的宣示，而是大众都能看得到的，而且与喀山征服紧密结合在一起。这座教堂具有非常重要的意义，而且内涵丰富，值得玩味。它向人们宣示了什么呢？从所谓"科学"的层面上，我们并不知道。据我所知，当时没有俄罗斯人就此以任何方式进行过学术研究或者评论。事实上，到目前为止还没有人讨论过。准确地说，有一些建筑学方面的研究，但是我还看不到圆顶、塔的形状以及礼拜堂与16世纪中期莫斯科意识层面的联系。

但是，从其象征层面来看，或许我们可以来分析下圣巴西尔教堂到底代表了什么。用最简单的话说，我觉得它是想告诉人们：从现在开始我们与过去不同了，这才是"我们"现在的样子。那么，"我们"到底是什么呢？俄罗斯到底是什么呢？莫斯科呢？还有，俄罗斯人到底是什么样的呢？[130]我认为，俄罗斯人本质上有三种元素：专制、东正教和帝国。也就是说，如果有人问自己"我到底是谁"，那么从社会、集体的语境下讲，不管他是沙皇、贵族、新贵甚至是农民，他的回答一定是基于上述三个政治文化概念的意识。但是也许我们可以将上述三个元素视作国家意识的基本元素，因为国家意识的结构是基于它们构建起来的。或者说，它们是化学物质，能被放进一种化合物中的物质，并且相互之间能发生作用。但是更可能的情况是，他们之间的组合可以有不同的情况，当其中一种元素多于另一种时，结果就很不一样了。

如果上述比喻成立，那么在分析自我身份意识的时候，我们就要考虑到三种元素混合的平衡。此外，我们还要考虑到意识的种类与表现形式之间的动态关系，因为对于不同的群体或个人而言,集体身份也未必相同。人们创造并带上这样的身份,是为了支撑个体或者集体的自我意识,而无论是加强它、为它增添光荣,还是保护了它。这意味着,有些形式的意识,就像化学物质的特定组合一样,可能对另一种意识产生反应,而在后者中,其元素组合或者重点有时差异之大足以产生不同的意识。

现在让我们回到 1553 年之后的俄罗斯,也就是在喀山征服之后,"恐怖伊万"的统治后期。当然,讨论这些可能有点离题了。正如伊万四世统治的前半部分代表了荣耀、胜利与光明,他统治期间的最后 25 年(在俄罗斯史学研究中)代表了灰暗、失望和灾难,总而言之,就是疯狂。当然,在这样一幅政治图景背后有现实基础:沙皇制造的恐怖、利沃尼亚战争的失败以及资源枯竭。然而,我认为更严重的结果,除了沙皇残暴的统治之外,是16 世纪 70 年代的连年饥荒和瘟疫。当代的记录和研究反映出一种特别的灾难和世纪末日意识。这种意识也有可能是当时、也是当下对那些年政治文化某些方面的回应——巨大的意识形态扩张,既有伊万本人的,也有整个俄罗斯的。这些事件好像都是宇宙变换一样。所有的事情规模都很大,莫斯科公国就是一个大舞台。政治恐怖肯定存在,战争惨败是灾难性的,沙皇的恐怖令世界震惊,乡村的人口也在减少。

各种选择之间的博弈和对这些选择的利用持续反映了 16 世纪各种元素综合体产生结果的扩张。[133]当然,伊万将基督教拜占庭的概念运用到了极致。他是东正教的统治者,甚至在教堂里或者拜访修道院的时候,都很谦逊。东方的大牧首承认其为皇帝,他将莫斯科设立为东正教世界中的第五个宗主教区。伊万四世甚至利用自己的身份做戏,他给自己实施恐怖政策的助手——"特辖区"机构成员——赋予了牧师的装扮和礼制。

伊万四世也越来越意识到王朝形象的构成要素了:俄罗斯

沙皇、莫斯科大公、喀山沙皇、阿斯特拉罕的沙皇、许多土地的主人及主权代表。随着这一长串的头衔列出来，俄罗斯沙皇形象的独特性也凸显出来。沙皇身边的人——成吉思汗直系后裔，留里克和格季米纳斯的后代，立陶宛王朝的创建者——都是他的臣仆。而俄罗斯沙皇以王中王的形象出现，是专制统治和君主政治的最高代表。伊万四世还是奥古斯都的直接继承人，事实上在外交中不必应对其他君主的问题。这样他就能提醒瑞典和波兰的国王他们需要在哪里迎接，还有他是谁。

但是政治文化的其他选择也在发展，16 世纪 60 年代就有一个非常引人注目的例子。1564 年，沙皇命人在圣米迦勒大教堂的墙上涂上壁画。那里是莫斯科王室的坟地（俄罗斯的圣丹尼）。所有的墙壁和支柱，从地板到圆顶，都画上故去的统治者——其中有莫斯科的、俄罗斯的，还有一些"异邦人"。正如我在别处提到过的那样，这些肖像非常别致，我只能用一种方式来解读：也就是说，这些肖像的模式——也就是在教堂描绘的各个君主——其实都是帝王家族的画像，这也说明，统治这个帝国的就是这个家族。

我唯一能找到的模式就是鞑靼人。在他们的帝国世界中，帝国本身和统治的权利都源自一个事实：鞑靼人的血脉，别的什么也不需要。从这个意义上说，伊万复制的是一个合法且具有普适性的模式。同时，他用莫斯科王朝取代了鞑靼王朝，莫斯科王朝就像帝国一样，范围广，独立自足。1575 年，对鞑靼蒙古形象的意识出现了戏剧性的转折，当时伊万把自己的宝座交给了手下的鞑靼君主谢苗·别克布拉托维奇。谢苗成为了全俄罗斯合法的沙皇，而莫斯科大公伊万给谢苗写信，态度十分谦逊，向其发号施令。这种情况持续了好几个月。

史学家们把这些都当作趣事儿，也就是说，恐怖伊万个人只是有点疯了，在开玩笑而已。[134]但是，这种解释说不通。伊万魔鬼般的帝王傲慢品格不仅仅反映在库尔博斯基在愤怒之下，逃往立陶宛，并在那里控诉沙皇伊万四世已经没有什么标准了，他的行为已经超越道德、尊重、世俗及神圣法律的所有界限。他的傲慢还反映在他的仆臣身上。比如贝尔斯基君主，他称自己受到了沙皇的压迫，但同时作为立陶宛的格季米纳斯的后代，将波兰国王视为自己的兄弟。圣米迦勒大教堂墙壁上的壁画并非没被人注意到。1554 年，波兰、立陶宛的使节们在跟俄罗斯的大使们沟通共同前线相关事宜的时候，曾表达过对莫斯科大公新立的"沙皇"的反对。他们认为这个头衔不合适，也不承认这个头衔，因为"没有哪个基督教君主会把自己称作'基督教的凯撒大帝'，只有异教徒的沙皇才会这么做"。

　　因为最后一点，鞑靼沙皇谢苗的闹剧也结束了。16 世纪末，随着伊万四世的儿子费奥多尔沙皇死去，留里克的莫斯科王朝也走向终结，鲍里斯·戈都诺夫被推向了王位。我们发现，鲍里斯·戈都诺夫唯一害怕的王位竞争者就是谢苗沙皇，这时候的谢苗已经上了年纪，眼睛失明，身份低微。戈都诺夫实在太害怕谢苗了，就迫使他出家当了修道士。而且，在被称为"动荡年代"（1605—1613）的社会危机中，内乱外侵交织，王位频繁易主，还有很多假冒君主的人。当时，贵族统治集团聚集在一起，要在一个新的王朝之下重建社会秩序，他们慎重地考虑，要选择一位鞑靼金帐君主登上俄罗斯东正教的王位，后来他们选择了米哈伊尔·罗曼诺夫。

　　重立俄罗斯东正教君主之后，历史就到了 17 世纪，我们借此来对这个问题进行一番更深的探索。首先，我们必须认识到以下事实：不仅是君主们意识到政治文化中存在着各种各样的选择，那些考虑过谢苗沙皇或者其他金帐君主的贵族也意识到了这一点。但是，这些人做的还远不止这些：在"动荡年代"里，这些人自视是贵族血脉，还为冒牌君主假季米特里效劳。假季米特里死后，他们又为第二个假季米特里效劳。在选择米哈伊尔·罗曼诺夫之前他们不仅考虑过一位鞑靼君主，他们还正式递交了请愿书，将莫诺马赫的王冠交给了波兰国王弗拉迪斯拉斯。

过去对这一行为的解读是，这些统治集团的精英们缺乏爱国意识，只追求私利。俄罗斯国家的重建经历了一场"民族复兴"，这场复兴的力量来自俄罗斯底层社会。[135]这种解读除了在时间上说不通外，而且也没有抓住问题的要害。如果我们接受上面关于"16世纪中期萌芽的国家意识由三种像化学物质一样的元素构成"这一比喻的话，那么无论原来的贵族还是新兴贵族，他们通过自己的行为都表现出了一种独特的国家意识的平衡：人们的身份认同通过"帝国"，也就是帝国社会，表现得最为明显。这是他们国家意识和政治文化中最重要的一条线。其次，他们的身份认同感体现在对君主、也就是沙皇的认识上，无论沙皇变成什么样子，只要他统治这个国家，人们就会认同沙皇。最后一点，东正教也影响着他们的身份认同，这是一种很正式的认同，而不仅仅是心理上的。鞑靼的君主们没有选择受洗，而波兰的弗拉迪斯拉夫则按照条约的规定变成了俄罗斯东正教徒。

这里我要说明两点。第一，我们所讨论语境中的意识在本质上是社会性的，而不同社会群体的身份认知是不同的。而且，简单点说，集体身份是一种阶级现象。俄罗斯的统治阶级通过帝国的意识集体表达了自己的身份。第二，我要说明的是，统治阶级这种身份意识上的"倾斜"一直存在，而且可以从历史中找到原因。我们之所以选择某种身份，是因为这种身份能给自己带来某种心理或者物质上的好处。当然，俄罗斯的统治阶层肯定也从自己的帝国贵族意识中获得了某种心理或者物质上的利益，毕竟这是帝国。

罗曼诺夫王朝早期专制主义的特征之一就是身份意识的倾斜平衡。并且，我相信这也是为什么17世纪文化选择会起到一些特殊的作用。我们可以用一些有代表性现象来说明这一点。比如，在15世纪中期，瓦西里二世在自己的国家里说的是鞑靼语，17世纪中期，阿列克谢一世在自己的国家说的是波兰语。对于这种转变，我们可以找到很多技术或者政治层面的理由来解释。很明显，从政治层面上来说，"东方"的意义越来越小了，重心向西方转移，这预示着"西化"进程的开始。但是说到这里，我们应该停一下，因为这个转移是不平衡的，在此之前并没有一个"东方化"的过程。当然这一现象也暗示了他们的文化身份——非西方人，这已经很接近国家意识了。

而且，人们越来越爱穿紧挨着俄罗斯西部土地上人们的衣服，仿照他们的生活习惯、军队组织、技术、文学和学习方式。这一西化进程在特殊的意识背景下开始：东正教意识的胜利。阿列克谢一世因此成为东正教僧侣统治者的代表。[136]用拜占庭式的头衔来说，他是"最仁慈的沙皇"了。阿列克谢一世就居住在礼拜堂中，那里的朝拜仪式从早上一直进行到深夜，从国外来的东正教牧师都累得精疲力竭，可是这位沙皇还是孜孜不倦地祈祷，他的朝臣还有年轻的孩子们只好无休无止地站在冰凉的石头地板上。他出巡的时候也是一座寺庙一座寺庙地参拜，在寺庙里他亲手为僧人们做礼拜。圣枝主日，大牧首重演原始场景，骑着一头马扮成的驴。阿列克谢一世走了出来，牵着这头假驴。

上述身份意识的三种表达形式都可以追溯到"恐怖伊万"时

期,甚至更早。但是在 17 世纪中期,这三种表达形式表现得极
为强烈。我在这里再说一次,沙皇形象中可汗这一角色的消失,
足以通过政治和技术原因来解释。东正教的风格是在"动荡年
代"中为了应对外敌入侵所产生的一种民族反应。但是,这种看
法忽视了几个因素。首先,当时还没有"民族"这个身份。第二,
当时宫廷的文化氛围让"东正教"变成了纯粹的仪式。第三,阿
列克谢一世当政期间沙皇和大牧首之间的斗争,国家和教会之
间的斗争,以及最后国家的全面胜利告诉我们,东正教被沙皇以
不同甚至"错误"的理由利用了。

　　更有收获的是,我认为,我们可以认为可汗的消失和东正
教形象的增强并不直接相关,它们各自只是独立发生的罢了。
我更愿意把这个过程称为"世俗化",也就是人类社会价值的转
变,对于很多个人的价值观而言,其标准不仅从神圣的天堂降
到了世俗人间,而且降到了一块由政治界限圈定的土地上——
一个国家。如果这个定义成立的话,我们就要对世俗化非常小
心了,因为它可能会产生新的宗教、新的宗教价值观体系、新的
国教。

　　因此,我们所说的意识的三条主线并没有失去效力,也没
有在通俗且错误的意义上被"世俗化"。相反,它们被理想化
了,而且在世俗化的过程中渗透了一种新的宗教内涵。如果对
于沙皇和帝国的意识也是宗教性的,那么它们就不需要历史为
其正名了,或者说,事实上已经不需要任何正名了。因此国家
的观念、君主的形象都自成一格,已经超越历史。可汗甚至拜
占庭巴塞勒斯所代表的历史意识元素与政治的联系越来越弱,
在新宗教的框架内也不一定都是意识形态方面的。

　　[137]换句话说,随着人们对沙皇和帝国的意识从"生成"
到"存在","生成"也就是指历史过程和过去,也越来越没意

思，功能也越来越小。同样的逻辑也适用于东正教。东正教意识作为一种身份已经失去了史实性，因此在新的宗教内也没有什么自治性了。东正教在身份认同中依然发挥着作用，不过是在新的天堂中，在人间。阿列克谢一世及其波兰化的王室对宗教信仰的狂热，与亨利四世颁布的南特赦令和后来路易十四将其撤回，具有同样的意义。大牧首尼康，在与世俗国家还有君主斗争的过程中，误解了宗教身份的新的本质，而红衣主教黎塞留和马萨林就理解得非常正确。

为了让自己的观点更有说服力，我肯定有些夸张了。新宗教的创造过程并没有那么迅速，也没有那么顺利。支持历史传统的意识一直被人们唤起。人们也一直记录着帝国的历史和王朝的荣耀，阿列克谢一世也会坚持说，自己是一个虔诚而体贴的基督徒，他的信仰可以在很多事情中体现，也可以由俄罗斯之外的标准和俄罗斯的历史来评判。国教，像所有宗教一样，必须具有包容性，汲取过去并取而代之。国教的演化也不是一帆风顺的，但是其最后的胜利我们今天所有人都可以见证。

在意识和政治文化各个层面中，都隐含着社会环境。沙皇和统治阶级维持的沙皇形象，沙皇和权贵们维持的帝国形象，都是一种"社会声明"，新宗教、世俗观念还有专制主义国家都是社会声明。因此，虽然简短，我们还是要对17世纪俄罗斯专制主义国家的社会现实做一回顾。当时的现实是国家推动社会和经济资源成功流动的结果，我们将这一国家称之为"专制主义"国家，是因为它产生了这一成功流动必备的社会组织运作方式。概括地说，俄罗斯可用资源的利用方式可以从纳税人口税率的常规化中看出来，可以从教会财产实质上的世俗化中看出来，最重要的是，还可以从农民农奴化中看出来。

虽然专制主义王朝并没有发明什么新东西，但是与中世纪

的环境和机遇比起来,数量上有了质的变化。这种变化以资源
的巨幅增加为基础,无论地理上还是经济上的资源都有增加,同
时上述变化的基础还有夸张和日臻完善的行政化。而行政化也
以资源增加为基础,资源的增加反过来又使得剥削程度进一步
加深。并且,社会环境中隐含的是社会和阶级利益。个别群体
在专制国家中获益,[138]大多数人则受到了剥削。因此,俄罗
斯和其他地方一样,17世纪出现了严重的社会动荡。事实上,
17世纪的每个十年都会有不同的社会问题。之所以分这两条
主线来论述,我是想说明两点:意识本质上既是社会性的,也是
心理上的;17世纪的社会矛盾要比此前严重得多。

　　17世纪之前也有农民起义和地方叛乱,所以当然也存在社
会矛盾和民众不满的情绪。尤其在俄罗斯,事实上我们对于异
见者的思想和行动并不了解。但是,之所以对相关问题了解得
少,我们才能作出以下宽泛的推论:矛盾和不满是以异端邪说或
者对君主的恳求的形式出现的。而且,我认为,这两种形式都表
现了公共意识,因此也表现了大众的身份。社会抗争通过东正
基督教的身份表达。集体身份已经扭曲或者丢失了,因为牧师、
贵族和富人并不是真正的基督教徒,他们只是在剥削下层人民
罢了。因此,人们完全可以用东正基督教徒的美德来为自己的
抗争正名(当然,这些都只是异端邪说,因为没有异见者了)。对
统治者的请愿,对统治者的向往,不是可汗唤起的,而是东正教,
是神圣的、基督的和公正的君主唤起的,正是这样的君主确认并
加强了大众的基督身份认同感。

　　上述内容都很明显,大家也都了解。但是现在让我们看看
圣巴西尔教堂吧。我已经说过,我们知道这座教堂表达了一些
关于"恐怖伊万"的信息:这就是我们,东正教、沙皇和帝国。我
现在要说的是,这座教堂的功能是服务大众,也被大家接受和崇

拜。其实这座教堂也是一种公共意识的表达，至少说，大家能够明白这座教堂代表什么。但是，考虑到公共意识的本质比较模糊，我的假设能带来两个重要的结论。第一，东正教、沙皇和帝国的身份，人民大众都有，而且这种身份塑造了他们的意识。这可能解释了，为什么意识、政治文化之间博弈的规则通常由社会中拥有政治权力的人制定。第二，虽然自我意识由同样的"化学砖石"构成，但是其中不同元素的比例不同，东正教的元素多一些。

即使对于圣巴西尔大教堂而言，这些结论的分量也太重了。让我们找个例子来解析一下圣巴西尔教堂盖好后的一个半世纪里，大众身份和意识的本质。17世纪早期，在"动荡年代"危机之后，便有这么一个例子："神圣俄罗斯"的意识。[139]从这个表述的起源和用途来看，这是一种大众意识的表现。我之前在别的地方说过，这个表述是反国家和反沙皇的。但是我在这里要稍稍作一点更正。"神圣俄罗斯"并不排除沙皇和帝国，相反，它将上面两个概念归入"神圣俄罗斯"之中，它将这两个概念吸取到基督东正教社会中，这个社会之所以"神圣"，是因为它能将社会公正给予被压迫的人们，他们的意识也在"神圣俄罗斯"这个表述中得到了体现。沙皇、帝国和东正教都是大众身份的不同层面，这三种"化学物质"的合成物是"神圣俄罗斯"——这也是一种社会声明。

尽管如此，反国家和反沙皇的色彩仍然存在。考虑到这个意识表达的背景和历史，它表现了大众自我认知一个很重要的方面：这是对另外一种身份（沙皇、帝国甚至东正教）日益强大、分量越来越重的一种反应。我曾尝试解释过这种明示和分量：世俗化的过程是君主和统治阶层自我认同的一种道德和心理上不断增强的自治意识。因此，虽然称呼没变，但是沙皇、帝国和东正教的内涵越来越不由世俗国家之外的标准(天堂)决定了。沙皇和帝国的分量事实上不受其他任何意识的限制,已经非常重,重到需要"神圣俄罗斯"这样如此极端的大众意识来保证大众的自我身份意识在心理上不会从君主、帝国和专制国家的意识中剔除。

我想说的是,专制国家的社会结构和政策使沙皇和统治阶级的自我身份意识与大众的自我身份意识之间产生了一些矛盾。这两种身份意识继续沿用各自的术语表达。但是世俗国家的心理自治与意识形态目的(在世俗人间指的是"救赎")意味着,世俗国家越来越倾向于赋予那些懂得自救的人身份——统治阶级,也就是这个新天堂的积极公民,越来越倾向于从身份上排除那些有着沙皇、帝国和东正教的意识却在定义这种意识中毫无作用的人。大众意识就是对上述过程的一种反应,通过传统方式表达意识,却将重点转移,依托沙皇和东正教历史和神话层面的东西,为大众提供有效的身份支撑。

我认为,17世纪的宗教分裂让整个问题清晰起来。用最简单的话说,这一切从教会礼制和仪式的改革开始,迅速扩展为群众运动,[140]人们反对国家改变信仰形式并将其合法化,反对实行农奴制。但是,当时人们的争论是宗教和思想方面的,并不是社会层面的,而且在很大程度上反映了大众意识。最开始要解决的是教会等级问题,反对尼康大牧首和主教们的请愿传到了沙皇的耳朵里。"旧礼仪派"(反对改革的人的自称)的领袖们一次又一次给阿列克谢一世上书,请求他保留东正教沙皇,保留对祖先和俄罗斯沙皇主义的信仰。毫无例外的是,他们都提到了"恐怖伊万"统治时期,说当时人们对身份有着共同的认知,大家在"沙皇、东正教和帝国"的含义上达成了共识,或者说他们以为自己达成了共识,这一现象并非偶然。

但是阿列克谢一世并没有回应。"旧礼仪派"们的精神领袖阿瓦库姆大司祭招致一个问题：沙皇并没有拥有教会或者改变人们信仰的权利。阿瓦库姆绝望地给沙皇写了一封信："毕竟，我们并不是要把帝国从你的手里夺走，我们只是在维护自己的信仰。"

阿瓦库姆的威胁手段是将"沙皇"从身份的合成元素中拿走，他说，自己寻求的只是一个不会威胁到帝国的大众身份，一个世俗国家的身份。还有一个论点被阿瓦库姆用在了他给阿列克谢一世写的信当中。阿瓦库姆请求沙皇不要理会那些被召集到莫斯科的东方主教提出的建议，他亲切地写道："你是一个俄罗斯人，阿列克谢·米哈伊洛维奇。"最后还要说的一点是，一个新的维度，也就是国家意识，被加入到俄罗斯人的身份意识当中。假如我们认真分析一下这个具有代表性的例子，会发现国家意识是作为大众对专制国家自我身份意识的反应出现的，而且是在受到威胁的情况下；那些挑战沙皇、帝国和东正教的专制意识，有可能从俄罗斯人的自我身份意识中剔除。

彼得大帝统治时期的俄罗斯是变化、改革和西化的缩影，我们可以透过这一典型来检验上述假设。大部分俄罗斯人民、东正教以及"老信徒"都验证了我们的假设。一个例子就足以说明问题。俄罗斯人民用很多方式表达了他们对属国政策的强烈反对，比如对专制贵族统治阶层的强迫和打压，但是最明显的还是他们坚信彼得非常邪恶，因为他是神话传说中被仙女偷换后留下的孩子，一个外国人。跟着彼得的那些人，他的官员与仆从，都穿着外国人的衣服，举止古怪，他们都是外国人，都是反基督人士。这种"仇外"心理最起码说明国家意识确实存在。做个外国人在俄罗斯人民是邪恶的，而只有俄罗斯人才是善良的。

[141]但是,和往常一样,事情并没有这么简单:对于彼得一世和跟随他的贵族们来说,他们其实把自己当作俄罗斯人。也恰恰是因为有这种想法,他们才觉得自己可以借用外来的技术、习俗和行为方式,只要他们觉得方便有用就可以。还因为他们觉得,自己作为统治阶层,自己既然是俄罗斯人,那么自己的所作所为也必然是"俄罗斯"式的。与此同时,"老信徒"们,还有广大农民坚持留大胡子,穿传统服饰,保留原来的理解,以此来创造属于他们自己的俄罗斯身份。可笑的是,我们可以发现,这就出现了两种国家意识的碰撞:一方面是"恐怖伊万",他以自己维京人的祖先为傲,以"俄罗斯东正教沙皇"的身份被广大人民群众接受;而另一方面,彼得大帝虽然坚持认为自己是个真正且纯正的俄罗斯人,却被大家看作非法异国人。

总之,这两种意识与列宁的两种文化并行吗? 也许吧。在任何情况下,它们都联系在一起,因为它们有着共同的意识——沙皇、帝国、东正教和俄罗斯。但同时它们之间又存在矛盾,因为每一个都代表了一种身份,这种身份如果没有其他身份的阻挡会发展得更好。令人好奇的是,它们之间的博弈是不平衡的。统治阶级在国家意识中有着明确的身份,它们也拥有所有压制、强迫、甚至逼迫人们接受身份意识的社会组织机构,但是在本质上统治阶层还少了一种意识权力——将大众从民族身份中提出的权力,而大众的国家意识却有这种权力。统治阶级拥有权力让它开始、概念化,能强迫人们接受,也可以表现出来,但是他们心里总有这样一种意识:人民大众才是俄罗斯人,这才是统治阶级安身立命的准则。

因此,统治阶级国家意识的历史就是在不断地搜寻、不断地尝试,以维持阶级身份,使自己始终存在于俄罗斯意识当中。换句话说,这就是个不断询问的过程:"到底什么才是俄罗斯人?"

但是，只有拥有统治阶级的权力，拥有行为、创造以及资源、带上民族身份的能力，才能追问这个问题的答案。对于大众的国家意识来说，既不存在，也不需要贵族一样的意愿、可能和选择。大众的国家意识只是对一种身份——民族身份的肯定，只是对他们不接受或者认为不合法的社会现实的一种回应。17 世纪产生的国家意识的内在矛盾依然存在。统治阶级劝诱人们，试图强迫人们接受意识的多种维度，但是大众意识始终不承认他们的国家意识。

让我举一个典型例子作为代表来结束吧。1881 年，亚历山大二世，也就是解放了农奴的沙皇，被谋杀了。[142]他的儿子，亚历山大三世，希望盖一座象征两种国家意识融合的纪念物来纪念自己的父亲。因此，他建了一座"血泊之中"的教堂（就在炸弹扔向他父亲的地方）：这是一座新的"圣巴西尔"教堂，建在大众们生活的地方，叫作"帝国圣彼得堡大教堂"。至少从美学的角度看，这个想法并没有成功。

（编者注：切尔尼亚夫斯基教授决定在自己的章节中不作任何注释，本书编者毫不犹豫地同意了。中世纪和近代早期俄罗斯史领域的学者如果有心的话，想找到这些引用文献应该不难。米哈伊尔·切尔尼亚夫斯基的《沙皇与人民：俄罗斯神话研究》中参考了一些非专业人士的资料。）

第六章　西班牙

柯尼希斯贝格尔（Helmut Koenigsberger）

[144]1947 年 9 月 1 日，我跟很多人一起聚集在萨拉曼卡的主广场，庆祝圣女维嘉的宗教节日。中世纪的圣女银色肖像在一片庄严肃穆中被人们从教堂抬进了市政大厅，接着一位牧师向大家布道。牧师说，西班牙是永垂不朽的。西班牙在领袖弗朗西斯科·佛朗哥领导的民族复兴之前就已经存在了。西班牙曾存在于波旁王朝和哈布斯堡王朝的统治之下，在天主教国家领袖斐迪南和伊莎贝拉将阿拉贡和卡斯提尔合并之前也已经存在，与西哥特人、罗马人和图巴尔（该隐的后人，也是第一个在西班牙定居的人）存在于同一时期。甚至可以说，上帝在头脑中将世界创造出来之前，西班牙就已经存在了。

这种西班牙引以为豪的观点，有点柏拉图式的味道，很久以来一直隐藏在西班牙文学和历史中，并且与西班牙作家们最喜爱的主题息息相关——西班牙主义的本质。最早的时候，这种思想体现在五世纪奥罗修斯的《西班牙赞歌》（*laudes Hispaniae*）中，以及七世纪圣伊西多尔的作品中。在这些作品中，作者们将西班牙誉为最富饶、最公正和最幸福的土地，而且这里还是最勇敢的英雄和君主们的摇篮①——不过后来其他很多欧洲国家也曾得到过这样的赞誉，这已经变成一种经典题材了。

上述传统虽然中间偶有间断，但还是延续到了中世纪晚期。因此，13 世纪有位教会律师，文森提斯·西斯帕努斯在德国对西班牙意图不轨时，曾引用西班牙成功抵抗查理大帝带兵入侵并且杀了他 12 位骑士的例子。文森提斯当时这样说：

> ［145］西班牙，谁又能想象得到你的荣耀呢？你良驹无数，美食佳名远扬，金银璀璨。你坚毅而明智，是所有人的羡慕的对象。你法纪严明，高高在上，令人肃然起敬。②

在近代早期，这类赞歌变得更复杂了，但是它们想表达的观点在本质上是一样的。17 世纪早期，不仅约瑟夫·斯卡利格（"此人文笔虽好，宗教德行却十分败坏"）对西班牙——罗马作家昆体良、卢坎和塞内卡等进行了攻击，③而且地理学家墨卡托对西班牙的语言颇有微词，④这激发了诗人克维多的爱国热情，因此他用传统赞歌的形式赞扬了西班牙：

> 毫无疑问，西班牙温暖宜人的气候和晴朗的天空，使得

---

① R. Ménendez Pidal,《西班牙历史中的西班牙人》(*The Spaniards in Their History*)，W. Starkie 英译，NewYork，1966，80 页。

② 转引自 G. Post 的《关于中世纪民族主义的两条评注》("Two Notes on Nationalism in the Middle Ages")，*Traditio*，Vol. 9(1953)，307 页。另参见《"圣母西班牙"：文森提斯·西斯帕努斯与 13 世纪西班牙民族帝国主义》("'Blessed Lady Spain'——Vincentius Hispanus and Spanish National Imperialism in the Thirteenth Century")，Speculum，Vol. 29(1954)，198—209 页。

③ F. de Quevedo y Villegas,《西班牙辩护与当代》("España defendida y los tiempos de ahora"，1609)，*Obras completas*，Vol. 1，Madrid，1961，489 页。

④ 同上，502 页。

我们西班牙人也有类似的性情和幽默。很明显,我们既没有像德国人那样,被严寒变得冷漠而呆滞,也没有像黑人或者印度人那样,被炎热搞得不能工作。因为,各种品质之间会相互影响,最后会产生适宜人的习俗。①

克维多还说道,在西班牙,人们对君主有着天然的忠诚,对法律会像信仰宗教一般遵守,对军队将领非常关爱。②

300 多年之后,20 世纪著名的作家和学者皮达尔(Menend-ez Pidal)写的东西跟上面的内容本质上并没有什么区别:

由于受到塞内卡(廊下学派)的影响,西班牙人能够抵制欲望和自我放纵的诱惑,一样也能承受贫穷。因为他们内心是清醒的,能驱使他们在道德上向艰苦朴素靠近。这也表明西班牙人生活总体上是稳定的,简朴,高尚,而且与家族保持紧密的联系。西班牙人依然保留着没有受到阻碍的天性……而不像其他民族那样,受到奢华生活的诱惑,发现自己身陷一种不断磨损的过程,这个过程也消耗着他们的力量。③

[146]在中世纪以及与摩尔人对伊比利亚半岛旷日持久的争夺之后,西班牙爱国主义中又多了一种强大的宗教元素。马塔莫罗斯,也被大家叫作圣雅各信徒和"摩尔杀手",是残存的基

---

① F. de Quevedo y Villegas,《西班牙辩护与当代》,前揭,521 页。
② 同上。N. b. Quevedo 写道:"Es natural de Espana la lealdad..."(对于君主的忠诚在西班牙是天然而成的),而不是大家头脑中现代作者会说的"para los es-panoles"(对于西班牙人)。
③ Menendez Pidal,《西班牙人》,18 页。

督徒的保护者。这些基督徒在西班牙北部阿斯图里亚斯山上王国中与穆斯林作战。这些人只是简单地把自己称作基督徒。①espanol 这个单词（指西班牙人，并不是指地理上的西班牙），是13 世纪从普罗旺斯传来的，那些同样是基督徒的外国人只是觉得这个称呼很方便，后来慢慢地西班牙人自己也接受了这个称呼。②

在西班牙人的民族主义概念中过度强调其中的宗教元素几乎是不可能的，因为有人可能会说，光宗教元素就足以为爱国主义提供道德正名了。克维多清楚地认为，只有上帝会带来胜利，罪恶会导致一连串的失败和毁灭。

> 在托洛萨的拉纳瓦战役（1212 年基督徒们战胜了摩尔人）中我们是上帝的军队，是上帝的本领使熙德获得了胜利，同样地，也是上帝的帮助才让我们打败了那些妄图打破和平的人，虽然他们在东印度也借助了加马、巴切柯和阿尔伯克基的帮助。除了上帝之外，谁还能维持议会，做出大家都知道的勇敢行为？这些勇敢行为创造了一个新的世界。只有上帝的声音万物才会遵循，德·西斯内罗斯在奥兰之战晚上会静静聆听……③

塞万提斯自愿参加勒班陀战役，曾在该战役中受伤，也持同

---

① A. Castro，《西班牙人的历史导论》(*The Spaniards: An Introduction to Their History*)，W. F. King 和 S. Margaretten 英译，Berkeley, Los Angeles, London，1971，10 页及以下诸页。
② Quevedo，《上帝的政治与基督的统治》("Politica de Dios y Gobierno de Cristo")，*Obras completas*，Vol. 1，683 页。
③ Quevedo，《西班牙保卫者》("España defendida")，523 页及以下诸页。

样的想法。在《训诫小说》中,作者偶尔会把西班牙人叫作Spaniards,以和意大利人、法国人或者其他国家的人区分开来。但是,一些值得赞颂的行为主要是基督教式的行为,而不是由西班牙人的民族性带来的。比如在《西班牙小姐》中,作者赞扬英国人爱国而且有骑士风度。但是,这个故事的主人公却是一个英国天主教徒,作者把他和他的家人都描述成基督徒的样子,与其他英国人形成了鲜明的对比。甚至连作为新教徒的英国女王,都没被当作真正的基督教徒。

最能体现爱国主义宗教本质的文学作品也许就是卡尔德隆的《坚定的亲王》(*El Príncipe Constante*)了。在这部戏剧中,葡萄牙亲王堂·费尔南多在战争中被摩尔王费斯俘虏了。敌人对堂·费尔南多十分宽大,最后他的侄子,也就是葡萄牙的国王,终于同意救出自己的叔叔,代价是放弃休达,[147]这座城市是葡萄牙人不久之前刚刚占领的。而这位亲王无论如何也不愿意让基督徒们放弃一座十字架已经屹立起来的城市。虽然摩尔人对他施以酷刑,但这丝毫不能改变他的主意。最后堂·费尔南多死了,但是他的精神引领者基督教的军队走向了胜利。卡尔德隆高度赞扬了葡萄牙人的勇敢。当时他创作这部戏剧的时候,西班牙的国王还戴着葡萄牙的王冠,但同时他也写到了摩尔人的勇敢和骑士精神。这里的问题关键不在民族利益或者民族荣誉上,而在于基督教要战胜伊斯兰教。

卡尔德隆《坚定的亲王》创作完成于 1629 年,在此 130 年之后,莱辛又创作了一个经典短剧《菲洛塔斯》,这部短剧的主题与卡尔德隆的戏剧类似。这两部戏剧之间的相似和不同都很非常有助于我们理解民族主义的概念。在莱辛的戏剧《菲洛塔斯》中,一个非常年轻的亲王在自己参加的第一场小规模战斗中就被敌人俘虏了。这位亲王跟费尔南多一样受到了虐待,而且他听说抓住他的国王的儿子在同一场战役中也被虐待了。两个国王愿意交换俘虏，达成和平协定。菲洛塔斯的祖国什么都不会损失，虽然他不小心被敌人逮住了。或者说，对于菲洛塔斯来说是这样的。但是他拿起一把剑自杀，这样他的国家就不用为了救自己而把俘虏交还敌国。在这部戏剧中，宗教根本不算元素之一。菲洛塔斯考虑的只是父亲和祖国的利益，他是从领土扩张和民族荣耀的角度来看待这种利益的。他没有考虑战争的正义性，只是简单地认为自己的国家是正义的，而对方是非正义的。

　　宗教动因和纯粹的民族主义之间的差别在这里体现得再明确不过了。毫无疑问，卡尔德隆认为费尔南多的行为和动机非常值得敬仰。不过这部创作于三十年战争初期的戏剧，可能还暗含着对基督徒们之间战争的批判。莱辛在七年战争中期创作的时候，对自己故事的主人公和他的动因，越来越持一种怀疑态度。而他自己只有通过强调戏剧中亲王年幼无知才能说服自己。这部戏落幕前的最后一句话是俘虏菲洛塔斯的国王说的，他决定放弃："我们白白流了这么多血，白白征服了这么多省……你难道不相信，有人会厌倦当国王吗？"如果说莱辛的戏剧代表了最原始形式的民族主义，那么它同样也严厉控诉了民族主义的无用和道德空洞。

　　从大多数作者关于西班牙民族情感的作品看来，要么是在近代早期期间，要么是从那以后，西班牙人准确地规避了民族主义的无用性，[148]因为他们的爱国情感含有宗教内容。但是，确切地说，这种观点建立在西班牙人总是基督徒或者天主教徒之上。卡斯特罗晚年作品的一个优点就是，他坚持认为上述假设站不住脚。这位西班牙史学家指出，西班牙国家意识和西班牙主义最开始并不是一种柏拉图式的意识，而是伊比利亚半岛上基督徒、摩尔人和犹太教民族和传统互相交汇产生的历史结果。[1] 卡斯特罗认为,西班牙国家或者民族最典型的宗教身份,是带着"东方犹太—伊斯兰风格,而不是西方风格的文明"。[2] 这个阐述的前半部分,也就是"西班牙民族宗教的身份带着犹太—伊斯兰风格",很明显是正确的,而且这种传统也很有可能影响了基督教的西班牙。

但是,卡斯特罗后来又顺着这句话说,其他西方国家,在中世纪和近代早期的形成阶段,缺乏宗教身份,这就不对了。法国和法国君主当然有自己的宗教身份。[3] 这只是个程度和环境的问题。大多数欧洲国家为了与其他基督教国家对抗,因此不太好为自己明确宗教身份,但是只要时机成熟,他们当然会努力确立自己的宗教身份。但是,只有西班牙这个多民族和多宗教的国家,这一状况也对西班牙自我身份的发展产生了巨大的影响。[4]

但问题并没有这么简单。犹太人不仅影响了基督教西班牙的风俗和价值观,他们中大部分人甚至融入基督教西班牙当中,关于这个过程我们也能发现一些踪迹。自从卡斯特罗第一次提到西班牙文学、宗教、法律和医学中的"改宗的犹太人"(converso,有时人们也会用 marranos 这个贬义词)这个话题,寻找西班牙黄金时代伟人的 converso 祖先,就成为史学家们非常热衷也

---

[1]　Américo Castro,《西班牙历史中的西班牙:基督徒、摩尔人和犹太人》(*España en su Historia : Cristianos, Moros y Judios*), Buenos Aires, 1948。之后还有西班牙和英文版本。最后一本是《西班牙人》(*The Spaniards*),由 King 翻译,参见各处。

[2]　Castro,《西班牙人》,15 页。

[3]　J. R. Strayer,《法兰西:神圣的土地、选民和最基督教化的国王》("France: The Holy Land, the Chosen People and the Most Christian King"), *Action and Conviction in Early Modern Europe*, T. K. Rabb 和 J. E. Seigel 编, Princeton, 1969。

[4]　相似的现象发生在鞑靼统治时期的俄罗斯也是可能的。

很成功的一项活动。①

[149]大多数改宗的犹太人，甚至 1492 年之前很多西班牙的犹太人，在遭到驱逐之前，都觉得自己是西班牙人。卡斯特罗曾引用过一段堂·阿朗索·德·卡塔赫纳 1434 年在贝尔议会上的演说。卡塔赫纳是个"改宗的犹太人"，位至布尔格斯大主教，他曾为卡斯提尔王国优于英国而这样说：

> 西班牙人不会为巨额财富而褒奖别人，他们只褒奖美德；他们也不会以一个人的钱财为标准衡量一个人的荣誉，而是看一个人的品行。因此我们不会这样讨论钱财（而英国人就会）。因为如果我们根据财富来排列先后顺序，科西莫·德·美第奇，或者其他非常富有的商人，也许会排在某些公爵之前。②

但这样的情感并没有像卡斯特罗想的那样，让西班牙从欧洲其他王室贵族的深渊中得救。③ 卡塔赫纳的陈述只是欧洲贵族普遍拥有的情感中比较极端的例子罢了。即使法国的亨利四世也仍然将玛丽·德·美第奇称为"我的大庄家"，尽管在此之前美迪齐家族已经资助过两位教宗，并且被称为大公。当然，亨利四世娶了美第奇，就像德·卡塔赫纳时期卡斯提尔贵族娶了富有的"改宗的犹太女人"。

但是，如果"改宗的犹太人"像卡塔赫纳一样把自己看作卡斯提尔人或者西班牙人，那么事实上大多数人，尤其是底层人

---

① 参见 A. Domínguez Ortiz,《西班牙与美洲那些改宗的犹太人》(*Los Judeoconversos en España y América*)，Madrid，1971，以及其中包含的文献索引。

② Castro,《西班牙人》，150 页。

③ 同上，151 页。

士,是不认同这种身份的。他们非常自豪,认为自己很干净,血统纯正,是古老基督教徒的子民,没有被犹太人的血沾染过,而且排斥异端邪说。1449 年,托莱多发生了暴乱,人们反对卡斯提尔警察德·卢那征收一项新税。最后暴乱演化成了抗议那些教唆征收这项新税的犹太人与"改宗的犹太人"。暴乱者们宣布了一条法令,要求托莱多所有公共和私人机构的负责人都必须有纯正的血统。① 从 17 世纪中期开始,这样的法令变得普遍起来,特别是在宗教机构里。

毫无疑问,在西班牙人心目中,对于纯正血统的重视与民族情感在很大程度上交织在一起。然而,对于血统纯正的疯狂追求中夹杂了强大的反贵族论调(因为主要是上层人士掺杂了很多犹太人和"改宗的犹太人"),这种疯狂在西班牙社会中既是限制性因素,又是分裂因素。[150]奥里维瑞斯伯爵是菲利普四世统治时期的第一任公使,同时也是卡斯提尔王朝最忠诚的拥护者,当然也会用类似的方式来解读"反犹太"的情感,因为他自己跟西班牙高层的贵族和皇室一样,祖先也是"改宗的犹太人"。②

目前为止我已经尝试通过两种途径解析西班牙的民族情感,第一种是从传统作家(从圣伊西多尔到梅嫩达斯·皮达尔)的西班牙赞歌出发的,第二种是从梅里克·卡斯特罗及其学派的角度分析的。他们告诉我们很多关于西班牙历史的东西,真实而且可被感知,虽然有时候我们不一定同意他们的某些看法。

---

① A. A. Sicroff,《15—17 世纪西班牙关于"血统纯正"的法律引起的争议》(*Les controversies des statuts de "pureté de sang" en Espagne du XVe w XVIIe sièle*),Paris,1960,32 页及以下诸页。

② J. H. Elliott,《奥里维瑞斯的治国才能》("The Statecraft of Olivares"),*The Diversity of History*,J. H. Elliott 和 H. G. Koenigsberger 编,London and Ithaca,1970,134 页及以下诸页。

然而,这种方式有一个基本的局限。他们聚焦于某一传统,无论是将这个传统当作民族心态的静态特征,还是将其作为一种演化现象,虽然这些作家用了各种各样的方式来构想他们的模式,但仍没有解释那些不符合他们所描述的传统和模式的人类情感和动机。换句话说,人们总能找到一些例子,而且还是很重要的例子,不符合上述模式。

拿"新世界"中的西班牙征服者为例。这是皮达尔的特征描述:

> 西班牙人拥有这样的天性……他们在考虑另一种秩序的时候不会在得与失上斤斤计较。哥伦布,按照出身来看其实是个外国人,并没有跟随自己内心对事业的热情,而是不断延后,不停协商,拒绝冒险,除非他能确定自己能得到丰厚的回报。而西班牙探险家们,鄙视物质财富,只是单纯地喜欢冒险,对收获的希望也不确定。①

这样一种对民族价值观和动机的解读,在应用到征服墨西哥和秘鲁的历史上就行不通了,甚至与很多西班牙征服者自己表达的观点都互相矛盾。② "我们是来为上帝服务的,也要变得富有",③[151]迪亚兹写道,他是西班牙远征的记录者。皮萨罗曾

---

① Menéndez Pidal,《西班牙人》,19 页及以下诸页。

② A. Domínguez Ortiz,《西班牙的黄金时代:1516—1659》(*The Golden Age of Spain*, *1516—1659*),J. Casey 英译,London,1971。这本书对西班牙征服者的动机进行了更明晰的刻画。在第 289 页中,有这样一段话:"雄心,对控制的欲望,对获得高贵地位和名誉的欲望,对千古流芳的欲望——这些才是西班牙文意复兴的思想。西班牙人在探险中发现了将别人剥削到极致的机会。"

③ 转引自 L. Hanke,《美洲征服中西班牙为正义所作的斗争》(*The Spanish Struggle for Justice in the Conquest of America*),Philadelphia,1949,7 页。

征服秘鲁,他的话更加直白粗暴。他的队伍里有位牧师强烈请
求他不要掠夺印第安人的财产,而要把耶稣基督的信仰带给他
们:"我来这儿可不是为了这个,我就是来夺走他们的金银财
宝的。"①

　　毋庸置疑,很多西班牙征服者拥有令人难以置信的勇敢,
也做好了承受人类极限困难的准备,而且,他们也并不常常期
待拥有物质上的利益。但是,我们想想,为什么人们会把他们
的征服行为称为"西班牙式"的? 他们经受的苦难与南森、阿蒙
森、斯科特、希拉里、坦星,以及其他不同时代国家和不同时代
的探险家们有什么不同? 虽然和西班牙探险家不同的是,这些
探险家经历了千辛万苦,寻求的是个人名誉和满足感,而并非
物质利益。有些人,比如多米尼加和天主教方济会的修士们,
他们真诚地认为,西班牙探险家们把征服当作给野蛮人传播福
音的机会。他们竭尽所能使印第安人免受剥削,西班牙国王也
愿意倾听他们的话。但是实际上这些修士的和西班牙王室的
努力已经被西班牙殖民者的贪婪超越了。如果说西班牙文化
和天主教最终渗透到新世界的广大地区了,那么当地的原住民
为此付出的代价真是相当高。此外,我们还发现一个有点恐怖
的讽刺,在这么多剥夺印第安人财产的灾难中,其中至少有一
个原因是,西班牙人本为自己对物质财富的漠视感到自豪,发
现印第安人竟然也不在乎金银和其他财物,他们对此感到十分
困惑,甚至非常讨厌。②

　　我在这里并不是要重新唤起新世界中那段带有独特西班牙

---

① 同上。
② L. Hanke,《美洲的首批社会实验》(*The First Social Experiments in America*),
　　Cambridge, Massachusetts, 1935, 30 页。

残酷色彩的"黑色神话",只是想说明,主要利用文献资料来理解人类的行为是不够的。如果说西班牙民族感情和一些更值得人敬仰的品格在他们对新世界的征服中已经显现出来,那么事后那些平静而华丽的描述都是那些待在国内的人完成的,虽然并不都是如此,但这种情况也不少见。如果说"日不落帝国"是国内西班牙人骄傲的源泉之一,这并不是什么他们会愿意为之做出重大牺牲的事情。[152]1548 年,卡斯提尔议会向国王建议,禁止西班牙生产商向殖民地区出口,因为出口抬高了国内产品的价格,因此,建议让殖民地的人用自己的原材料生产自己的商品。①

但是,我对西班牙民族主义的批判性探索,还没有得到一个确切的结论。我已经强调过,西班牙的民族情感并没有人们说的那样普遍,渗透性也没有那么强。但是我不能、也不希望否认的是,近代早期西班牙的确存在民族情感。然而,需要注意的一点是,文献中体现出来的思想态度和个人记录下来的评论,并不能准确告诉我们,这些态度有多么重要,它们在一个国家或者一个民族的历史中发挥了什么样的作用。

由此就产生了一个与民族主义现代社会学理论相关的问题,这个问题与上一段提到的问题不同却相关。就以多伊齐在其著作《民族主义和社会交流》②一书中提出的概念框架为例。多伊齐在这本书中提出了一个世界模型,这个世界由分配高度不均的人类殖民地构成,这些或大或小的地块被各种各样的元

---

① J. Carrera Pujal,《西班牙经济史》(*Historia de la Economía Española*),Barcelona,1943,Vol. 1,142 页及以下诸页。

② K. W. Deutsch,《民族主义与社会交流:探寻民族性根基》(*Nationalism and Social Communication:An Inquiry into the Foundations of Nationality*),New York and London,1953。

素拼凑或者分割:交通分布,市场壁垒,财富、语言、种姓或者阶级差异,制度以及历史事件不平衡的影响。要研究这些相互交叠的问题,必须借助从人口统计学到社会学、从经济学到语言学和历史学等各门社会科学的帮助。①

　　到目前为止,这些都是可以接受的。在构建这个模型的过程中,多伊齐提出了一些令人耳目一新的建议,这些建议当然也适用于研究西班牙民族情感的历史。比如,西班牙政府曾希望谋杀莫里斯科人,他们都是基督教化的摩尔人。但是,西班牙政府的计划注定是失败的,因为虽然他们生活的地方那么近,但西班牙政府跟旧基督徒和莫里斯科人缺乏沟通。又或者,多伊齐曾提议过(或者还不止这些),赋予人民一定的价值观,让他们认识到自己究竟是谁,而无论他们的出身地位如何,以此来增强民族情感是十分重要的。②

　　最近有人认为,整个西班牙黄金时代,就是通过将所有阶层——农民、匠人、贵族和君主的高贵与荣耀展现在舞台上,[153]从而尽力不断地稳定当时的社会结构。③ 在人们认同这种解读之前,应该注意的是,伟大的剧作家,从德·维加到德·莫利那和卡尔德隆,他们创作的都是他们认为应该发生的事情,未必是真实情况。在卡尔德隆的《萨拉美阿市长》(*El Alcalde de Zalamea*)中,很明显,里面的官员对待农民的态度可并不像是把他们都看作国家的一分子。作者需要一个解围的人或者事件,比如国王幸运地出现了,这样才能化解剧中展现的最基本的

---

① 同上,161 页及各处。
② 同上,153 页。
③ J. A. Maravall,《对巴洛克戏剧的历史—社会解释》("Una interpretación histórico-social del teatro barocco"),*Cuadernos Hispanoamericanos*,No. 235 (1969)。

阶级矛盾。这样读者才会明白,贵族和农民唯一相同的政治情感就是他们对国王的忠诚。

　　然而,社会学家的理论虽然最终能说明一些问题,但似乎还不够。从沟通问题的角度分析对莫里斯科人的谋杀似乎更好一些。但是一旦我们将其与对"改宗的犹太人"的谋杀相比较,技术不足的问题又十分明显了。在"改宗的犹太人"和旧基督徒之间,不存在沟通问题,也看不出什么区别,语言、社会风俗,甚至外貌特征上的区别都不是很大——至少在西班牙是这样的。但是,人们依然会有"纯净血统"的思想,来针对莫里斯科人和"转化过的犹太人"。所以,即使从多伊齐理论的广泛意义上来说,西班牙就基督徒的种族主义并不是社会沟通的问题。① 换句话说,从当代条件下观察得到的社会学理论在应用到过去的事情时,便缺乏解释力度。

　　然而,更严重的问题在于多伊齐对自己的模型的额外阐述。他在书中说:"现代主权国家和国家片区的分布,从其本质上看是必要的,并非偶然。"② 多伊齐在没有探讨本质与偶然区别的情况下,他的结论只会让研究近现代的史学家感到困惑。[154]史学家不仅会对偶然事件产生专业方面的兴趣,而且非常怀疑,这些偶然事件是不是决定了现在主权国家的分布。近现代的西班牙历史是一个非常恰当的例子,现在是时候再仔细看看西班牙历史了,看的时候要先抛去文献学

---

① 也有可能,这种种族主义是更早时期缺乏社会沟通的结果。当时犹太人、基督徒、穆斯林分立演化。但是这种说法会导致另外一个更艰难的问题,这个问题是优团伊斯兰教在其扩张时期的传播的,同样也与西班牙犹太人和穆斯林的民族起源有关,因为对于这两个问题多伊齐的模型都没有特别说明。

② 多伊齐,《民族主义与社会沟通》,161 页。

家或者社会学家们目的论的偏见,这些人已经侵入了史学家的领地。①

人们一般会把 1469 年费迪南德和伊莎贝拉成婚视作现代西班牙历史的开端。这次联姻,以及后来阿拉贡和卡斯提尔王朝的合并,都被看作预示政治联合的西班牙的民族性表达。某些这类情感看来的确存在于费迪南德的父亲——阿拉贡约翰二世——的宫廷知识分子当中。② 而宣扬这种民族情感的人,动机其实更为实际。约翰二世需要卡斯提尔人帮助他抵抗法国人的攻击,从而保护塞尔达涅的比利牛斯省和鲁西荣。为此,约翰二世与不同的卡斯提尔集团商议,最后找到了一个愿意跟阿拉贡人联合的集团。这个集团是卡斯提尔高层贵族的一部分,由托莱多的卡里略大主教领导,这位大主教支持亨利四世的妹妹

---

① 近来至少有一股人类学思潮正在从以下假设偏离:一个民族单位是离散而同质的社会群体。要添上这一句才算得上公平。这个假设起源于一些原始社会的本质,也来自研究这些原始社会的后马利诺夫斯基方法,很多人类学和社会学一般化都建立在这个假设的基础之上,但是我已经尝试向大家展示过,这个假设不适用于西班牙。详见 R. A. LeVine 和 D. T. Campbell 的《种族中心主义》(*Ethnocentrism*, New York, 1972)第七章及其他各处。

当然,我也并不是盲目地批评社会科学家们。在我写完这篇文章后,康奈尔大学人类学系的 Davydd Greenwood 教授把我的注意力吸引到了当代著名人类学家 Julio Caro Baroja 的《民族特性的神话:不合时宜的思考》(*El mito del character nacional Meditaciones a contrapelo*, Madrid, 1970)一书上。通过现代历史来讨论西拔牙人和非西班牙人对西班牙民族性,总是一件优雅却有些讽刺的事情。卡洛在自己的书第 112 页这样总结道:"En suma, el del carácter nacional es un mito amenazador y peligroso, como lo fueron muchos de al Antigüedad pagana. Pero acaso no tenga la majestad y profundidad de aquéllos."(总的来说,国民特性就是一个具有威胁性又危险的神话,就像古时候异教时代的许多神话一样。但是,也许这些神话并没有前者那样的庄严感和深度。)

② J. H. Elliot,《帝制西班牙,1496—1716 年》(*Imperial Spain*, *1469—1716*), London, 1963,7 页,其中引证了 R. B. Tate,《赫罗纳的红衣主教霍安·马加里特·伊·保》(*Joan Margarit i Pau*, *Gardinal-Bishop of Gerona*), Manchester, 1955。

伊莎贝拉，要抗击自己的哥哥和他的女儿胡安娜。

这是一场纯粹的权力斗争，细节无比肮脏。[155]这之前曾发生过内战，而且有段时间大公们曾诱导亨利四世宣布自己的女儿已经过继给了某个叫德·拉库瓦的人，但是现在史学家们相信这个看法是错误的。伊莎贝拉的支持者们希望与阿拉贡联盟从而达到自己的目的，而且，由于是费尔迪南在追求伊莎贝拉，所以他们也可以强迫费尔迪南接受他们的条件。① 费尔迪南和伊莎贝拉这对表兄妹，因为结婚而得到了教宗的豁免。由于人们十分期待能得到卡斯提尔人的帮助对抗法国，费尔迪南和伊莎贝拉要成婚的消息在萨拉戈萨、巴伦西亚甚至在巴勒莫都受到了欢迎（在这几个地方，西班牙民族主义情感是最强烈的）。但是卡斯提尔人对于这桩婚事却十分冷漠，因为他们害怕内战卷土重来。②

内战很快就来了。胡安娜嫁给了葡萄牙的阿尔方索五世，1474 年亨利四世死后，阿拉贡和葡萄牙很快就卷入了新的卡斯提尔内战中。阿尔方索与胡安娜最终被打败了，卡斯提尔和阿拉贡的王室联合得到了巩固。这个结果对未来有着深远的意义，但是这个结果事先并没有被预料到，假如胡安娜和阿尔方索胜利了，也并不会比他们的胜利更具有民族性或者西班牙色彩。假如胡安娜和阿尔方索真的胜利了，那么就会带来卡斯提尔和葡萄牙王室的结合，这样一种结合在伊比利亚半岛的传统看来，就跟卡斯提尔与阿拉贡王朝的结合一样自然，具有民族性和西班牙色彩。它们的结合说不定还会阻止卡斯提尔涉入阿拉贡对

---

① J. Vicens Vives，《阿拉贡费南多二世生活与王朝的历史》（*Historia crítica de la vida y reinado de Fernando II de Aragón*），Zaragoza，1962，242、246 页及书中其他各处。

② 同上，263 页。

意大利的政策当中,也可能会阻止卡斯提尔卷入阿拉贡与法国无休止的、具有毁灭性的战争当中。

如果说阿拉贡与卡斯提尔王朝合并,产生了"西班牙王国"(这个名字主要是外国人叫的),主要都不是民族情感的结果的话,那么接下来费尔迪南和伊莎贝拉的政策也不是民族情感的结果。格拉纳达征服当然迎合了伊莎贝拉臣民的传统宗教情感,有些人可能会说,也因此迎合了他们的民族情感。西班牙宗教法庭的建立和它驱逐犹太人、迫害"转化过的犹太人"的政策,也同样迎合了西班牙人的宗教情感和民族情感。

此外,天主教的国王和他的后继者们,延续了约翰二世对西班牙历史的资助。也许在这个领域,对西班牙人民族性的情感已经获得了相当重要和值得尊敬的传统,这个领域的国家意识才被给予了联合王室最强大的支持。西班牙的史学家们觉得十分有必要在历史中为他们的国家描绘一些和传统法国人与英国人一样的祖先,在此,民族情感体现得最明显了。[156]法国,特洛伊战争中勇士的后人,弗兰科,和英国罗曼·布鲁特斯,都和西班牙的图巴尔甚至赫拉克勒斯自身联系在一起,更不用说地狱判官这样的外国人了。

最近维泰博的安尼乌斯的仿制品为西班牙人提供了丰富的来源。① 查理五世的御用史官台·欧冈博在他的著作《西班牙编年史》(*Crónica general de España*,1544)中用了大量篇幅来记录西班牙的前罗马历史。换句话说,他写的是一部民族主义历史奇幻小说。即使在17世纪早期,德·马里亚纳,这个比奥坎波阅历更丰富的的史学家,在他的《西班牙史》中也不敢去掉

---

① R. B. Tate,《15 世纪伊比利亚半岛的历史书写散论》(*Ensayos sobre la Historiografía peninsular de siglo XV*),Madrid,1970,第一章。

有关赫拉克勒斯的传说。而近代早期最优秀的西班牙史学家格罗尼莫·祖里他，根本就没有尝试过要写一部完整的西班牙历史，他的著作《阿拉贡王国编年史》(*Annales de la corona de Aragón*，1562—80)，也仅仅将范围限于阿拉贡的历史。[1] 因此，西班牙文艺复兴的历史也是西班牙颂歌传统的一部分。如果人们一定要觉得对西班牙历史的批判性理解有问题，或者说至少跟当时的意大利和法国史学研究比起来，这毫无疑问会增强接受过良好教育西班牙人的民族自信。除此之外，这对西班牙政策制定的影响几乎为零。

天主教国王实行的政策基本上有两个目的：第一是增强君主国的权力，第二是通过政治联姻或者对外征服的方式维持王朝的优势，维护费尔南多宣称属于自己的东西。上述两个目的都不由民族情感激发，虽然这样的民族情感并没有完全消失。但是甚至天主教国王的外交辞令都几乎没有给民族主义的解读任何基础。比如，1473 年费尔迪南将伊莎贝拉立为女继承人：

> 在上述阿拉贡和西西里的王国中，虽然有那么一些法律、法典、条例和习俗不允许女人继承王位……我之所以立她为女继承人，也不是因为任何雄心、欲望或者过度的宠爱……而是为了上述王国能从卡斯提尔和利昂的联合中获得的利益，一个君主会成为他们所有人的国王、主人和统治者。[2]

---

[1]　详见 E. Fueter，《近代修史的历史》(*Geschichte der neueren Historiographie*)，第 3 版，Munich，1936，235 页及以下诸页。

[2]　转引自 F. Gómez de Mercado y de Miguel，《天主教国王的国族信条》(*Dogmas Nacionales del Rey Católico*)，Madrid，1953，334 页。

[157]这个文件的现代编辑者评论道："伟大的政治家堂·费尔迪南准备将中世纪所有王国联合起来,为了创造一个伟大的西班牙王国。"①但是,这份文档并没有表明这一点。其中没有提到西班牙王国,而是提到了各个王室的联合,以及从联合中可以获得的种种利益——西西里王国。文档丝毫没有暗示说,这个意大利王国与伊比利亚岛上的王国有任何不同,也没有暗示说这个岛国应被区别对待。费尔迪南头脑里的,是王朝性的,而不是民族性的联合。

纳瓦拉的情况也非常相似。② 1494 年,天主教的国王许诺将自己的女儿安娜嫁给纳瓦拉国王的儿子。为了两国臣民的利益,本来两国之间应该就此有了永久的和平和政治联合。但是西班牙的名字又一次从这份文档中消失了,而且每次在提到卡斯提尔和纳瓦拉人民的传统和语言时都会这样。1512 年,费尔迪南用武力征服了纳瓦拉,但是这次战争并不是因为什么民族争执,而是因为他的第二任妻子杰曼富瓦一句十分站不住脚的话,因为纳瓦拉的实际国王被逐出了教会。③

1504 年伊莎贝拉去世,几乎所有的卡斯提尔贵族都投身勃艮第·菲利普的怀抱,他是伊莎贝拉那个精神有问题的女儿的丈夫,而没有人支持"国家的"国王费尔迪南。卡斯提尔的大公们准确地预测到,菲利普要比阿拉贡的旧君主更容易对付。费尔迪南很生气,但是对于卡斯提尔人缺乏民族情感这一点,他倒也不惊

---

① 同上,337 页。

② L. Suarez Fernandez,《天主教女王伊莎贝尔的国际政策:研究与文献》(*Política Internacional de Isabel la Católica*, *Estudio y Documentos*),Valladolid,1971,Vol. 2,181—185 页,197—199 页。

③ R. B. Merriman,《西班牙帝国的崛起》(*The Rise of the Spanish Empire*),New York,1918,Vol. 2,344—347 页。

讶。他希望人们做事能多考虑一些实际目的。这个观点可以在1469 年费尔迪南给皇帝马克西米兰写的一封信中看出来，他在信中要求马克西米兰对法国作战。他还说，如果马克西米兰皇帝勇敢上前，德国君主们就会跟着他一起上，而如果他犹豫，他们就会加入法国国王的行列。① 用流行的话说，或者就像文艺复兴时期人们说的那样，当时人们都清楚，君主有一个响亮的名声，要比抽象的"民族主义"概念在精明的政客们心目中重要得多。

[158]随着卡斯提尔勃艮第的菲利普继位，卡斯提尔和阿拉贡的王室的联合也随之消除。虽然费尔迪南在表面上承认继承的合法性，但在暗地里他却宣称自己是被迫承认继承合法性的，因而这次继承无效。但是，费尔迪南又与法国路易七世的侄女杰曼富瓦订立了第二次婚约，以此来避免法国对那不勒斯王国的袭击，因为那不勒斯王国现在已经失去了卡斯提尔王国的支持。② 如果费尔迪南和杰曼富瓦生下儿子，他将继承阿拉贡王国的所有领土，包括西班牙和意大利境内的领土。有人认为费尔迪南不希望让西班牙又出现的四分五裂的局面持续下去，而愿意让杰曼富瓦取代自己的儿子登上卡斯提尔和阿拉贡的王位。③ 这当然是好事，不过我还是觉得费尔迪南之所以这么想，还是从王朝利益的角度考虑的多一点，而民族利益的角度少一点。对他而言，那不勒斯和卡斯提尔一样重要。

菲利普去世，王后杰曼富瓦的儿子刚一出生就死了，这之后

---

① Suarez Fernandez,《国际政治》(*Política Internacional*)，Vol. 4, 569 页。

② 《布洛瓦条约》(Treaty of Blois)，1505 年 10 月 12 日，详见 Baron de Terrateig，《天主教国王时代的意大利政治（1507—1516）》(*Política en Italia de Rey Catolico 1507—1516*)，Vol. I, 42 页。

③ Merriman,《西班牙帝国的崛起》，Vol. 2, 329, 332 页；Elliot,《帝制西班牙》，128 页。

的一系列事件可以清楚地说明,费尔迪南是从王朝利益的角度出发来考虑的。现在汉布斯堡——勃艮第王朝将宣布卡斯提尔和阿拉贡都属于它。但同时,卡斯提尔和阿拉贡两个王朝的联合是在费尔迪南的身上体现的。有一段时间,费尔迪南曾让红衣主教德·西斯内罗斯代替其统治,任其执行一种本质上"卡斯提尔式"的国家政策——征服北非海岸。也正是在那时,这位红衣主教在奥兰战役中被世人赞誉:"他像约书亚一样,阻挡了太阳的轨迹,让基督徒们有充足的时间实现胜利。"费尔迪南并没有积极支持这些举措,事实上,1510 年他下令停止了这些行动,将卡斯提尔的资源用到了对意大利的政策上。

　　在费尔迪南 1516 年去世的时候,伊比利亚半岛上各个王国互相之间还像以前那样充满敌意,这就不足为奇了。西曼乃斯大主教在又一次代替国王统治时,在给荷兰年轻的查理国王的一封信中,描绘了这个国家阴沉昏暗的气氛。纳瓦拉人是阿拉贡人的宿敌,他们宁愿经受土耳其人的虐政,也不愿意让阿拉贡人掌管潘普洛纳的要塞。[1] 这位国王计划派遣一位阿拉贡人作为使者到罗马,但是大主教劝他放弃这个计划。[159]因为居住在罗马的众多卡斯提尔人不会听他的。他建议国王选派一位卡斯提尔人或者佛兰芒人作使者。[2]

　　最后,连卡斯提尔人都对任命佛兰芒人的决定不甚满意,至少卡斯提尔国内的人是这样的。学者们一般认为,1520 年的那

---

[1] Ximénes 给身在佛兰德斯的 Diego Lopez de Ayala 写的一封信,马德里,1516 年 5 月 12 日,见 P. Gayangos and V. de la Fuente,《红衣主教堂·弗朗西斯科·希梅内斯·德·西斯内罗斯修士书信集》(*Cartas del Cardenal Don Fray Francisco Jiménes de Cisneros*),Madrid,1867,129 页。

[2] Ximénes 给佛兰德斯的 Diego Lopez de Ayala 的一封信,马德里,1516 年 9 月 27 日,同上,158 页。

场平民暴动主要反映了卡斯提尔人对一个异族国王及其言官的抵触心理。理所当然地，在查理五世的朝堂之上有很多人对荷兰人感到厌恶，甚至在荷兰人踏上卡斯提尔的国土之前，就出现了更决绝夸张的运动反对荷兰人投机取巧的行为。[1] 同样，人们对查理五世的帝国头衔也有不满，大家说，应该叫"西班牙国王"而不是"德国皇帝"。[2]

　　然而，在 1520 年的那场平民暴动中，双方都声称自己才真正代表卡斯提尔人的利益。双方经济上的对立由来已久。梅斯塔人是养羊户中有钱人的代表，他们和布尔戈斯的商人通过向荷兰出口羊毛富有起来。他们支持与布尔戈斯人建立联系，声称"畜牧业和羊毛贸易是这些王国主要的资源来源，为这些国家的人民提供了大量的就业机会，为他们提供了肉类、衣服和鞋子以及其他必需品。如果没有畜牧业和羊毛毛衣，这些王国将无法立足，这些国家的王室也就没有收入来源……"[3]而与之相对的是，塞戈维亚、托莱多、巴利亚多利德的生产者认为，原羊毛的出口提高了国内生产羊毛的价格，使很多以纺织为生的穷人遭了殃。弗兰德人和英格兰靠着将西班牙的羊毛加工成布发了财。[4] 其他国

---

① 同上，散见各处；V. de la Fuente，《红衣主教堂·弗朗西斯科·希梅内斯·德·西斯内罗斯修士摄政期间书信集（1516—1517）》(*Cartas de los secretarios del Cardenal D. Fr. Francisico Jiménez de Cisneros durante su regencia en los años de 1516 y 1517*)，Madrid，1875，18 页及其他各处。还可参见 J. E. A. Walther，《查理五世的早期阶段》(*Die Anfänge Karls V.*)，Leibzig，1911，参见各处。

② J. Sanches Montes，《法国人和土耳其清教徒：查理五世统治之前的西班牙人》(*Franceses, Protestantes Turcos: Los Españoles ante la Política de Carlos V.*)，Madrid，1951，21 页，其中引证了 Santz Cruz 的《编年史》。

③ 梅斯塔人的备忘录，1520 年，引自 J. Pérez，《卡斯提尔"民众"革命》(*La révolution des "comunidades" de Castille* [1520—1521])，Bordeaux，1970，43 页，注 123。

④ 佩德罗·德·布尔格斯的备忘录，同上，103 页及以下诸页。

家榨干了西班牙的财富,之所以会出现这种情况,是因为"西班牙进口的产品很贵,而西班牙出口的东西却不花什么钱"。① 因为君主出于经济原因总会支持梅斯塔人和羊毛出口商,[160]在平民暴乱中布尔格斯依然忠于君主,而塞戈维亚和托莱多则变成了反对者的中心,这也不足为奇了。

　　然而,这场暴动的直接原因,却是经济和政治方面的。政府要额外征税,而且操纵卡斯提尔议会,让议会同意为国王去德国征税,对此人民十分愤怒。虽然经济利益上的对抗和对亚德六世这个外国统治者的反感的影响都十分重要,这场暴动的主要问题很快演化为制度性和社会性的:城市政治权力与国王的对立,议会、城市甚至在他们自己领土上的贵族的社会和政治地位。在这种条件下,勃艮第人虽然厌恶卡斯提尔贵族,也同情城市,但这些情感很快就被他们对卡斯提尔贵族社会与政治地位的恐惧给淹没了。他们建立起军队,击败了暴动的平民,重新建立起亚德六世这个外国国王的权威。②

　　与其说阿拉贡国王的臣民们对这位外国国王和他的随侍们感到满足,倒不如说卡斯提尔人对此心里更高兴。卡斯提尔的议会要比阿拉贡议会更愿意为查理五世的德国政策买单。但是卡斯提尔没有像阿拉贡政府那样强迫大家接受新的德国政策,因此,加泰罗尼亚人和阿拉贡人也没有支持平民暴动。很明显,虽然大家普遍对外国人怀有敌对情绪,但这种情绪依然不足以使西班牙出台民族主义色彩很浓的政策。巴伦西亚人内部的确

①　罗德里格·德·路让的备忘录,同上,105 页及以下诸页。
②　当代最完备的记录可以在 Pérez 的《革命》一书中找到,还可参见 J. A. Mara-vall,《卡斯提尔的民众起义》(*La Comunidades de Castilla*),Madrid,1963。

出现了叛乱——日耳曼尼亚人。但是，这只是较低阶层群众的叛乱，他们反抗的是莫里斯科人和当地的贵族，这些人把叛乱的日耳曼尼亚人当作珍贵的廉价劳动力保护起来。所以日耳曼尼亚人和那些暴动的平民并不是一伙的，他们大胆宣称自己对统治阶层十分忠诚。但这也没什么用，国王还是和贵族联合起来镇压日耳曼尼亚人。

在查理五世统治末期，卡斯提尔的贵族和城市慢慢接受了他们的外国国王和他的帝国主义政策。① 查理自己也学了卡斯提尔语，并且竭尽全力使自己各方面都看起来像一个卡斯提尔人。"卡斯提尔的"这个词要比使用"西班牙的"这个词意味更深，因为国王和他的政府几乎没有为西班牙各个王国的联合付出更多的努力。[161]目前为止，卡斯提尔是国王统辖的区域内最大的属国，也是在平民暴动后，国王拥有最多管理权的属国。因此卡斯提尔人独享和新世界贸易的权利。虽然卡泰罗尼亚人打着卡斯提尔人的幌子同样可以参与国际贸易，但是热那亚人和奥格斯堡人也一样可以。

由此，非卡斯提尔人的西班牙臣民对于外国人就没什么优势了。查理在离开时把王国交到伊莎贝拉的手中。虽然阿拉贡王国的法律要求王后必须出席议会，这位王后仍然拒绝在议会上出现。② 这位王后非常特别的一点是，她曾说过，她曾在某个场合抱怨，许多大公和贵族希望到巴塞罗那欢迎他们的皇帝，因

---

① 1525 年，威尼斯驻西班牙大使 Gasparo Contarini，也就是后来著名的红衣主教和教会改革家，仍然认为各个阶层的西班牙人都不喜欢或者讨厌他们的外国皇帝，他回应了这些情感，但是也知道怎么去掩饰自己的情感。E. Albèri,《威尼托区大使报告》(*Relazioni degli ambasciatori veneti*), Series 1, Vol. 2, 44 页及以下诸页。

② J. M. Jover,《卡洛斯五世与西班牙人》(*Carlos V y los Españoles*), Madrid, 1963, 55 页。

为皇帝会到那里。伊莎贝拉说这会导致"大量钱财和马匹从这些国家出口"，①也就是说，从卡斯提尔王国到阿拉贡王国！

从伊莎贝拉王后对她丈夫的反应中我们可以看出，查理五世的帝国政策并不总如卡斯提尔臣民所愿。但是两者并没有本质上的差异。卡斯提尔王朝的大公们是要来看这个掌管这么多国家的统治者给他们带来了什么好处的。悉尼和韦布曾经把20世纪早期的大英帝国称作"大不列颠上流阶层巨大的室外放松系统"。查理五世帝国拥有那么多总督和辖区，军队不断扩张，上校和上尉也不断增加，在马德里，针对有教养的绅士们的教会越来越多，有很多意大利主教来到了西班牙教会，由此卡斯提尔的上流人士便对查理五世的帝国十分仰慕。

由此，对高层政策的讨论，也视帝国的性质而定。1544年的争辩就很能说明这一点。查理五世不出所料地在法兰西进行了一番活动之后，与弗朗西斯一世缔结了《克雷皮和平条约》，因为他自己已经没有钱了，也希望能按照自己的意愿解决德国新教徒的问题。这个条约很重要的一部分就是哈布斯堡王室和瓦卢瓦王室的联姻，联姻可能有两种形式：第一种是，弗朗西斯一世的次子、奥尔良公爵查理娶查理五世的女儿玛丽为妻。这对夫妇将接管整个荷兰，玛丽还会获得整个弗朗士孔泰地区作为"嫁妆"，在皇帝去世之前他们都将以总督的名义管理这片区域，而皇帝去世之后，他们将获得这片区域的主权。[162]第二种形式是，奥尔良公爵会娶皇帝兄弟费尔迪南（罗马国王）的二女儿安娜，与此同时，米兰将成为奥尔良公爵的领地。身在布鲁塞尔

---

① 王后伊莎贝拉给查理五世的信，马德里，1533 年 1 月 20 日，见 M. del C. Mazarío，《葡萄牙的伊莎贝尔，帝国皇后和西班牙王后》(*Isabel de Portugal，Emperatriz y Reina de España*)，372 页。

的皇帝还向西班牙国务委员会咨询哪一个选择会更好一些。

　　1544 年 12 月,菲利普王子(也就是后来的菲利普二世)向他的父亲报告说,国务委员会不能同意这次联姻。① 有些委员,也就是跟随原来托莱多红衣大主教弋·塔维拉的那批人,站在传统的立场上,反对卡斯提尔参与意大利的事务,尤其是米兰的,这个省西班牙九年前才刚刚夺过来,但是,要想保住米兰,不让法国人侵占,却需要付出大量的血汗和金钱。同样重要的是,红衣主教听说查理五世要放弃他祖祖辈辈传下来的勃艮第,十分生气。阿尔瓦公爵则站在另一边。他认为荷兰很难守住,因为西班牙的供应线路要么得经过大海,要么得翻越阿尔卑斯山,因此荷兰要守住难得很。相反,没有了荷兰,米兰完全守得住。

　　两方的观点虽然截然相反,但非常符合卡斯提尔和加泰罗尼亚——阿拉贡在外交政策中的传统,虽然阿尔瓦是一位杰出的卡斯提尔人代表。② 它们也代表了两种人的观点:一种是传统主义者,在他们看来,对王朝的忠诚是神圣的。另一种是实用主义的士兵们,他们对两种选择中涉及到的战略和物流问题进行了实际的分析。大概二十五年后,阿尔瓦已成为荷兰总督,而发生的一系列事情也证明了他在 1544 年的分析是正确的,虽然

---

① 菲利普王子 1544 年 12 月 14 日的信已经有了译文,载于《西班牙国家文件日志》(*Calender of State Papers Spanish*) 第 7 卷,478—496 页。关于这个话题更多的材料和分析,可参见 F. Chabod,《米兰还是低地国家? 西班牙关于 1544 年之变的讨论》("Milán ó los Países Bajos? Las Discusiones en España sobre la Alternativa de 1544"),《卡洛斯五世(1500—1558)》(*Carlos V*[*1500—1558*]: *Homenaje de la Universidad de Granada*),Granada,1958,331—372 页。

② F. Chabod,《查理五世政治观的内在冲突与争议》("Contrasti interni e dibatti sulla politica generale di Carlo V.") ,*Karl V*, *Der Kaiser und seine Zeit*, P. Rassow and F. Schalk 编,Cologne,1960,56 页。

他也竭尽所能避免这一切的发生。但是无论阿尔瓦还是塔维拉在 1544 年的观点，都一样是从西班牙的角度出发的。①

[163]如人们所料，查理五世最后放弃了米兰，而没有放弃祖祖辈辈传下来的勃艮第，当然，这是出于王朝和情感的原因，并非卡斯提尔民族原因的考虑。② 毕竟，他并没有过分在意塔维拉对自己意大利政策的反复批评。但是让帝国君臣上下感到欣慰的是，奥尔良公爵去世了，所以上面提到的第一种联姻也不再可能。

随着 1555 年菲利普二世继位，卡斯提尔统治阶级的政策往往从宗教的角度出发，但在执行时采用的却是实用主义的策略，这主要是因为菲利普二世要比他的父亲更像个卡斯提尔人。从官方的态度上讲，国王像重视西班牙人那样重视意大利和荷兰的臣民。来自老牌贵族家庭的意大利人，比如佩斯卡拉和科隆纳，虽然知道菲利普二世暗中图谋杀害他们，却依然对国王忠心耿耿。艾格蒙特直到上了绞刑架对国王的忠心都没有动摇过。对于很多欧洲贵族来说，个人对国家的忠诚要比民族情感重要得多。在 1525 年帕维亚战役中，米兰事务长吉罗拉莫·马龙曾试

---

① Chabod 认为，阿尔瓦的观点 "assai più nazionale proprio dal punto di vista spag-nuolo"（在西班牙人眼中，正是极具国民性的）同上书，但我怀疑阿尔瓦自己并不是这么看的。在我看来，阿尔瓦完全是为了自己国家的权力和军事需要考虑的。（阿尔瓦可能是近现代欧洲史上跟《尼伯龙根之歌》中的哈根最接近的人物了。）他的观点也得到了意大利人费尔兰特·龚扎歌的支持，此人是查理五世的米兰总督，而在其他方面，算不上阿尔瓦的朋友。龚扎歌的头脑里有一个意大利—西班牙帝国的蓝图，这个帝国从战略上来说是可以守得住的。为了实现这个构想，他后来甚至建议拿荷兰跟皮埃蒙特交换。同上书，57 页。在朝堂上，龚扎歌的提议因为太"意大利化"而被驳回了。

② 见 F. Walser，《关于查理五世一生行迹的报道和研究》（"Berichte und Studien zur Geschichte Karls V."），第六部分，*Nachrichten von der Gesellschaft der Wissenschaften zu Göttingen*，Phil.-Hist. Klasse，1932，Hft. 1，133—143、167—171 页。

图从民族利益的角度劝说胜利者佩斯卡拉改变立场,将意大利从外国人掌控的局面中解放出来。①

　　菲利普二世甚至都承认,人们如果在自己的国家之外效力,效果会更好一点。但是,菲利普二世的实际行动却跟他所宣称的正好相反,他在卡斯提尔从来不用荷兰人或者意大利人,只要可能,用的都是卡斯提尔人。格朗韦勒主教是个弗朗什—孔泰人,他曾说过,早在 1563 年,国王偶然为西班牙教会指派了一个荷兰人去做神职人员,这样一个小小的举动都会让成百上千的人更加衷心,他们希望能得到同样的机会。特别地,格朗韦勒极力要求国王给奥朗热王子西西里总督的职位,这样他就能效忠国王,也不会在荷兰惹是生非了。② 但对这个挺有道理的建议,马德里的人似乎并没有讨论过。菲利普显然并不想损害卡斯提尔的既得利益,并且随便找了个借口,没有听从格朗韦勒的建议。格朗韦勒自己和其他菲利普的非西班牙高官——甚至他自己的侄子亚历山大·法尔内塞(帕尔马公爵)都觉得卡斯提尔人常常对自己不太友善,而且不配合。

　　[164]在世界上其他国家看来,查理五世普救主义者的王国已经成为了西班牙的帝国。在西班牙国内,"西班牙帝国(Span-ish empire)"这个词也是直到 16 世纪 90 年代人们才使用起来。③ 但是早在 1579 年,卡斯提尔议会就向国王建议,即使他

---

① K. Brandi,《查理五世皇帝》(*Kaiser Karl V*),Munich,1937/59,188 页及以下诸页。

② Granvelle 给菲利普二世的信,1563 年 3 月 10 日,*Papiers d'état du cardinal de Granvelle*,Paris,1841,Vol. 7,53—55 页。

③ 从菲利普二世统治时期(1555—1598),"天主教西班牙国王"或者"西班牙国王"这样的字眼开始出现在外交文件中。这可能没什么值得惊讶的,因为在通行的文学和修辞传统中,人们希望卡斯提尔人能代表整个西班牙与外国人对话。但是我认为不应该过多考虑这个传统。这个传统也并没有被人们一(转下页注)

没有合适的理由,也应该将葡萄牙王国夺过来,因为如果一个外
国人继承了葡萄牙的王位,对卡斯提尔是不利的,也将对基督教
不利。① 1587 年,将卡斯提尔人的政治动机和基督教国家的善
行等同起来变得十分明显,当时议会说他们正向国王请愿,请他
减免税收,这样人民才能效忠于他:

> 正是因为他们的武力和资产,陛下您和您的祖宗们才
> 征服并统治了这么多王国,因此陛下您有义务将它们维护
> 好,继续征服那些上帝可能赐予您的王国……这对您的臣
> 民、封臣和基督教来说也是必要的。②

在菲利普二世统治期间的最后几年里,有人对卡斯提尔帝
国主义对卡斯提尔以及普通人民(这些人纳了税,并且负担了军
费)的影响产生了疑问。有一位代表怀疑,"假如西班牙变穷了,
法兰西、弗兰德和英格兰是不是真地会更好?"③[165]还有一位

(接上页注③)直遵循下去。菲利普二世统治末,在 1598 年 5 月 2 日的《韦尔
万条约》中,菲利普二世依然扮演着传统角色:"他是卡斯提尔、里昂、阿拉贡、西
西里岛、耶路撒冷、葡萄牙、纳瓦尔还有印度人的国王",在这之后就是一些大公
和非贵族的头衔了,甚至也没有将西班牙的头衔归纳到一起。J. Dumont,《国
际法外交文件汇编》(*Corps Universel Diplomatique du Droit des Gens*),The
Hague,1728,Vol. 5,561 页。内部文件似乎毫无变化地遵循着传统风格:
"Don Phelippe, Segundo deste nombre, por la gracia de Dios rey de Castilla, de
Leon, de Aragon..." (堂·菲利普二世,上帝属意的卡斯提尔、利昂、阿拉贡国
王……)比如,一条规定托莱多统治者选举的条例,1566 年 3 月 17 日,转引自
Privilegios Reales y Viejos Documentos,Vol. I,Doc. XV,Madrid,1963。

① 关于这个话题更深一步的讨论,详见我的文章《菲利普二世的治国才能》("The
Statecraft of Philip II"),*European Studies Review*,Vol. 1,no. 1,1971。

② 《卡斯提尔王庭记录文书》(*Actas de las Córtes de Castilla*),Madrid,1866,Vol.
8,282 页。

③ 比如,在 1567 到 1574 年间,大约有 43000 人被送到了意大利和荷兰。G. Parker,
《弗兰德军队和西班牙道路:1567—1659》(*The Army of Flanders and the Spanish
Road 1567—1659*),Cambridge,1972,42 页,注 3,第 3 章及其他各处。

代表详细描绘了国王政策对普通群众的恶劣影响,并且讽刺道:
"现在大家没什么共同的幸福,只有共同的悲惨。"①

　　然而,这些声音并没有得到太多人的回应。国王在对议会
的演说不似从前,对基督教界善行提得越来越少,对国界外(而
非国内)与敌人连年征战所得好处提得越来越多。② 对于那些
乐于此类言辞的人们来说,这些唤醒人们爱国主义、呼吁人们保
家卫国的口号十分受用,特别是在埃塞克斯伯爵侵略加的斯
之后。

　　在很多西班牙人从整个欧洲看来,菲利普二世这位谨慎小
心的国王,其目标是控制欧洲和世界。但是在他死后一段时间
内,西班牙出现了反省和自我批评。阿比特力斯塔斯是这种自
省情绪的典型代表,他对卡斯提尔经济、风俗和道德都进行了
非常深入的分析。他们的提议和当时欧洲其他国家重商主义
作家的提议十分相似。他们从民族利益的角度出发,对财富、
因而也对自己国家的权力十分看重。同时,他们也强调保护本
国产业的必要性,支持发展交通,欢迎移民,尤其是那些有技术
的人,总之,就是要改变卡斯提尔人对生产性经济工作的厌恶。
但是,除了建议削减政府开支,将支撑帝国的经济负担分散到
各个王国以减轻卡斯提尔的负担之外,他们几乎没有系统分析

---

① 这句话的西班牙原文是"No hay beneficio común, sino mal común, para todos en general."(总的来说,并没有众人皆可享的福祉,只有众人皆受累的灾祸。)罗德里戈·桑切斯·多利亚是托德西利亚斯的代表。上面这句话就是他在 1595 年 5 月 26 日说的。他还说道:"之所以没有出现反对增加税收的声音,是因为这些税收负担最终没有落到共和国里那些能够发出声音且声音能被听到的富人身上。他们尝到的甜头,是穷人的血。"在《菲利普二世的治国才能》第 20 页中,我错把这句话当成塞维利亚的佩德罗·德·泰罗说的。《卡斯提尔王庭记录文书》,Vol. 14, 52—59 页。

② 同上,Vol. 15, 444—445 页。

帝国存在的问题,也没有分析西班牙君主国在欧洲及世界中扮演的角色。

当时的史学家们也是如此,年迈的胡安·德·马里亚纳在谈到他自己在格拉纳达战争结束后是怎样被说服继续撰写《西班牙史》的时候,非常高兴 1492 年后自己国家人民的力量被引向了对外国的征服,"西班牙的名字和勇敢,以前很少人知道,而且仅限于西班牙很窄的圈子里,现在光荣地迅速传播开来,不仅传到了意大利、法国和巴巴里,还传到了世界的尽头"。[166]别人劝马里亚纳描绘的是帝国的征服和西班牙的伟大。① 至少在这部作品中,马里亚纳关心的是西班牙的名声问题,他甚至都没有涉及赢得这种名声会对国家、人民和世界其他地区产生的影响。即使在基督教的传播(西班牙通常拿这个当作海外征服的借口)这个问题上,马里亚纳在自己的书中也只用了两句话来阐述这个问题:

> 上帝把他们(美洲印第安人)带到基督的庇护之下,给了他们很多益处,给予他们同情……总之,上帝把自己介绍给了他们,这样他们就不用像奴隶一样生存了,而是可以像基督徒一样生活。

在这一点上,马里亚纳似乎已经意识到自己在描述西班牙征服的影响的时候忽略了一些东西,因为好像拉斯·加萨斯和维多利亚都没有讨论过这个问题的复杂性。马里亚纳迅速加了一句:

> 与他们原来自由烂漫的状态相比,受到基督教的约束

---

① 　J. de Mariana, Historia de Espana,《西班牙史》(*Historia de España*),第 26 卷,第 1 章。

能给他们带来更多益处。①

　　卡斯提尔的大公们在菲利普三世期间引导着西班牙的政策，他们不仅继续占据西班牙的总督和国外的大使职位，也占据政府的中心职务。马里亚纳在书中对这些人也没有进行基本的分析。这些大公成长在菲利普二世扩张主义论盛行的大环境下，因而认为以下三项是理所应当的：第一，即使西班牙王国的目标并不一定非得是建立一个世界帝国，但是依然应当在欧洲发挥主导作用；第二，同样地，西班牙也应该在天主教事业（因而也是上帝的事业）中发挥主导作用；第三，卡斯提尔统治阶级应该管理这项事业。这些大公们只在具体策略上有分歧。菲利普二世的心腹勒尔玛公爵，同样也是主要的部长，他和马德里的国务委员会都意识到了国家危险的经济状况，于是平定了与英国和荷兰的战乱（虽然与荷兰的和平维持得并不久），免得让西班牙陷入更深一步的战祸中。然而，也正是这些人在 1611 年决定将莫里斯科人赶出西班牙。这个决策受到广泛欢迎，对卡斯提尔的经济几乎没有产生影响，却对阿拉贡和巴伦西亚的经济产生了重大影响。

　　在意大利的卡斯提尔总督、理事们，还有驻罗马、威尼斯、布拉格、布鲁塞尔的大使们，可没像勒尔玛那样拘束自己的行为，他们也不受勒尔玛的约束。这些人通过强取豪夺、威逼利诱等等方式，在很大程度上扩大了西班牙在意大利和德国的权力和影响力。在 1610 年到 1630 年的二十年间，西班牙最后一次在政治地位上占领了欧洲。②

---

① 同上，第 3 章。
② 关于西班牙政治地位的精彩描述，特别是这二十年中的前十年，可见 H. R. Trevor-Roper，《西班牙与欧洲：1598—1621》（"Spain and Europe 1598—1621"），*New Cambridge Modern History*，Vol. IV，第 9 章。

[167]这些年发生的事对西班牙来说简直是灾难性的。西班牙之所以能占据统治地位,也是钻了其他国家的空子,因为他的敌人当时国力比较虚弱,而且不团结,特别是法国在1610年亨利四世被暗杀后的二十年里国内动荡不安,这一点恐怕当时很多人都没有意识到。还有一些人,比如西班牙驻英大使公多玛尔觉得只要能征服英国,西班牙还是能成为世界帝国的,在公多玛尔看来,这并不是很难。而国务委员会中有一大部分人曾在1621年就荷兰战争是否要重新开始的问题争论过,这些人比较保守。荷兰人曾利用《十二年停战协定(1609—1621)》掠夺西欧贸易以及从波罗的海运往西班牙的东西。如果他们继续像当时那样到处掠夺,阻碍西班牙—美洲贸易,那么他们会先失去西印度群岛,接着是弗兰德等其他地区,然后失去西班牙在意大利的统治,最后就是西班牙自己。①

这很明显将民族利益、甚至民族存亡问题与帝国等同起来。从策略上看,他们用的理由是我在其他场合称作"潜在灾难扩大"的理由。采取这一立场的优势在于,它在形式上是防守性的(因为敌人在行动上非常积极),但在意图上十分具有威胁性。这看起来似乎是个无法回答的问题,最后西班牙选择了战争。② 古斯塔夫·阿多夫斯用同样的理由说服了一位拥有满腔爱国热情但是有些犹豫的瑞典国会议员,让其支持几年后(1628年)瑞典参与德国战争。③

但是,卡斯提尔人和瑞典人都将经历同样的幻灭。在捍卫国家合法权利和为上帝事业服务(这个可能有不同的解读)的过

---

① 同上,279—282 页。
② 见 H. G. Koenigsberger,《哈布斯堡家族与欧洲:1516—1660》(*The Habsburgs and Europe 1516—1660*), Ithaca, 1971, 228 页及以下诸页。
③ 同上,247 页。

程中,民族意志消耗殆尽,这些在欧洲其他国家、甚至西班牙和瑞典的盟友们看来,都是赤裸裸的、激进的权力政治。这是给卡斯提尔人的报应,这突出了西班牙民族主义原来的弱点,与卡斯提尔贵族帝国主义相对。西班牙的非卡斯提尔王国不再那么相信西班牙王室的那些话了,更愿意相信他们并不是西班牙人。①

菲利普四世的心腹奥利瓦尔意识到了这个问题,[168]帝国政策的负担需要卡斯提尔控制的其他王国分担一点,至少奥利瓦尔看到了这一点。他同时也意识到,这些王国只有认为自己是帝国伟大事业的一部分,才愿意替卡斯提尔分享这些负担,比如在帝国能给他们一点利益的情况下。奥利瓦尔在 1624 年给国王递呈的一份秘密文件中简单描述了自己的计划:葡萄牙、阿拉贡还有意大利的法律应当融入卡斯提尔的法律,但是国王应该时常巡视这些国家,并且把一些权利分配给当地居民,把一些重要的仍然属于卡斯提尔的职位和荣誉分配给他们。但这恰恰是卡斯提尔的统治阶级无法接受的,奥利瓦尔甚至不敢公开提出自己的计划。

1560 年,菲利普二世执行格朗韦勒提出的类似计划失败了,因为要整合西班牙帝国,西班牙政府除了按照阿尔瓦的镇压政策之外无计可施,最后引起了荷兰的暴动。17 世纪 30 年代,奥利瓦尔的尝试失败了,他别无选择,只能建立"联合军队",因此引发了加泰罗尼亚和葡萄牙的暴动。为了建立这个"联合军队",一共召集了 14 万壮丁作后备军,而为了维持这支军队,各个属国需要根据自己的预估资源提供财力支持。但是非卡斯提

---

① J. H. Elliot,《加泰罗尼亚人的暴动》(*The Revolt of the Catalans*),Cambridge,1963,200—203 页。还可参见我的《1640 年加泰罗尼亚人的暴动》("The Catalan Revolution of 1640"),*Estudios de Historia Moderna*,Vol. 4(1954),278 页。

尔人并不喜欢这个计划,因为这侵犯了他们的法律和自由,而且,公道地说,他们也不信任马德里政府。然而,战争需要源源不断的物资,奥利瓦尔也不得不继续坚持自己的策略,这也让马德里陷入了与加泰罗尼亚还有葡萄牙的冲突之中。加泰罗尼亚人和葡萄牙人的王位在 1580 年就交到了西班牙手中,这两个国家的人对国王个人还是有些忠诚的。

　　然而,在接下来的 100 年当中,西班牙却充斥着卡斯提尔统治阶级的野心,加泰罗尼亚人和葡萄牙人并不喜欢这样的西班牙。葡萄牙人在 1640 年宣布独立后就再也没被征服过。而加泰罗尼亚人认为自己实力不够,无法实现独立,因此转而与法国国王联合起来,"就像在查理大帝那时一样"(1641 年 1 月)。从感情上来说,这几乎没什么意义。法国军队从投石党的内战中撤出后,卡斯提尔在 1652 年又一次征服了加泰罗尼亚。至少可以说,加泰罗尼亚的上层阶级松了一口气。他们跟法国人还没有跟卡斯提尔人合得来。马德里没有重犯之前的错误,而是重新建立了加泰罗尼亚的自由与秩序。但是,从后来一直到当代的历史中我们可以看出,将加泰罗尼亚融入卡斯提尔人主导的西班牙可以说问题重重。

　　西班牙在奥地利王室的最后几年一直到 17 世纪末,都很悲惨。[169]西班牙的衰落,或者说至少是卡斯提尔的衰落,得到了当时人们的见证,也被后来的史学家们评述过,这是不争的事实。西班牙的衰落在人口、经济活动、国内和国际政治,甚至在文学和绘画中都看得出来,因为后来再也没有出现能和卡尔德隆、维拉斯奎兹和穆里洛比肩的人物。只有国家意识和民族自豪感没有衰退。卡斯提尔贵族在面对接下来的灾难时,在面对西班牙军力不足而战败时,在被欧洲其他国家鄙夷时,仍然拒绝面对现实,就像他们当初得意的时候一样。亚历山大·斯坦诺普在 1699 年评论道：

> 虽然这么多舰队和巨轮到来，但是财力短缺，这谈不上别人相信不相信，而是眼看着的事实。很多年都盼不来一次补给，因为最后一艘到达印度的巨轮是空的，而且我们也变不出东西。西班牙在加泰罗尼亚的军队最多也不到 8000 人，连德国人和瓦隆人的一半都不到，士兵们都饿着肚子，精力很快消耗殆尽。我第一次到西班牙的时候（1690年），他们有 18 艘兵舰，而现在只剩下两三艘了。若是一个明智的国务委员会，一定会为军队的这些缺陷找一些补救措施，但是他们彼此之间互相嫉恨。如果他们中间有人出于国家利益提出一些建议，其余的人便会排挤他，这个人也别指望从自己的上头得到任何支持……这就是对西班牙现状的一个简单概括，无论在外人看来这有多么扭曲，但是他们自己却对此很满意，仍然认为自己是世界上最伟大的国家，还像查理五世那样非常骄傲、任性。①

卡斯提尔人总有点狂想家的味道。

卡斯提尔统治阶级狂妄自大，坚信自己王朝的权力政治是合法的，正是他们的这种心态导致西班牙陷入了两个世纪的欧洲战争中。正是这些战争摧毁了西班牙，虽然这些战争大多发生在西班牙之外。一种有效的西班牙民族情感从来没有出现过，直到拿破仑战争时期，西班牙人发现他们在自己的土地上与

---

① 亚历山大·斯坦诺普是英国驻马德里大臣，他在 1699 年 1 月 6 日给诺曼比侯爵的一封信中如此写道。《查理二世统治下的西班牙》（*Spain under Charles II , or Extracts from the Correspondence of The Hon. Alexander Stanhope*），London，1840，120 页及以下诸页。

外国侵略者对抗时,这样一种情感才出现。

总结和结论

近代早期的西班牙民族情感非常复杂且矛盾。"民族主义"这个概念本身就是千变万化的,要想给这个概念下一个非常清楚的定义并不一定具有启发意义,甚至也不太可能。下面这些确切的陈述主要作为论点提供给读者。

[170]1. 存在着文学、修辞和历史传统上的西班牙民族主义,这种情绪主要以"西班牙颂歌"的形式体现,可以追溯到罗马时代,在近代早期依然存在。这跟其他欧洲国家类似的传统并没有什么本质上的不同。然而,值得怀疑的是,这种情绪是否真的从社会中相对较小的受教育阶层渗透到了其他阶层,这种情绪的政治影响是不是真的并不重要。

2. (西班牙人的国家意识)包含强烈的宗教意图。这种宗教意图是西班牙在努力挣脱摩尔人文化束缚的过程中产生的。人们将这种宗教意图与民族目的等同起来,虽然这种直接划等号的行为并没有什么依据。这种情绪影响了西班牙的各个阶层。

3. 在伊比利亚半岛上生活的人们是多民族的,而且宗教信仰也很多元化,这在很大程度上使西班牙的民族主义问题复杂化了,甚至让人们对西班牙身份的感情也复杂化了。基督徒、穆斯林和犹太人都彼此影响着对方的习俗和情感,不过影响的程度还有待进一步讨论。几乎所有受过洗礼的犹太人(转化过的犹太人),甚至相当一部分没有受过洗礼的犹太人都觉得自己是西班牙人(他们名义上也的确是西班牙人)。然而很大一部分保守的基督徒都不认同这种看法,尤其是底层人民,他们有非常强的种族意识,认为基督徒的"血液应该纯洁"。然而,"转化过的犹太人"的后代也慢慢融入基督徒中。虽然政府也采取强力措施促使受洗过的摩尔人,也就是莫里斯科人融入基督徒中,但是并没有成功。莫里斯科人最终被赶出了西班牙(1611)。

4. "西班牙人"一词,还有将西班牙作为一个国家与其他天主教国家相区别开来的概念,源于非西班牙基督徒,以及西班牙人和他们的关系。类似的现象在其他欧洲国家也出现过。

5. 在西班牙,正如在欧洲其他地方一样,有一种强烈的"仇外"情绪,这是老话了,有人曾在1325年捷克人的小册子中非常清楚地表达过这一点:

> 哦,我的天,外国人得到了偏爱,本国人遭到践踏。正常的情况应该是:熊待在森林里,狼待在洞里,鱼待在大海里,德国人就待在德国。这样世界才能有些安宁。①

[171]当面临外敌入侵的时候,唤起人民的这种情绪有时会有用,比如菲利普二世统治末期的号召。然而,这种情感跟民族主义情感还不一样。这种仇外情绪时常、甚至经常会被引向西班牙在半岛上的邻国,有时候(并不总是这种情况)会跟语言上(卡斯提尔语、加泰罗尼亚语、加利西亚语、巴斯克语等)的差异相冲突。通常会有一定的惯例或者法律允许某个省的本地人担任官职或者神职。这样的习俗和法律在整个欧洲都存在,只不过执行力度因时间和地点而有差异。

---

① 转引自 S. Harrison Thompson,《欧洲历史中的捷克斯洛伐克》(*Czechoslovakia in European History*),Princeton, 1953。在此我要感谢 Kenneth Dillon 先生让我注意到这条引语。

6. 与上一点紧密相关的一点是政治忠诚度。在中世纪,政治忠诚很大程度上只是个人的问题,在近代早期这依然是一个重要的元素。这种情感慢慢地才被一种对抽象事物(比如国家)的忠诚所取代,后来这种忠诚慢慢演变成对自己王国的情感,而不是对整个西班牙的情感。

7. 中世纪时相邻侯国之所以会联合成为君主国,这主要是统治阶级王朝政策的结果。这些政策在很大程度上创造了现代国家,这个过程跟那些赋予 19 世纪德国、意大利政治统一的过程是不一样的。这一点在近代早期的荷兰和瑞士非常明显,在伊比利亚半岛也同样非常明显,出于王朝利益和战略上的考虑,阿拉贡和卡斯提尔联合起来构成了西班牙,而不是卡斯提尔与葡萄牙联合起来。对于阿拉贡的费尔迪南而言,阿拉贡、西西里和那不勒斯的联合同等重要。无论是基于西班牙作为一股有自我意识的政治力量的历史决定论,还是基于沟通理论的社会学决定论,都无法为西班牙历史提供合理解释。

8. 西班牙帝国,从费尔迪南到伊莎贝拉再到查理二世,在促进各个西班牙诸王国的统一方面都收效甚微。这并不值得惊讶,因为西班牙统治那些非西班牙国家——特别是意大利和荷兰——依靠的是承袭权利,由于心理上的原因,这些国家很难产生西班牙民族情感,它们采取的是政治上最简单的方法,就是服从西班牙最大的王国卡斯提尔统治阶层的情感。

9. 查理五世统治期间,卡斯提尔统治阶级开始和哈布斯堡家族的王朝和宗教抱负联合起来,这一联合开始于查理五世统治时期,极盛于菲利普二世时期,后来一直未被放弃,并且产生了卡斯提尔帝国主义。这种帝国主义只能勉强地与西班牙民族主义挂钩。在 19 世纪早期拿破仑战争之前,作为有效政治力量的西班牙民族主义似乎并没有出现。

图书在版编目(CIP)数据

近代欧洲:国家意识、史学和政治文化/(美)拉
努姆编;王晨光,刘岑译. --上海:华东师范大学出
版社,2020

ISBN 978 - 7 - 5760 - 0274 - 4

Ⅰ.①近… Ⅱ.①拉… ②王…③刘… Ⅲ.①欧洲—
近代史—研究 Ⅳ.①K504.07

中国版本图书馆 CIP 数据核字(2020)第 054299 号

华东师范大学出版社六点分社

企划人 倪为国

经典与解释·政治史学丛编
近代欧洲——国家意识、史学和政治文化

编　　者　[美]拉努姆
译　　者　王晨光　刘　岑
审读编辑　饶　品
责任编辑　彭文曼
责任校对　王寅军
封面设计　吴元瑛

出版发行　华东师范大学出版社
社　　址　上海市中山北路 3663 号　邮编　200062
网　　址　www.ecnupress.com.cn
电　　话　021 - 60821666　行政传真　021 - 62572105
客服电话　021 - 62865537　门市(邮购)电话　021 - 62869887
地　　址　上海市中山北路 3663 号华东师范大学校内先锋路口
网　　店　http://hdsdcbs.tmall.com

印　刷　者　上海盛隆印务有限公司
开　　本　890×1240　1/32
插　　页　2
印　　张　7.5
字　　数　160 千字
版　　次　2020 年 7 月第 1 版
印　　次　2020 年 7 月第 1 次
书　　号　ISBN 978 - 7 - 5760 - 0274 - 4
定　　价　58.00 元

出　版　人　王　焰

(如发现本版图书有印订质量问题,请寄回本社客服中心调换或电话 021 - 62865537 联系)